国家出版基金项目
NATIONAL PUBLICATION FOUNDATION

国际教师教育思想史研究丛书

总主编／王长纯　饶从满

日本教师教育思想史研究

RIBEN JIAOSHI JIAOYU SIXIANGSHI YANJIU

徐程成／著

东北师范大学出版社
长春

图书在版编目（CIP）数据

日本教师教育思想史研究／徐程成著. —长春：
东北师范大学出版社，2023.10
（国际教师教育思想史研究丛书/王长纯，饶从满主编）
ISBN 978 - 7 - 5771 - 0677 - 9

Ⅰ. ①日… Ⅱ. ①徐… Ⅲ. ①师资培养-教育思想-
思想史-研究-日本 Ⅳ. ①G451.2 ②G40-093.13

中国国家版本馆 CIP 数据核字（2023）第 201678 号

□策划编辑：张　恰
□执行编辑：刘晓军
□责任编辑：曲　颖　　□封面设计：张　然
□责任校对：刘晓军　　□责任印制：许　冰

东北师范大学出版社出版发行
长春净月经济开发区金宝街 118 号（邮政编码：130117）
电话：0431—84568220
传真：0431—85691969
网址：http：//www.nenup.com
电子函件：sdcbs@ mail. jl. cn
东北师范大学音像出版社制版
长春新华印刷集团有限公司印装
长春市浦东路 4199 号（邮政编码：130033）
2023 年 10 月第 1 版　2023 年 10 月第 1 次印刷
幅面尺寸：170 mm×240 mm　印张：17.75　字数：260 千

定价：76.00 元

总　序

近年来，党和国家出台了一系列重要文件，推动了教育发展和教师教育的改革。2019 年中共中央、国务院印发的《中国教育现代化 2035》明确提出要建设高素质专业化创新型教师队伍；大力加强师德师风建设，将师德师风作为评价教师素质的第一标准，推动师德建设长效化、制度化；夯实教师专业发展体系，推动教师终身学习和专业自主发展；努力提高教师政治地位、社会地位、职业地位。这是实现我国教育现代化的重要目标。

建设高素质专业化创新型教师队伍，尤为重要的是坚持并深化教师教育的改革与发展。而要深化教师教育的改革与发展，必要的国际借鉴是不可缺少的。要实现真正有效的借鉴，我们不仅要考察世界主要国家的教师教育改革的政策与实践举措本身，更要看其教师教育改革与发展的政策与实践背后的思想。编撰出版"国际教师教育思想史研究丛书"就旨在尝试对世界主要国家的教师教育思想史乃至现代国际社会教师教育思想演化做出系统的梳理和阐释，为我国教师教育改革与发展提供必要的思想资源。编撰出版"国际教师教育思想史研究丛书"的意义还在于：在高速运行的当代社会，重新整理那些被淡忘的现代化进程中产生的著名教育家和他们的经典著述，重新发现已经被搁置起来的教师教育政策，重新探索不同教师教育思想的关联或纠缠的内在逻辑线索，对于开阔我国教师教育的视野，深化我国的教师教育思维，和而不同，形成中国特色的教师教育思想是一件应当做的事情。我们相信我国教师教育改革必将凭借对现代化进程中已经留下的宝贵思想资源的因与革，加强高素质专业化创新型教师队伍建设，一定会在创造公平与高质量的教育过程中有所作为，有所前进。

"国际教师教育思想史研究丛书"坚持以马克思主义为指导，以"和而不同"作为基本的文化立场，坚持社会科学方法论中的历史性原则、客观性原则、主体性原则、整体性原则和发展性原则，聚焦于探讨教育现代化中国际教师教育思想演进的规律。

"国际教师教育思想史研究丛书"包括国际教师教育思想史研究论纲以及美国、英国、德国、法国、俄罗斯、日本六个国家教师教育思想演化的历史研究。

我们热忱邀请了国内有关教育学者参与撰写，主编为王长纯、饶从满教授。具体分工是：首都师范大学王长纯教授撰写论纲分卷；河北师范大学副教授郭芳博士撰写美国分卷；首都师范大学教育学院教授张爽博士撰写英国分卷；辽宁师范大学教授周成海博士撰写德国分卷；首都师范大学教育学院张梦琦博士、山西大学外国语学院任茹茹博士撰写法国分卷；宿迁学院教授李艳辉博士撰写俄罗斯分卷；青岛农业大学外国语学院徐程成博士撰写日本分卷。

本丛书撰写过程中各位作者都阅读了大量中外教育家的经典著作，参考了大量国内外学者的研究成果，在此向这些教育家致敬，向有关学者们表示谢意。

我们教师教育思想史的研究一直得到尊敬的顾明远先生的亲切关心与支持，得到了北京师范大学朱旭东教授、西南大学陈时见教授的有力支持与帮助，在此谨向顾先生，向朱旭东教授、陈时见教授致以诚挚的谢意。

本丛书撰写得到东北师范大学出版社张恰总编辑的积极支持和鼓励，有关编辑老师为丛书的出版付出了艰苦的努力，在此一并对他们表示由衷的谢意。

本丛书的研究与写作必定存在很多问题，恳请读者多加批评，不吝赐教。

2023 年 8 月

目　录

第一章

绪　　论

日本高质量的教师和教育水平，为日本近现代社会经济的快速发展奠定了人才基础，受到世界教育界的认可。在东亚文明体系中，日本与中国的文化特点有诸多相似之处，日本的教师教育思想也与我国渊源颇深。日本作为我国一衣带水的邻国，曾大规模地借鉴过中华文明。在漫长的封建时代，日本在学习中国古代文化教育经验的过程中，逐渐形成自身独特的教育体系，也十分尊师重教。在近代以后，日本又通过"明治维新"开始学习西方国家，大力发展资本主义经济，采取了"教育立国"的发展战略，模仿欧美模式建立起近代的学校教育和教师教育体制。因此，可以说日本的教师教育思想"融汇东西"。这导致日本的教师教育政策与实践中虽有一些看似自相矛盾的举措，但在内里却有着自身的逻辑自洽，其思想脉络值得我们深入探究。在历史宏观背景下，对日本教师教育思想的研究，既可明晰在东亚相似历史文化境遇下，日本曾出现的教师教育问题以及相关解决思路和成效，也可厘清国际教育思潮与日本教师教育思想之间的联系，以及日本教师教育改革抉择的因由，为我国的教师教育提供借鉴。

第一节

关于日本教师教育的相关概念解析

在研究日本教师教育思想史时，我们首先需要明确日本"教师""师范""教师教育""研修"等相关概念。这些概念不仅涉及语言表述的问题，其本身也带有日本教师教育思想发展历程的烙印。

（一）关于"教师"

日语中有两个词汇"教師（教师）"和"教員（教员）"，都可以描述"在学校教学的人"，两个词都可以对应英语中的"teacher"。在当代汉字文化圈中，除了日本以外，很少有其他国家或地区仍在并用"教师"和"教员"这两个词汇。

从语源的角度回溯，"師"的部首"帀"，原指军队先头位置打出的大旗等标志，转而有"率领""指挥"的意味；而"員"的部首"貝"，本指代古代货币，所以带有"数量"的含义。因此，从某种角度来说，"教師（教师）"带有"质"的语感，而"教員（教员）"带有"量"的语感。①

从历史沿革来看，在日本明治时期的一段期间内，"教师"和"教员"两个词汇的指称曾有巨大差异。日本近代高等教育体制基本上是模仿欧美建立起来的，在明治中期之前的高等教育机构里，只有被雇来教学的外国人才能被称为"教师"，其他教学人员则只能被称为"教员"，二者在工资待遇上也有很大的不同。从语言背景上来看，这里所说的"教师"带有"主动指示'真理'的人"的意味，而"教员"则做的是"只能被动地传达或者普及的工作"，是"大多数承担一般性教学的人"。②

在当代日语的行文当中，像"熱血教師（热血教师）""問題教師（问题教师）"等，主要表述教师品质方面时，多选用"教师"；而像"教員養成（教师培养）""教員採用（教师录用）""教員研修（教师研修）"等，从社会整体角度表述一定数量的教师时，则多使用"教员"。当代日语中的"教师"和"教员"在行文表述中仅有语感的细微差异，与当代汉语中"教师"的概念并无太大区别。且在当代汉语中，"教员"一词由于相对带有历史年代感，已很少使用。因此，在本书中统一采用"教师"一词，来对应表述日语中的"教師"和"教員"。

另外，在日本政府官方文件或法律文书中涉及"教师"时，还会经常使用"教育職員（教育职员）"这一表述，如"教育職員免許法（教师资格法）""教育職員養成審議会（教师养成审议会）""教育職員検定（教师检定）"等。这是因为，根据日本的法律规定，教师的身份为一种特殊的公务员，即"教育公务员"，所以政府方面站在行政管理立场上，将"教师"称为"教育職員（教育职员）"。在本书中，除了在一些法律文本中的固定表达中保留使用"教育职员"或"教育公务员"之外，仍主要采用"教师"一词。

---

① 岩田康之，高野和子. 教職論［M］. 東京：学文社，2012：15.
② 中内敏夫，川井章. 日本の教師6 教員養成の歴史と構造［M］. 東京：明治図書，1974：31-32.

（二）关于"师范"

"师范"一词在中国虽然古已有之，但在近代作为"培养教师"的学校的限定词，最早源于日本对于法语"École normale"一词的翻译。日本在1868年明治维新之后，模仿西方建立起现代的教育制度。明治五年（1872年）6月，日本的文部省决定创设"小学教师教导场"，将其名称定为"师范学校"。之前日本也曾采用过"小教校""师表学校""教官教育所""小学教师教导场"等名称，最终为何采用"师范学校"这一名称已难以考究，但可以推测还是受到了当时"师者，教人以道者之称也；范者，法也"这一主流教师观的影响。①

受中国儒家文化的影响，日本初创的教师培养教育就十分重视教师的"品行"。这种在师范教育中对教师"品行"的要求，随着日本军国主义思想的发展，最终演变为二战时对培养教师"忠君爱国情操"的要求，"行为世范"变味为教师要成为教导国民成为天皇的"忠臣良民"典范之含义。无论是"师范教育"还是教师，在战争中都被变为日本军国主义国家机器的一部分。因此，"师范"一词因二战的历史问题，在日语中带有独特的含义，多特指明治维新之后到1945年二战结束这段期间的教师培养。在战后日本的民主化改革中，"师范"一词被弃之不用，转而用其他语言词汇表述与教师教育相关的概念。

我国当代汉语中所用的"师范"一词虽然是从日语中借用的"回归词"，但作为中国教师教育的核心概念，已具有独特的中国文化意涵，与日本的并不相同。本书在研究日本教师教育思想史时，尊重日语中"师范"一词的独特含义，依照史实、按照日语的表述习惯使用。对二战前日本的师资培养机构，依照日语原文表述为"师范学校"，并阐述其词源背后所隐含的教师教育思想。对于日本二战后的师资培养机构，也依照日语原文表述为"教育大学""学艺大学""教师养成类大学"等，不再采用"师范"一词作为汉语译词。

（三）关于"教师教育"

日本的"教师教育"一词由学者三好信浩提出，它是亚洲最早开始使用

---

① 水原克敏. 近代日本教員養成史研究 [M]. 東京：風間書房，1990：31.

该词的国家。① 在 20 世纪 80 年代，"教师教育"一词在日本成为正式的教育用语。②

在我国，"教师教育"一词在 20 世纪末才开始被提出并使用。"教师教育"包含着教师培养和教师进修职能，是职前与职后两种教育的综合概念。这个概念包含着终身教育的内容，体现了教师教育的连续性，而连续性正是当今教师教育的重要特征。"师范教育"通常是指职前教师培养，其外延不及"教师教育"宽广。③

日本的"教师教育"同样也包括教师职前和职后两种教育的意涵。在研究"日本教师教育思想史"时，自然也涉及教师职前培养和职后教育两方面的思想与内容。但是，须要注意的是，在二战前后日本关于教师职前与职后教育的概念表述略有不同。

二战前，日本尚不存在"教师教育"的概念，提到师资培育主要是指教师职前培养教育，即前述的"师范教育"。从历史发展来看，日本教师的"在职教育"或者说"研修"，在二战以后才具有了现代意义上的内涵并被广泛认可接受。④ 但是，日本战前因职前教师培养教育存在缺陷、职前教师培养数量不足，事实上存在着对在职教师的事后补充性教育。这种以在职教师为对象的应急补充性的临时教育，被称为教师的"再教育"或"补习教育"。另外，日本的教师"研修"一词在二战前就存在，从明治初期开始就作为解说在职教师的研究和修养的用词而存在。但战前所说的教师"研修"主要用于表述"磨炼学艺"的含义，与战后一般所指的教师"在职教育"或者制度化的"教师研修"语义有巨大的差异。⑤ 战后一段时间内，由于"研修"容易让人联想到日本战前对教师"研究与修炼"的要求，所以曾短暂采用"在职教育"一词。⑥ 但不久之后"教师研修"还是在新时代被赋予了新内涵，用以表述战后日本在职教师的学习活动。从历史连续性的角度，日本的教师"研

---

① 陈永明. 中日两国教师教育之比较 [M]. 上海：华东师范大学出版社，1994：1.
② 今津孝次郎. 変動社会の教师教育 [M]. 名古屋：名古屋大学出版会，1996：5.
③ 梁忠义，罗正华. 教师教育 [M]. 长春：吉林教育出版社，2000：1.
④ 佐藤幹男. 近代日本教員現職研修史研究 [M]. 東京：風間書房，1999：1.
⑤ 佐藤幹男. 近代日本教員現職研修史研究 [M]. 東京：風間書房，1999：396.
⑥ 佐藤幹男. 近代日本教員現職研修史研究 [M]. 東京：風間書房，1999：417.

修"一词内涵外延的演变与继承，恰恰可以体现日本教师在职教育中的教师教育思想。

本书中在谈到日本的"教师教育"时，无论是在二战前还是二战后，都包括职前培养、入职教育和职后继续教育的整体性教师教育。在研究日本教师教育思想史时，本书将主要从"职前教师教育思想"和"在职教师教育思想"两方面来阐述。日本二战前的"职前教师教育"主要是指在各种师范学校中的"师范教育"，"在职教师教育"主要是指教师的"再教育"和"研修"。二战后的"职前教师教育"主要是指在大学中的"教师培养教育"，"在职教师教育"主要是指教师的"在职教育"和"研修"。

第二节

关于日本教师教育思想的研究现状

目前关于日本教师教育思想史的研究虽不多见，但关于日本教师教育体制、政策、实践等方面的研究相对比较丰富。在这些关于日本教师教育的研究中，在论及教师教育体制与政策的确立过程、教师教育改革的内在因由以及教师教育实践模式特征等内容时，常有关于教师教育思想的论述杂糅其间。

水原克敏在《近代日本教师培养史研究》一书中，梳理研究了明治维新时期师范学校创设到二战结束前的日本教师教育情况，尤其对日本战前师范教育起步、确立和发展过程中，各方的观点和论争有翔实的记述，为我们探索日本教师教育思想的早期历史脉络提供了丰富的史料。山田升在《战后日本教师培养史研究》中，在"战前日本教师培养史"研究的基础上，主要对二战后到 20 世纪 80 年代期间日本的教师教育情况，进行了详细的研究整理，尤其针对战后日本教师教育体制重建过程中出现的各种提案和争议的焦点问题等，基于史实进行了深入分析。

在 20 世纪 80 年代，伴随着第三次教育改革的推进，日本战后建立起的教师教育体制开始出现大幅变动。很多学者在这一时期敏锐察觉到了日本主流教师教育思想的变化，一些研究在回顾日本战后确立的教师教育原则与理念的同时，对 80 年代出现的不同寻常的改革动向进行了多角度的剖析与评论。例如新堀通也的《教师培养的再探讨》，向山浩子的《教师职业的专业性——教师培养改革论的再探讨》，右岛洋介等人的《教师教育课题与展望》，土屋基规的《日本的教师：培养、资格、研修》，以及市川昭午的《教师＝专业职业的再探讨》，等等，都是同期出现的这一类型研究。

在进入 21 世纪后，日本教师教育更是出现诸多前所未有的变革，再加之国际教师专业化思潮的持续性影响，探讨日本教师教育改革方向的相关研究十分丰富。岩田康之等人著述的《教师职业论》，从日本教师所处的时代与社会环境的角度，对日本教师职业与教师教育的特质进行了论述。臼井嘉一的《现代教师职业论与学术自由》一书，则更多站在教师主体立场上，对日本近现代的教师培养史进行了相关研究。船寄俊雄编著的《教师培养·教师论》，佐藤学等人编著的《作为学习专家的教师》，日本教师教育学会编写的《日本的教师教育改革》和《教师教育研究手册》，等等，更是集合多家观点，对日本教师培养、教师资格、教师录用、教师研修各阶段的发展改革史，以及当前日本教师教育改革面临的各种议题和取向，进行了多角度的深入探讨。

另外，《近代日本教师在职研修史研究》《战后日本教员研修制度成立过程的研究》《在职教育的再探讨》等书，专门对日本教师在职教育的历史演进和其中的思想理念进行了论述，也是日本教师教育思想研究的重要组成部分。在《现代日本的教育思想》等有关教育原理和教育哲学的论著中，也有一些涉及日本教师教育思想的研究内容。还有在《日本近代教师培养史研究——制度、资格、阶层、人物、思想》等论著中，会有一些对日本教师教育产生了较大影响的人物思想的专门分析，但这类研究在日本教师教育思想史的研究中较为少见。这与日本在集团主义文化影响下，与个体相比多以组织团体的形式表述思想有关。

综合来看，目前关于日本教师教育思想史的研究，多散见于关于日本教师教育史研究的论著以及一些片断性探讨分析日本教师教育在某个历史阶段变革因由的论文当中。对不同时代日本教师教育思想的系统性历史研究比较匮乏。虽然存在一些关于日本教师教育思想的史料性文献，但对各种思想形成与发展走向的阐释，还未能在历史性大背景中厘清内在逻辑线索。

　　因此，本研究希望在当前基础上，从纵向历史发展角度，在宏观背景下厘清日本教师教育思想演进的历史脉络，重视史前期研究，研究跨度为从日本江户时代至 21 世纪初期；从横向相关立场，阐释日本不同历史阶段的主流教师教育思想与教师教育政策理念的关联，以及尝试关注历史中曾出现的"非主流"教师教育思想和教师教育实践中的观点与评议，以期明晰日本教师教育思想的特质，为国际教师教育提供思想资源和借鉴。

第三节

日本教师教育思想史研究的视角与方法

　　"教师教育思想史研究关注的是'是什么''为什么'，而不是'应该如何'。"① 在考察日本教师教育思想史时，从纵向历史发展角度，我们不仅要关注不同时代的教师教育思想"是什么"，还要关注它"为什么"会产生。不同时代的社会文化、中小学校教育情况和教师队伍现实情况，都是当时教师教育思想产生的背景来源。日本"尊师重教""集团主义""新自由主义"等社会文化背景，二战前复线型的学校体制和战后在经济高速发展中产生的校园教育病理现象，二战前有资格教师的慢性不足和战后学校教育伴随"婴儿潮"的快速扩张而导致教师队伍结构的部分失调，等等，都与当时的教师教育思想息息相关。

　　在考察日本教师教育思想史时，从横向相关立场角度，首先要关注教师教育政策和制度相关的国家权力中教师教育思想的表达。"教育政策是被权力支持的教育理念的体现"②，主导政权的政党观点会强烈地反映在制度和政策方面③。教师不仅与学校教育紧密联系，从长远角度来看还极大地影响着国家和地区的未来发展。对教师教育思想的考察，不可能离开对国家权力的关注。日本明治维新后，在政治集权制和国家主义的教育体制之下，教师教育在日

---

① 王长纯. 教师教育思想史研究［M］. 长春：东北师范大学出版社，2016：6.
② 宗像诚也. 教育行政学序说［M］. 東京：有斐閣，1954：1.
③ 新堀通也. 教員養成の再検討［M］. 東京：教育開発研究所，1986：33.

本教育体系甚至在国家的统治体制中都占有重要地位。在制定文教政策时，具有不同国家治理理念、代表不同政治立场的各方势力都持有不同的教师教育思想。二战后日本成为多党制的民主国家，不同政党的执政理念与政策不仅直接影响着教师教育实践，执政党与在野党代表不同立场的教师教育思想，也会在激烈的交锋中左右着日本教师教育的改革方向。

其次，在考察日本教师教育思想史时，还要关注教育界的专业学者与专业团体关于教师教育的思想与见解。虽然在谈到一国的教师教育思想时，多数指的是在教师教育政策制度中所体现的主流教师教育思想，但是在制定教师教育政策制度的过程中，一定会有身处政治权力中心之外的、持有非主流教师教育思想的专业团体和学者，发表不同的见解并影响着政策制度的制定。即便在政策制度已经制定执行之后，这些"非主流"教师教育思想也会持续发声、产生不同的评议与批判，随着时代的发展，也可能会在一定条件下转变成主流教师教育思想。与西方国家崇尚个人主义文化有所不同，日本在集团主义文化的长期影响下，教师教育思想多数并非以教育家个体思想的形式表述，而是在团体内部经过多方磋商、最终以组织思想的形式呈现。日本在制定教师教育政策制度时，文部省、教育刷新委员会、中央教育审议会和教师养成审议会等为政府提供咨询的机构发挥了主要作用，其内部专家学者所持的各种不同的教师教育思想，实际上也在探讨过程中各有抵消或妥协。日本教育学会、国立大学协会、日本教育大学协会、日本教职员组合等团体代表了不同的立场与利益，各方的教师教育思想也在不同时期、不同的教师教育问题的解决中发挥了巨大的影响，不可小觑。

最后，在考察日本教师教育思想史时，也不能忽视社会大众和教育实践一线教师的观点与认识。"主流教师教育思想并不是正确的同义语"①。主流教师教育思想由于常常体现于教师教育政策制度当中，所以富有强烈的现实关怀，对教师教育的发展实践起主导或指导作用。教师教育实践的最终成果是培育的"教师"，考察教师的现实情况和教师观，可以反观主流教师教育思想的践行成效，以及在不同时代和社会期望下对教师理想形象的追求。日本

---

① 王长纯. 教师教育思想史研究 [M]. 长春：东北师范大学出版社，2016：9.

在各个时代产生了许多现实与理想中的"教师形象"，如"圣职者"教师像、"劳动者"教师像、"专业者"教师像等，代表了社会和教师群体对教师职业的客观认识或理想诉求，也可以说是一种对主流教师教育思想的批判性认识与评价，这在研究日本教师教育思想时值得深究。

针对日本教师教育思想史的研究，基于上述考察视角，我们将综合运用文献分析法、历史分析法和比较分析法等进行。对于文献的收集与整理，主要涉及：日本政府、行政机构和不同政党有关教师教育的观点陈述、政策性文件和调查统计类报告等；各类审议会等组织机构接受的有关教师教育的咨询、审议和讨论的过程性资料以及最终答申报告等；与教师教育相关的各类协会的意见声明和研究报告等；政治家、教育学者和教育一线教师等对日本教师教育的相关论述等。对于资料的分析与解读，将结合当时日本社会政治经济文化的背景和教师教育实践的影响因素，运用历史研究法和比较研究法，在纵向厘清日本教师教育思想历史演进脉络的同时，横向兼顾国际同期教师教育思想的对照，以归纳日本在不同历史阶段的主流教师教育思想及其时代特征，并最终解明日本与别国相对而言的教师教育思想特质。

第四节

日本教师教育思想史研究的主要内容

不同国家、不同历史时期的教师教育，基本上都会面临若干共性问题。从不同角度对这些问题的思考和解答，就形成了不同的教师教育思想。日本的教师教育也不例外。因此，在考察日本教师教育思想史时，将着重从以下几个方面研究不同历史阶段的教师教育思想内容。

第一，教师教育思想中包括探讨"教师由谁来培养？"的内容，具体来说涉及国家权力是否应该介入教师教育，教师应该在教育体制的哪一层次的哪些机构来培养，等等。在日本教师教育思想史中，这些内容常常围绕着下述问题展开：首先，教师教育的地位与作用以及培养目标为何；其次，国家是否有设立专门培养教师类机构的必要，教师培养应该由国家计划性培养还是应该交由教育机构自主开放性培养；最后，教师应该在教育体制中的哪一层次来培养，小学教师与中学教师的培养层次和要求是否应该有所不同。二战前，日本主要在中等教育层次，由国家有计划性地在师范学校"封闭制"培养教师；二战后，日本一举实现在高等教育层次，由大学负责"开放制"培养教师。日本教师教育体制的变化，既是对这些问题的回答，也体现了日本在战前和战后的教师教育思想之间的差异。

第二，教师教育思想包括探讨"教师该如何培养？"的内容，具体来说涉及培养教师的课程该如何设定，由哪些人对教师进行培养教育（即教师教育者是谁），等等。在日本教师教育思想史中，无论战前与战后，关于教师培养课程的探讨一般不免要谈及以下几个方面：一是教育学类课程与学科专业性课程的比例大小；二是理论性课程与实践实习类课程的比例及时间安排；三是通识性课程和教师培养课程之间的关系。教师培养课程的设置，关系着职前教师到底需要具备哪些素养技能的问题，与教师观也密不可分。在日本教师教育思想史中，对教师教育者的探讨虽然也是在战后才有比较成熟的见解，并逐步在实践中被有意识地规划，但对教师教育者的认识起步较早，在战前已能见到相关论述。

第三，教师教育思想包括探讨"教师资格如何认定？"的内容，具体来说涉及教师资格标准，教师资格由谁赋予，教师资格如何认定，教师资格的等级与期限，等等。在日本战前的教师资格标准中，与教师专业素养相比更重视教师品格，师范学校有教师资格赋予特权。战后日本在重新制定教师资格制度时，在反思师范学校的"特权"及相关问题的基础上，最终确定了基于大学教师培养课程履修制的教师资格制度，对教师资格的等级与类别及相应的学历、履修学分等都有明确规定。在日本第三次教育改革开始后，教师资格制度也有了重大变化：未接受过大学教师培养教育的有特长的社会人，也可以通过教师检定制获取教师资格；启动教师资格更新制后，在职教师的教师资格也打破了终身制。这些教师资格制度的改革，也被认为是对大学培养教师原则的挑战，是对大学和在职教师的不信任，引发了诸多争议。

第四，教师教育思想包括探讨"教师入职后如何发展？"的内容，具体来说涉及教师在职教育的目的与形式，教师接受在职教育是教师的权利还是义务，教师在职教育的条件保障，等等。日本从现代教师教育制度建立之初开始，就处于教师数量慢性不足的状态，所以教师的在职教育一直在教师教育中承担着重要的功能。战前日本的在职教师主要接受的是补充职前教育不足的"再教育"，虽然不是现代意义的"教师在职教育"，但奠定了日本教师在职学习的文化基础。战后在相当长一段时期内，虽然日本政府方面已意识到教师在职教育须成为一项长久的事业，但由于现实条件的限制还未能体系化实施，反而是教师的自主研修十分活跃。在政府不断加强对教师自主研修管理的过程中，教师组织与行政机构也多有冲突。在 20 世纪 70 年代教师供求关系相对稳定、追求教师"质量"条件已基本完备之后，日本才逐渐建立起丰富的教师在职教育体系，并开始尝试综合一体化地把握教师的培养、录用和研修。

第五节

日本教师教育思想史的历史分期与本书架构

研究教师教育思想史，必然要有历史分期。对日本教师教育思想史进行比较教育研究，既要在日本社会历史文化以及教师教育体制发展的大背景中，重视纵向梳理日本教师教育思想的事实逻辑，也要在比较视野和空间的理论视角和分析框架下，具有一定国际横向观照的可比性。基于这两点考虑，在本书中将日本的教师教育思想史大体划分为"萌芽期""师范学校时期""教师教育大学化时期""'后'教师教育大学化时期"四个历史阶段。

日本教师教育思想史的"萌芽期"是指从日本江户时代到明治维新之前，日本教师教育思想孕育萌发的这一阶段。日本江户时代的封建社会中，已有多种类型的学校。在江户末期，日本的现代教育也逐渐萌芽。但在明治维新之前，日本一直没有正式的教师培养机构，教师身份各异，成为教师的途径也多种多样。明治维新以后，日本近代学校的成立与教师培养几乎同步开始，江户时代的各类学校很多成为了现代学校的母体，小学教师大多由原来教育机构中的教师充当。江户时期的学校和教师，对明治维新后的现代教育实践有直接影响。任何思想的发生离不开其所处的历史背景，江户时代之前经过漫长的历史过程形成的与教师有关的文化和认识，也成为了日本教师教育思想萌生的重要基础。另外，江户时代末期在洋学兴盛的背景下，从西方介绍而来的教师教育情况，也成为了明治维新后，日本本土教师教育思想的另一重要参考借鉴来源。

日本教师教育思想史的"师范学校时期"是指从 1868 年明治维新开始到1945 年第二次世界大战日本战败，日本建立各类师范学校正式开始教师培养这段时期的教师教育思想发展史。日本在明治维新时期，以西方国家为模板建立起了现代教育制度，这也被称为日本的"第一次教育改革"。日本的现代学校制度和教师培养体制几乎同时确立，1872 年标志着日本现代教育制度确立的《学制》颁布，同年作为日本第一所教师培养机构的师范学校也在东京创立。"教师教育是以专门的教师培养机构的出现为标志的，而专门的教师培养机构的出现也就是教师教育思想的发端期。"① 在日本，职前教师需要培养的教师教育思想，也正是自此开始真正地丰富发展起来。

日本教师教育思想史的"教师教育大学化时期"是指从 1945 年日本战败到 20 世纪 80 年代初期，日本一举实现了在大学开放性培养教师这段时期的教师教育思想发展史。日本战后在美国督促下进行的教育民主化改革，也被称为日本的"第二次教育改革"。在这次改革中，日本的教师教育确立了"在大学培养教师"和"教师开放制培养"两大原则，以及基于教师培养课程认定制的教师资格标准。虽然在战后日本制定教师教育制度的过程中，以及在20 世纪 50 年代部分回归中央集权制的文教政策之后，代表各方立场的教师教育思想互有博弈、此消彼长，但日本教师教育的这两大原则和教师资格标准都未有大幅的框架性变动。

日本教师教育思想史的"'后'教师教育大学化时期"是指从 20 世纪 80年代中期至今，日本不仅在大学，也开始在中小学校、研究生院、教师塾等机构中培养教师，教师教育进入泛大学化这段时期的教师教育思想发展史。20 世纪 80 年代中期，日本临时教育审议会在新自由主义理念下发动的教育改

① 王长纯. 教师教育思想史研究［M］. 长春：东北师范大学出版社，2016：7.

革，标志着日本"第三次教育改革"进入了实质性阶段。在国际和国内形势都发生深刻变化的背景下，日本学校教育的病理现象层出不穷，直接引发了社会对教师和培养教师的大学的不信任感。为提高教师质量，研究生院也开始参与教师教育，以实现"教师培养的高度化"。各地区的教育行政机构在提高职前教师实践能力的名头下，开始与中小学校联合完成一部分原本由大学承担的教师教育工作。在教师资格制度中引入了"特别资格证书"等，以吸引一些未曾接受过教师教育的优秀社会人士进入教师队伍参与学校教育。这些教师教育情况的变化，表明日本正在逐渐打破战后确立的"在大学里培养教师"的原则以及"教师资格证书主义"，主流教师教育思想产生了重要转变。

基于日本教师教育思想史的历史分期和研究内容，本书共分为六章，基本架构如下：

在第一章绪论部分，阐明研究背景与基本概念，梳理已有研究成果，澄清本书的研究视角、内容与思路。第二章到第五章分别对应教师教育思想史的四个历史分期。第二章主要基于日本现代教师教育体制未确立之前的文化教育情况，分析阐明日本教师教育思想萌发的基础。第三章到第五章主要对日本在第一次教育改革后的"师范学校时期"，第二次教育改革后的"教师教育大学化时期"，第三次教育改革进入实质阶段后的"'后'教师教育大学化时期"三个历史阶段的教师教育思想进行分析。在第三章到第五章中，根据研究视角与研究内容，每个历史阶段的教师教育思想再大致分为"职前教师教育思想""教师资格制度中的教师教育思想""在职教师教育思想"三方面阐述，并在每章最后总结该历史阶段主流教师教育思想的特征以及教师教育实践中塑造的"教师像"。最后，在第六章结语部分，在前述各章节研究分析的基础上，纵向概观日本教师教育思想的历史脉络，横向比较得出日本教师教育思想的特质。

第二章

萌芽期的日本教师教育思想

明治维新后日本的近现代教育，是以欧美发达国家教育制度为模板建立并发展起来的。在这层意义上，日本的近现代教育与近世①教育有着明显的区别，是教育制度划时代的转变。但是，日本近现代教育的内容未必与欧美近现代教育完全相同。日本明治维新后，现代化能够得到快速推进，在短期内形成现代化社会，不得不说江户时代末期的社会文化和较高的教育水平发挥了一定的作用。因此，日本的近现代教育，既继承了日本文化和教育的传统，也发挥了擅长向其他民族学习的特性，积极借鉴了西方的教育体制。在明治维新前后，与日本近代教育同时起步的教师教育中，同样也既蕴含着江户时代之前经过漫长的历史过程形成的教育思想和教师观，也吸收融入了大量西方教师教育思想。

第一节
现代教育制度创建之前日本的文化教育状况

1872 年（明治五年）日本通过制定《学制》，正式开创了现代教育制度，这在日本教育史上具有划时代的意义。但日本在明治以前也有很多"近世学校"，这些近世学校起源于室町时代（1336—1573 年），在江户时代（1603—1868 年）这些学校不断发展并形成了近世学校的体制。在近世封建社会中，日本的现代教育已逐渐萌芽，尤其是在江户时代末期日本开港后，教育现代化的倾向变得更加显著，其后在明治维新后的文明开化思潮影响下一举转变为现代教育制度。

一、明治维新之前日本江户时代的"近世学校"

日本在江户时代根据封建社会的结构，确立了士、农、工、商的身份制度，特别是武士和平民被严格区分为两个阶层。这是江户时代社会生活和文化的整体特色。在教育方面，武家教育和平民教育也基本上形成了各自独特

---

① 注："近世"一般指江户时期（以及之前的安土桃山时代），即 1573—1868 年。

的形态。

江户时代的武士属于近世社会的统治阶层，所以也需要具备相应的文武修养，为武士子弟提供武家教育而设立的教育机构就是"藩校"。另一方面，平民在日常生活中也需要具有必要的教养，为平民提供以"读""写"教育为主的简易教育机构即"寺子屋"。武家的学校（藩校）和庶民的学校（寺子屋）被分开设置，两个系统的学校并立、各自发展，这也是近世教育与现代教育显著不同的特质。另外，江户时代还有一些其他的小型教育组织。随着幕末时期教育现代化的发展，武家教育与庶民教育渐渐接近，两者的融合也得以实现，逐渐接近现代的教育。藩校和寺子屋在江户时代后期，特别是幕末时期有显著的发展，并成为现代学校的主要母体。

（一）藩校

在近世封建社会中，武士在社会中起着领导作用，需要高水平的学问和教养。武家为了保持统治地位、教育子弟，非常重视教育。藩主为了提高个人修养，以便更好地统治藩，经常邀请儒学家和兵学家来讲课，并让重臣们也一同听讲。另外，藩主也鼓励普通藩士在具备武艺的同时兼备学问教养。根据德川幕府的方针，江户时代的学问以儒学为主，其中朱子学又被尊为正统。

中世的武家，常在寺院里拜僧侣为师，致力于学问修行。近世的武家为了教育武士子弟，则在城中设立了学问所，或是让他们去儒学家的家塾上学，学习学问。从江户时代中期开始，大藩整顿了近世武家学校，致力于子弟的教育，这些学校就是藩校。在江户时代初期只有部分藩中设立了藩校，但中期以后藩校迅速普及，从宽政时期（1789—1800 年）开始，很多藩都设立了藩校。幕末维新时期，小藩中也设有藩校，有二百余所。此外，在藩内的主要城镇等地设立乡学，对居住在地方的武士子弟进行教育。

幕府在江户设立的昌平坂学问所（也称"汤岛圣堂"），可以说是江户时代的最高学府，相当于江户时代藩校的示范性教育机构。最初，汤岛圣堂受到幕府保护，是以祭祀孔子的圣庙为主体、林家家塾学问所为附属的半官半私教育机构。宽政九年（1797 年）时，幕府认为有直辖文教设施的必要性，圣堂的学问所变为幕府的直辖学校。在宽政期的学制改革后，昌平坂学问所成为了幕府的教育中心，建有讲堂和教官室，还设有宿舍，作为当时的最高学府十分昌盛。在昌平坂学问所完成学业者会被作为儒臣邀请到各藩任职，各藩也会在藩士中挑选优秀子弟送到昌平坂学问所学习。从这一层面来看，昌平坂学问所不仅是当时的最高学府，在某种程度上也起到了培养藩校教员的功能。但到幕府末期时，随着江户幕府的衰退、"洋学"知识的传播发展，昌平坂学问所没能再继续保持这种最高权威。

藩校中很多都是原本以汉学为中心的家塾和私塾，后来变为藩的直辖学校，即藩校，并进行了相应的扩充和整顿。藩校的教育内容也逐渐扩展，除汉学之外，还开设了国学（皇学）等。到幕末时期，藩校的教育内容普遍增加，还有些藩校增设了洋学和西洋医学。武艺教育和藩校的关联越来越紧密，藩校内同时兼行文、武教育的越来越多。幕末时期的藩校逐渐带有一种为藩士设立的综合性教育机构的性质。

幕末的藩校作为各藩藩士的教育机构逐渐充实完善，同时其教育内容也有了逐渐向现代教育转变的趋向。日本很早就实行了藩士的义务入学制，并且在放宽平民的入学限制。另外，藩校教育还形成了根据学习发展阶段的等级制，教育内容也加入了洋学相关的科目等，从中可以看到现代学校的萌芽。藩校在废藩置县后被废除，但成为日本颁布《学制》后的中等、高等学校的直接或间接的母体。藩校培养的仁人志士，也在明治维新后建设现代日本的过程中发挥了核心作用。

（二）寺子屋

江户时代的庶民在封建社会结构中被要求要有作为平民的道德，以及具备平民日常生活所必需的教养。江户时代早期的平民教育一般是在家庭生活以及社会生活中进行的。当时很多青少年和儿童都作为小徒弟、女佣等过着学徒生活，或者在青年组等组织中进行集体生活，这种生活中的教育也具有重要意义。另外，当时作为社会教育设施的教谕所也很发达，心学讲舍和二宫尊德的报德教等在平民教育方面也发挥了很大的作用。江户时代中期以后，寺子屋逐渐发展普及开来，成为平民子女的教育机构，开始在平民教育中占据重要地位。

寺子屋是平民孩子学习读写的初级简易学校，是在江户时代平民生活的基础上成立的私设教育机构，一般都是只有约二十名学童的小型学校。寺子屋的起源可以追溯到日本的中世末期，是以中世的寺院教育为母体而产生的，"寺子屋""寺子"的称呼也与此有关。很多寺子屋的师傅同时也是寺子屋的经营管理者，从全国范围来看，开办寺子屋者出身平民的最多，武士、僧侣次之，此外还有神官、医生等。

寺子屋不像藩校那样通过古代典籍传授高层次的学问，而是主要进行平民日常生活中必要的实用性、初级的教育。寺子屋的学习内容大体是"习字"，再加上诵读。寺子屋的习字，首先从日语的假名、数字等开始，再循序渐进地学习天干地支、方位、町名、村名、百家姓、全国地名顺口溜等。与江户时代商人生活密切相关的"算用"（即算盘），大多是在家庭生活中或在"算盘私塾"学习的。也有一些在寺子屋学习多年的学生，会继续学习四书五经。幕末时期，同时传授读、写、算三科的寺子屋越来越多。这也与明治维新颁布《学制》以后的小学十分接近。

寺子屋从文化、文政时期到幕末明显增加，到幕末时像江户和大阪等地区的城镇自不必说，就连地方的小城市甚至是山区渔村也开设了很多寺子屋，全国的寺子屋估计有几万家，可以说已在日本全国普及。日本在明治五年（1872 年）颁布《学制》后，能够在短时间内在全国普遍开设小学，可以说与江户时代寺子屋的普及有很大的关系。

（三）乡校

武家的藩校和庶民的寺子屋是江户时代具有代表性的学校，除这两种学校之外江户时代还有一些其他种类的教育机构，其中值得关注的就是乡校（或称"乡学"）。乡校大致分为两种。一种乡校是藩校的延伸或小规模的藩校，是由藩主在藩内的重要之处设置的，或由家老、重臣等在领地效仿藩校设置的。这种乡校无论从教育对象还是从教育内容来看，都与藩校是同类的。另一种是由藩主或代官设立的，主要以教育领地内平民为目的的乡校。这种乡校作为平民教育机构，与寺子屋属于同类，但受到幕府和藩主的保护和监督，这一点与寺子屋有所区别。另外，乡校中有除了武士以外，也允许平民入学的介于藩校和寺子屋两者之间的学校。由冈山藩主池田光政设立的习字所合并而成的闲谷学校（闲谷黉），因创立年代久远、规模宏大，成为较为著名的乡校。从幕末到明治维新时期设立的乡校中，有很多是由民间有志之士开设的，这种乡校或乡学，从其开办形式来看，也可以看作现代小学的前身。

（四）私塾

"私塾"也是江户时代与藩校、寺子屋等并立的一种教育机构。私塾一般是教师在私人住宅里设置教学场所，将学问和技艺传授给弟子。私塾原本是受古代和中世秘传思想的影响，以师生之间紧密的人际关系为基础，以传授特定学派和流派的奥义为目的而开设的教育设施。但在近世以后随着时代的推移，私塾也逐渐有了公开性，具备了向现代学校发展的条件。幕末的私塾根据主要教学内容可以分为汉学私塾、习字私塾、算学塾（算盘私塾）、国学私塾、洋学塾等，也有将这些教学内容合在一起授课的私塾，各种类型的私塾非常发达。

因为江户幕府鼓励将汉学特别是儒学作为教学的主要内容，所以江户时代以儒学为主的汉学私塾始终都很兴盛。著名儒学家开设的私塾一般都聚集了众多弟子，优秀人才辈出。较早的由阳明学派的中江藤树开设的"藤树书院"，古学派的伊藤仁斋开设的"古义堂"（堀川塾），以及江户时代后期广濑淡窗开设的"咸宜园"，幕末时期吉田松阴开设的"松下村塾"等，都因各自的特色而广为人知。汉学塾虽在明治维新后衰微，但作为其主要教育内容的儒学思想，在现代日本的教育思想及教育内容中仍有着很强的传承。

习字私塾、珠算私塾等这些主要以平民为对象的私塾在江户时代末期也广泛存在，与寺子屋难以区分。在幕末维新时期尊皇思想的影响下，国学（皇学）私塾也兴盛起来，在传授国学的同时也多传授汉学。另外，从幕末到维新时期，随着欧美文化的引进，洋学塾也得到了发展。

幕末的私塾不是根据幕府或藩的统治制度而设立，而是由儒学家或汉学家等自由开设，一般不区别看待学生的身份，大多是武士和平民都能入学的教育机构。幕末的私塾也是现代学校的一个源流，尤其在作为现代私立学校的前身或母体这一方面具有重要意义。

（五）洋学校

从幕末到明治维新时期，欧美的现代文化文明被引进日本，"洋学"迅速发展和普及，推动了日本教育现代化的发展。随着洋学的发展，日本出现了许多洋学校和洋学塾。这些洋学校和洋学塾是《学制》颁布后中等教育机构的主要源流，中学的直接母体。从这一层面来讲，幕末维新时期洋学以及洋学校的发展，与日本现代的学校教育有着重要的关联。

"洋学"泛指西洋学问。江户时代的洋学最初是指关于荷兰语的学问，即"兰学"。这是由于江户幕府的锁国政策，日本与西方国家的接触在很长一段时间内仅限于荷兰。但在幕府末期开港后，随着与欧美各国的接触加深，日本在各方面都倍感压力，除了外交之外，从国防军事等角度出发，也迫切需要使用各国语言进行学术交流与研究。于是始于"兰学"的洋学到了幕末，也开始包括以"英学"为首的"法学""德学"等。另外，洋学的内容也开始重视航海、测量、造船、炮术等国防军事相关的学问和技术。但是，当时的洋学还是更加偏重语言学习而非专业技术的学习。

安政三年（1856 年），德川幕府在幕末的紧张局势下，首次设立了"蕃书调所"作为洋学的中心机构。蕃书调所选拔了当时著名的洋学者（兰学者），形成了当时最高水平的教学阵容，让幕臣子弟从 1857 年 1 月开始入学上课，据说当时学生只有 191 人。此后，蕃书调所于 1862 年 5 月改称"洋书调所"，翌年 8 月又改称"开成所"，直至幕末。蕃书调所在创立之初的教学内容主要以兰学为中心，日本港口开放后教学内容增添了欧美各国的语言，其中英学最为盛行。另外，为了学习现代科学和技术，也新设了各种专业学科。"开成所"随着幕府的灭亡而关闭，但在明治维新后被新政府复兴，历经"开成学校""大学南校"等后，最终成为东京大学的创建母体。

长崎的"海军传习所"作为幕末的洋学机构，是幕府通过长崎接收荷兰捐赠的舰船，为接受航海术、炮术等设立的，与蕃书调所一样具有重要意义。海军传习所于安政二年（1855 年）开始第一次传习，安政四年（1857 年）开始第二次传习，教授荷兰语、航海术、造船学、炮术、测量术、机械学等，并以此为基础还教授西洋数学、天文学、地理学等，最终于安政六年（1859 年）关闭。虽然设立时间很短，但在当时发挥了极其重要的作用。除了德川幕府派出的人员之外，各藩也派出了很多人直接接受了荷兰人的传习。在这些人中，涌现出以胜麟太郎（海舟）为代表的幕末维新时期的很多领导人才。除长崎海军传习所之外，与当时洋学的发展相关、值得关注的，还有幕府于安政四年（1857年）在筑地讲武所内设立的"军舰操练所"等。

除了语言学以及各专业科学之外，西洋医学在洋学中作为独立的领域也发展较快。幕府在文久元年（1861年）设立"西洋医学所"，后更名为"医学所"，作为当时西方医学的最高教育机构一直延续到幕末。明治维新后，"医学所"与"开成所"一样也成为了新制大学的母体。长崎和江户一样是幕府末期学习西方医学的中心。安政四年（1857年）长崎的"医学传习所"开始了西洋医学的传习，另外还教授化学、物理学、生理学以及荷兰语等，当时从各藩到此学习的人也很多。元治元年（1864年），长崎医学传习所又设立了作为物理化学研究所的"分析究理所"，与医院合称为"精得馆"。

幕末维新时期，各藩各自开设的洋学校也很发达。初期的洋学，多是在藩主的倡导鼓励下发展起来的。但到幕末时期，各地更多从军事或实用的角度出发设立了很多洋学校或西医学校，或在藩校中加入洋学相关的科目。与此同时，民间的洋学塾也很发达，反映了时代的动向。兰方医学的私塾很早就出现了，同时也是传授荷兰语的兰学塾。江户的伊东玄朴开办的"象仙堂"，大阪的绪方洪庵开办的"适适斋塾"（适塾）等都非常有名。此外，还有像近藤真琴开办的"攻玉塾"一样的科学技术方面的洋学塾。这些都为明治维新后迅速展开的现代教育做出了一定的准备。

二、近世教育向现代教育的转变

日本明治维新以后的现代学校教育能够飞速发展，虽然直接起因是新政府采取的以欧美国家为模板的"富国强兵"和"文明开化"政策，但如果没有从江户时代后期到幕末时期形成的近世教育的现代化动向，也会因缺乏基础而难以实现。正因为当时日本国内已具备了从幕末时期的近世教育向现代教育转变的前提条件，在明治五年（1872年）《学制》颁布以后才能得以迅速推行。

（一）幕府末期到维新初期的教育变革动向

在江户时代，日本基于封建制的社会结构，确立了包含士、庶（农、工、商）严重等级差别的身份制，武士和庶民也各自形成了自己独特的教育和文化形式。另外，日本被分割成 250 多处大名的领地（藩），虽然幕府在强大的财政实力和军事力量下能够统御各大名，但具体的行政支配权却掌握在各领地的大名手中。在以幕府为最高统治、诸藩联合的"幕藩体制"国家形态下，各地区在教育和文化方面的异质性和独特性，以及它们之间的差距都十分显著。十八世纪后半叶，在日本农业和手工业快速发展的背景下，下级武士阶层和上层平民开始对身份制和幕藩制产生了质疑和不满，并最终在十九世纪以西方国家施加的外压为契机，酝酿出了根本性的变革。

1868 年，幕府被推翻，在"复古王政"宣言下成立的明治新政府，为了在严峻的国际环境下确保民族和国家的自立，开始着手改革幕藩体制。维新初期，"复古"和"改革"常常处于并存状态。1868 年 3 月的《五条御誓文》明确了新政府的基本方针，同时表明了维新政府的教育基本方针。特别是第五条规定"向世界寻求智识，重振皇权"，既明确了要引进西方现代文明、推进日本教育近代化的方针，同时也将"重振皇权"定为最高目标。由幕末到维新初期的变革过程中，在"文明开化"的思潮中，"复古"的动向也十分显著。

明治维新后，日本急速引进西方文明，所谓"文明开化"思潮高涨。不仅是欧美的近代思想和科学技术，就连生活方式到风俗习惯等方面都在勇敢地吸收西方的文明产物。很多日本自古以来就有的、东洋的东西遭到蔑视和放弃，而西洋的东西则被不加批判地尊崇。虽然维新初期的攘夷主义者也不少，也有排斥欧美事物的风潮，但文明开化因与新政府的开明政策相辅相成，在废藩置县后成为社会的大势所趋。

接受外来文化本身从广义上来说就是教育的问题，从狭义的角度来看文明开化也与教育有着很深的关联。当时很多学校设置了欧美风格的学科，广泛使用翻译而来的教科书。洋学塾和洋学校极为兴盛，以优厚待遇雇用外籍教师，大量派遣留学生到欧美学习也是这个时代的特色。伴随着文明开化的风潮，民间的启蒙运动也极为盛行。当时的洋学者和启蒙家出版了大量介绍欧美思想和生活的著作和翻译书，新发行的报纸和杂志也在致力于启蒙国民。以福泽谕吉的庆应义塾为代表的洋学塾，在文明开化的启蒙运动中也发挥了很大的作用。

维新政府在文明开化思潮的背景下，希望积极启蒙国民，谋求国家富强。但在维新之初，各藩仍有各自独立的教育体系，在通过废藩置县由新政府统辖全国教育之前，并未真正确立全国性规模的教育方针及教育制度。新政府以及各藩内部的复古倾向和革新要素经常交织在一起，从封建时代的近世教育向维新后现代教育的转变十分复杂。明治四年（1871 年）新政府在废藩置县不久后设立了文部省，全国教育全由文部省统管。翌年，文部省颁布了《学制》，才正式确立日本的现代学校制度，真正明确了新政府的教育基本方针。

（二）明治五年《学制》颁布之前的学校变革

日本的明治维新是一场涉及政治、经济、社会的大变革。明治政府在维新之后，立即着手制定教育改革方案和学校开设计划。在《学制》正式颁布之前，全国还没有统一的学校制度，所以学校的性质多种多样，名称也不固定。但迎接新时代、制定并实施改革旧教育的计划的热潮逐渐在全国掀起，并在此基础上迎来了新学制的颁行。

江户时代末年，江户及其附近已有寺子屋等教育类机构约 1 200 所，全国总数约为 15 500 所。当时武士一般都具有较高的文化程度，平民当中男子的识字率约为 40%—50%，妇女中有 15% 左右识字或受过正式教育。[①] 明治维新后政府新设立的府县和旧有的藩，根据政府的政策或从自身的立场出发，又开设了许多新的学校，并开始着手改造近世以来的教育机构。这些学校是《学制》颁布后小学的前身，即设立小学的母体。另外，许多藩参照政府发表的教育改革方案，在设立初等教育学校的同时，也制定了中等学校的设置计划，开始了旧学校的改造。

《学制》颁布之前的小学大致分为两种类型：一种是士族或领导阶层的学校，即作为中学预备阶段的"小学"；另一种是主要以农、商等平民为主要对

---

① 小林哲也. 日本的教育 [M]. 徐锡龄，黄明皖，译. 北京：人民教育出版社，1981：13.

象的"小学校"。"小学"和"小学校"在当时也经常被混用，但一般来说为升入领导阶层的中学而带有预备阶段性质的、水平略高的被称为"小学"，国民大众的学校被称为"小学校"。在新政府的教育政策中，"中小学规则"中的"小学"属于前者，府县施政顺序中所示的"小学校"则属于后者。府县和各藩在规划设立学校时也存在上述两种类型，但是实际设立的小学大多是介于两者之间或具有综合性质。

幕末时期的藩校作为藩士子弟的教育机构逐渐完善，已有了根据学习内容的程度高低划分等级、编制成不同学习阶段的倾向。藩校当中主要教授幼儿朗读的课程逐渐独立出来，称为"朗读席（朗读生）"。在这种背景下，明治维新后藩校的初等阶段一般都被独立出来，单独设为小学。尤其是在根据新政府的"中小学规则"改革藩校时，藩校一般都被分设为初中和小学。这些小学（小学校）虽然在形式上对平民开放，但实质上主要是以士族子弟为主要对象。这一类别的小学及其所继承的传统，对于在《学制》颁布后设立小学也是极其重要的。

明治维新后，全国各地都在尝试设立以普通国民为对象的初等教育机构。只是虽然都是小学，内容和性质却各不相同。在当时，后来直接成为现代小学前身的乡校和义校等民众学校很发达，江户时代以来的寺子屋和私塾等也仍大量存续。明治五年（1872 年）的《学制》就是在这种情况下颁布的。实际上，在《学制》颁布后经历了相当长的一段时间，上述各种初等教育机构才真正实现实质性的统一，形成近代小学教育体系。

第二节

现代教育制度创建之前的日本教师和教师观

日本江户时代有浓厚的"出身有别、地位有差"的阶层分化色彩。这种分化在教育领域的体现，便是不同阶级出身的子弟就读于不同类型的学校。地位显赫的武士的孩子就读于藩校，主要学习汉学经典；庶民子弟就读于寺子屋，侧重读、写、算及生活技能方面的教育。日本江户时代还没有正式的教师培养机构。学校的教师要么是自己想办学的学者，要么是被选派到由中央（德川幕府）或地方（藩）资助的学校任教的学者。教师的身份各异，既有僧侣、医生、书法家等，也有那些因没有固定职业而以教书来缓解生计压力的武士。①

一、现代教育制度创建之前教师的主要来源

日本江户时代及之前封建时代的教育，主要是在一些传授特定学术技艺的家庭中进行，教学技巧多是家学渊源传承而来。换言之，民众实际上主要是在学校以外的生活中接受教育。如柳田国男所指出的，一般民众通常受家庭、同龄人群体和老人的影响，或是在特定职业生涯中接受磨砺，在各种各样的生活经历中受到教育，掌握一些读写技能、为人处世的教训、生活中的知识技巧和相关的规矩等，随之也会产生一种与师生完全不同的教育与被教育的关系。②

江户时代中期以后，幕府直辖的一些教育机构开始兴盛起来，执教的人仍然是擅长某一领域技能的人，如武术、医术、道德、能乐、礼法等继承家学之人、长于此道之人以及一些优秀的学者，教学技巧仍以家学传承为主，或是求学者中的部分优异者作为师傅的继承者独立教授他人。所以，当时教师不是被"培养"出来的，而是客观"成为"的。③

私塾、寺子屋可以作为家业传承数代，每代人都把教学当作养家糊口的职业一直继承下去。僧侣、神官在教化檀家信徒④和民众方面发挥了重要功能，很多僧侣、神官也在开办寺子屋，这种传承也多是世袭制的。士族浪

---

① 谢赛. 日本教师教育 [M]. 上海：华东师范大学出版社，2018：1.
② 山田昇. 戦後日本教員養成史研究 [M]. 東京：風間書房，1994：3.
③ 山田昇. 戦後日本教員養成史研究 [M]. 東京：風間書房，1994：1.
④ 注：1637 年日本发生了基督徒的岛原之乱，德川幕府开始禁抑基督教，利用佛教的基础，建立"寺请制度"，以彻底肃清基督教的余势。所谓"寺请制度"是将全国每一个国民均纳入佛教组织之中的制度。加入寺院的人即称为"檀家信徒"，负有维持寺院费用及住持生活的责任，寺院则掌有证明其人确为该寺信徒而非基督徒的权利。

人①、医生中也有一些人在儒学私塾中进行教学，管理寺子屋。庶民当中的庄头（相当于村长）等，也会为了教化村民在寺子屋教学。②

在寺子屋中也有优秀的弟子会见习、辅助师傅的教学。特别是专业的大型寺子屋中一般会提拔一些助教，来辅助一名教师完成教授几百名弟子的工作。由于是家业传承，所以寺子屋中也有一定比例的女性师傅，但大多是在做辅助性的工作。总之，在日本的封建时代，要想成为人前之师，首先要成为被大家认为精于此道、强于他人、受人尊敬的人。当然也有一些没落的士族和浪人等因"流离失所"，不得不依仗一定知识技能、靠教学维持生计，成为教师。乙竹岩造认为"高足通过见习或辅助师傅的工作，也成为人师"的情况，可以看作"明治时代国立教师养成所培养教师的前身"。石川谦通过对习字师傅的消长情况和出身结构的精细分析，发现习字师傅会因"各地风土人情"不同而不同。③因此，日本在封建时代成为教师的途径多种多样，很难说曾有意识、有组织地培养教师。

总而言之，在日本明治维新之前，所谓的教师或师傅多是代代传承而来，传承越久就越有权威和声望，以此来维持教学双方的信赖关系，也会有很多人因为执教而受到当地民众的尊敬。因此，即便日本明治时期师范学校出身的年轻教师已赶赴各地的中心学校履职，原来的一些寺子屋师傅仍会在当地民众中有超乎寻常的人望。

二、现代教育制度创建之前对教师的传统认识与外来思想

明治维新后，日本模仿西方创设起现代学校制度，并产生了必须培养教师的意识。在此之前，在日本基本都是"学高为师"或"精于此道者为师"，或者是生活本身在发挥教育功能，不存在培养教师的事实与观念。但是，日本现代教育制度是在近世教育的基础上建立起来的，江户时代的很多教育机

---

① 注：日本自镰仓幕府时期，开始武家主政，最高统治者为征夷大将军，将军下面的家臣、大名都豢养了许多武士，武士是职业军人，从家主那里获取俸禄，为家主效命。有时某些武士可能因为对家主不满或者犯了错误、遭受排挤，会离开主家，这样的无主武士称为"浪人"。

② 山田昇. 戦後日本教員養成史研究 [M]. 東京：風間書房，1994：1.

③ 山田昇. 戦後日本教員養成史研究 [M]. 東京：風間書房，1994：2.

构是现代学校的前身，早期的教师也大部分是原来藩校和寺子屋、私塾中的师傅。明治维新后的现代教育制度中蕴含着江户时代之前漫长历史过程中形成的生活思想，继承了日本的文化和教育传统。这些都构成了日本教师文化和教师教育思想的基础。

在幕末时期，幕府以江户及长崎为中心开办的洋学机构十分发达，各藩也在积极引进洋学。洋学和洋学机构不仅直接为日本建立现代学校提供了参考借鉴，也带来了新的教育思想。在明治维新后，日本政府为启蒙民众希望快速普及教育，对现代教师产生了巨大需求，自然产生了培养教师的意识。在洋学兴盛的背景下，从西方介绍而来的教师教育思想也成为日本开展现代教师教育的另一重要基础。

（一）关于教师的传统认识

首先，日本有"尊师重道"的传统。江户时代，日本社会非常推崇儒家文化，儒家教育思想中重视"教"与"道"的理念对日本影响深远，教师的社会地位一直较高。

就官方而言，德川幕府在昌平坂学问所设置大学头，以朱子学为宗的林罗山一家一直把持这一位置，并按自己的解释传播朱子学。各藩所设的藩校、乡校也都有汉学课程并学习儒家经典。民间的汉学者也纷纷设私塾讲学，从而赋予儒学在社会上道德教化以及化民成俗的功能。在江户时代不论是将军还是藩主都对这些大学者尊敬有加，饱学之士也未必出仕，而是潜心开塾招生授业，以自己的思想与人格来影响门生与他人。儒学思想在现代日本的教育思想及教育内容中有着很强的传承。

日本现代教师的前身是寺子屋的师傅，可以说是明治时期教师圣职观形成的母体。"在封建社会的儒教伦理中，寺子屋的师傅拥有超然的地位，'退后七尺，不可踏师之影'这种中世以来一直提倡的师徒道德是教育中绝对的伦理观，教师作为社会的指导阶级，自视甚高，也深受世人尊敬。这种传统教师形象一直延续到明治中期，形成了天职的教师观。"①

其次，日本有"学高为师、身正为范"的传统。寺子屋或私塾的师傅广受世人尊敬，师傅的学识和人格越高越具有权威和声望，自然也会吸引更多

---

① 新堀通也. 教員養成の再検討［M］. 東京：教育開発研究所，1986：56.

的学子从学，这也是寺子屋等教育机构一种天然的机制。

在江户时代没有教师培养意识之前，能为人前之师者，首先要成为被大家认为精于此道、强于他人、受人尊敬的人。教授他人的人必须比被教的人技艺水平高出一筹，才能获得权威和声望，维持教学双方的信赖关系。从另一角度来说，也可以理解为：教授艰深学问者必须是饱学之士；反之，初级教育者则不需要更高深的学问。从江户时代教育机构的教学情况和教育内容来看，当时已有教育机构的分层现象。即学习作为高级学问的汉学典籍时，多是汉学家和有声望的学者充当教师，与现代的大学教师相似，其社会地位较高。而只能教授与基本生活技能有关的读写算等知识的教师，则与初级教育阶段的教师更为相似，出身来源更加广泛，不乏一些只为养家糊口之人，其社会地位要比汉学者低。此后日本建立现代教师教育制度时，关于"是否具有高度学识的优秀人才只要假以时日都能成为优秀的教师？""初级教育阶段（小学）教师需要在哪一教育层次中培养？"等方面的争执，不得不说有日本传统的"学高为师"这一思想伏笔的影响。

在儒家文化和尊师重道的社会环境中，师傅除了教授知识技能外，还兼有化民成俗的功能，一般民众对能够成为师傅的人都有较高的道德诉求，能够"身正为范"。寺子屋多数并非以盈利为主要目的，常常是应周围人所请，"从助人脱离文盲这一纯粹的教育爱出发而开设"。"师傅鄙视金钱之事，立于人上，将人生最为尊崇之学问以及人道授予民众为己任，不因金钱兜售学识而清洁自持"，学费"完全任凭父兄心意给予谢礼"，素有"对贫民子弟免除束脩之礼、且贷予习字用品"之风，因而更受人尊敬。[①] 师傅虽然在经济方面并不宽裕，但与寺子及其父兄之间的人际关联更为纯粹、强韧，在较高的自我道德要求下受到他人的尊崇，感受生活的意义与价值。这也与日本现代教师培养过程中，与西方相比更重视人格形成部分有密切关系。

再次，日本的教师有在实践中学习、相当于"在职教育"的传统。在没有真正意义的教师培养制度之前，江户时代的教师多数是在实践中传承教学技能，其家学渊源越深，几乎等同于教学经验越丰富，在当地也越有权威和声望。

不论是私塾、寺子屋中因为家业传承而成为师傅的人，还是因僧侣、神

---

① 唐澤富太郎. 教師の歷史 [M]. 東京：創文社，1955：1-7.

官的身份而世袭从事教学的人，基本上都是以紧密的人际关系为基础，在教学实践中将学问和技艺以及教学技能传授给下一代弟子，弟子通过"学徒观察"模仿、继承师傅的教学技能。在大型寺子屋中会有优秀的弟子会见习、辅助师傅的教学，帮助一名师傅完成教授几百名弟子的工作。在弟子具有一定水平和资历后，就可能会独立开塾教学。这非常类似于一种教师"职前培养"和"在职教育"的前身，虽不系统却十分重视教学现场的实践。

昌平坂学问所作为江户时代藩校的示范性教育机构，是各藩建立藩校时的主要模仿对象。各藩为完善藩校的建设，会邀请昌平坂学问所的结业者到本地藩校任职，或直接在藩士中挑选优秀子弟送到昌平坂学问所学习。可以说昌平坂学问所在某种程度上，也起到了培养藩校教员的功能。但这种教员的培养，是仅靠学员个人主动观察和模仿来完成的，并不存在真正的关于教学技能的点拨和指导，仍是一种对教学组织管理及教学实践的"学徒观察"，但其在实践中学习的意义值得注意。

在日本初建现代教师教育制度后，教师培养体制尚不能提供充足的教师，早期的教师多数来源于此前的寺子屋师傅、私塾先生等。所以，很多在职教师一边接受关于"现代教育"的培训传习，一边摸索着进行现代教学实践。此后，由于日本基础教育的快速发展，日本教师长期处于慢性不足的状态，"在职教育"始终是教师教育中一个重要的课题。日本教师教育比较重视"教育实习"和"在职教育"的思想，可以说与教师一直在实践中学习的传统不无关系。

另外，不能忽视日本有女性从事教学工作的传统。日本的女子教育一般与男子教育分别进行，女子在家庭之外接受有组织的教育并未受到重视，女子从事的也多数是初级教育或教学辅助性工作。

日本江户时代十分重视武家社会的主从关系，而且这种关系也延伸到家庭内部，亲子关系、夫妻关系也被视为主从关系。女性教育也基于这种主从人际关系，被认为不需要像男子那样通过学问获得高修养，而应该学习积累自己作为女子的独特修养。江户时代出现了很多如《女大学》《女论语》《女训孝经》《女今川》《女实语教》等以"女××"命名、针对女子的训诫书，而且女子教育的内容多是缝纫、茶道、插花或礼仪等，与男子教育有所不同。这种女子教育观在明治维新后也被继承下来，根深蒂固地留存在现代学校教育中。女童的义务教育就学率长期低于男童，且女子升入上级学校的升学率也比男子低得多。

值得注意的是，由于江户时代的寺子屋和私塾等多是家业传承，所以寺子屋师傅当中女性也占有一定比例，只是一般都在做辅助性的工作，不太可能独力支撑运营一处教育机构。但这也说明在日本的传统当中并不排斥女性进入教育行业。明治维新后创立教师培养机构时，就已在寻常师范学校和高等师范学校中分别设置了女子师范科，此后也设立了许多女子师范学校。虽然女性教师与男性教师的比例不够均衡，女性教师的培养情况和工作情况也与男性有一些差异，但女性也可以成为教师的思想十分可贵。

（二）关于教师的外来思想

随着洋学的发展，现代西式学校被介绍到日本。当时欧洲各国师范学校已有上百年的历史，在教师培养方面积累了丰富的经验。日本在建立和发展师范教育过程中，又发挥了擅长向其他民族学习的特性，积极借鉴西方的教师教育体制，这些也形成了日本早期的教师教育思想基础。

福泽谕吉在明治维新之前就曾在《西方情况初编卷一》中对西方的学校进行了介绍："西方各国从都府到村落全都设置了学校。学校是由政府设立，进行教学的地方"，"只要是 6、7 岁的儿童，不论男女都要进入学校学习"。在《西方情况外编卷三》中，福泽谕吉又对"人民教育"进行了论述："尽政府之力让目不识丁的每个小民都能接受教育，实际推行起来是很难的，所以政府需要设立学校，培养能任教的教师。"在《西方情况二编卷一》的"收税论"中，福泽谕吉提出"人民教育"可以分为"常教（通常的见闻知识）"和"学教（学问之道）"两种，为了大力推行"常教"，需要"培养能成为教师的人物，所以必须再设置另一种学校"。这里所说的能培养教师的"另一种学校"，实际上就是要有意识地培养教师，这是在设立近现代学校时的一个重要的着眼点。[1]福泽谕吉通过对西方学校和普及义务教育的介绍，已提示了为启蒙国民大力推行教育，需要国家有意识、有组织地大量培养教师的重要性。为高效培养优质教师，

---

① 　山田昇. 戦後日本教員養成史研究［M］. 東京：風間書房，1994：3.

需要建立相应的教育机构，即"培养教师的学校"。

在同一时期关于学制研究的书籍当中，也能看到一些对欧美教师培养情况的介绍。在《荷兰学制》一书当中，提到了以培养教师为主要目的的"养成学校"，以及训练教师的"著名小学"即示范学校等，除了教师培养法还具体介绍了教师资格等，大体介绍了西欧的一般小学、初中教师的素养水平。[①]在具体介绍西方如何培养教师时，日本的学者不再仅限于关注设立教师培养机构本身，而是开始越来越多地关注教师教育的细节，例如教师实践训练的场所，培养教师的方法，对教师素养水平的要求，教师资格的认定，等等。

在制定《学制》前后刊行的书籍中，出现了更多关于师范学校的详细介绍。《法国学制初篇卷二》中对师范学校有极其详尽的介绍，可以称得上是日本引介西方教师教育的划时代文献。此书中指出，"小学教育质量如何，与专业执教的教官学力甚为相关，是以政府为能得其所用，设立师范学校，齐集他日能任教之学徒，授以合适的课程"。另外，书中还包括"小学师范学校是教官学校的一种，学徒在此学习此后可能要教授的学科，也习得教学的方法"等介绍内容。此书的译本中首次用"师范学校"这一译词，对培养未来教师的学校进行了定义解释，厘清了设置师范学校的基本要义。关于师范学校应如何设置的问题，在书中也提及要在"各大学的附近或校园之内，设置一个或数个师范学校，培养未来能成为小学教师之人"，"各州至少设置一所小学师范学校"。书中对小学师范学校的学科、附属学校、学费支付、服务义务、在职教育等方面的内容也有涉及。《法国学制》这本书中所具体探讨的师范学校的性质和设置形态等，对日本此后制定教师培养方针大有裨益。[②]

综上所述，在明治维新前后，日本在从近世教育向现代教育转变的过程中，各种教育机构勃发、十分兴盛。日本传统教育机构中的"尊师重道""学高为师、身正为范""在教学实践中学习成长"等教师文化和教师培育思想，形成了日本教师教育思想中的底色。在江户幕府末期，日本打开国门之后，西方的教师教育模式和教师培养思想，也随着文明开化的思潮传入日本，成为后来日本建立现代教师教育制度的模仿范本，对日本早期教师教育思想的形成有着重要影响。

---

① 山田昇. 戦後日本教員養成史研究 [M]. 東京：風間書房，1994：4.

② 山田昇. 戦後日本教員養成史研究 [M]. 東京：風間書房，1994：4-5.

第三章

师范学校时期的日本教师教育思想

日本在 1868 年的"明治维新"后，从封建社会开始向资本主义社会转变。日本向西方现代国家学习，建立起现代教育制度，教师培养也与此同时起步。1872 年《学制》颁布，标志着日本现代教育制度正式确立。同年，东京师范学校创设，代表日本现代意义上的教师培养开始，日本进入师范教育的初创期。在师范学校历经十余年的发展后，在第一任文部大臣森有礼的主持下，1886 年《师范学校令》颁布，师范教育开始进入整备确立期。在这一时期，日本战前"封闭制"的教师培养体制基本形成。在 20 世纪初的第一次世界大战后，各国掀起了新的教育改革热潮。随着中高等教育的发展，日本的教师培养也需要随之进行相应改革，此时师范教育进入扩充期。虽然这一阶段陆续出现了一些教师教育的新式理念，但日本在昭和时期已逐渐走向发动侵略战争的道路，在国家主义的教育体制之下失去了践行的现实基础，教师的"师范型气质"不断被强化。

第一节

师范学校时期的日本社会与教育

一、社会文化情况

（一）政治体制的重大变革

19 世纪中后期是日本历史发展的重要转折期。江户幕府末期，日本对外实行"锁国政策"，限制与国外的通商和交流。但在一些经济比较发达的地区已产生资本主义萌芽，出现了所谓豪农、豪商阶层，冲击了封建自然经济，从根本上动摇了幕府的统治基础。商人们感觉旧有制度严重制约着他们的发展，呼吁政治体制改革。具有资产阶级色彩的大名（藩地诸侯）、武士和要求进行制度改革的商人组成政治性联盟，与反对幕府的基层农民共同掀起了"倒幕运动"，并最终推翻了幕府的统治。1868 年 1 月 3 日，明治天皇发布《王政复古大号令》，宣告废除幕府，正式开启"明治维新"。

1868 年的"明治维新"是日本历史的重要转折点，结束了日本长达六百多年的武士封建制度，藩阀和资本家取代武士阶级的统治，通过推行"王政复古"实现天皇亲政和议会政治，建立起三权分立的新式政府。明治政府首先采取"奉还版籍""废藩置县"的措施，结束了日本长期以来的封建割据局面，为建立中央集权国家和发展资本主义经济奠定了基础。此后，明治政府又提出了"富国强兵""殖产兴业""文明开化"三大口号。"富国强兵"是目标，即改革军警制度，创办军火工业，实行征兵制，建立新式军队和警察制度；"殖产兴业"是策略，即引进西方先进技术、设备和管理方法，大力扶植资本主义经济发展；"文明开化"是前提和条件，即学习西方文明，发展现代教育，提高国民知识水平，培养现代化人才。明治维新政府在这三大政策方针指引下，开始在政治、经济、军事、文化、教育等领域广泛向欧美资本主义国家学习，进行近代化改革。

随着伊藤博文、大隈重信、新渡户稻造等留洋知识分子引介西方文化与典章制度进入日本，"文明开化"的风潮逐渐形成，原本传统而保守的日本社会开始发生变化。日本民众不只在物质需求与生活习惯上出现西化的转变，在教育系统与社会组织的广泛推行下，思想与观念上也逐渐有了现代化的倾向。

明治维新使得日本摆脱了沦为欧美列强殖民地的危险，很快走上了独立发展资本主义的道路。日本在"明治维新"后经过二十多年的发展，国力日渐强盛，先后废除了幕府时代与西方各国签订的一系列不平等条约，重新夺回了国家主权，最终进入了现代化社会。虽然明治政府锐意改革，但过于偏重国家强盛的结果也遗留了许多问题，如天皇权力过大，出身藩地的有权有势者长期掌控国政，从而形成势力庞大的"藩阀政治"体系，土地兼并依然严重，新兴财阀垄断市场经济，等等。这些负面问题与日后发生并累积的一些难以解决的社会问题相互影响，最终直接或间接促使日本走上侵略的道路。

日本在走上强国之路的同时，也走向了扩张之路。明治初年，日本即蓄谋向亚洲邻国进行侵略扩张。1874 年出兵侵略中国台湾。1875 年武装入侵朝鲜，次年逼迫朝鲜签订《江华条约》。1879 年并吞琉球，改为冲绳县。至 19 世纪 80 年代末期，以侵略中国和朝鲜为主要目标的"大陆政策"基本形成。

自 19 世纪 90 年代中期起，日本便开始不断对外发动侵略战争。1894 年甲午战争后，中国与日本签订了《马关条约》，日本把从中国夺得的 2 亿两白银赔款中的 80% 用来发展军事，开始走上对外侵略的道路。

1929 年 10 月，由美国开始的经济危机席卷整个资本主义世界。日本在危机中遭受沉重打击，国民经济亏损，黄金不断外流，工业萎缩，农业告急。为了摆脱世界经济危机造成的深重困扰，转移国内的注意力，从 20 世纪 30 年代开始，日本军国主义者加紧实施其既定的侵华政策，在世界东方形成了第一个第二次世界大战的战争策源地。由德意志第三帝国、意大利王国、日本法西斯挑起的第二次世界大战给整个人类社会造成了极大的灾难，对日本国内包括教育领域在内的国计民生各个层面也产生了深刻的影响。

1945 年 8 月 15 日，日本无条件投降，正义战胜强权，第二次世界大战以日本战败结束。此后，美国实行了对战败国日本的单独占领和管制，以美方为主体成立了"盟军最高统帅总司令部"（简称"GHQ"），除设有参谋部外，还下设民政、民间信息、经济科学、天然资源等 9 个局，全面控制了日本的内政。日本在这种情势下开始了战后政治、经济和教育等方面的重建。

（二）"文明开化"中的不同文明启蒙取向

为实现"文明开化"，促使民众早日摆脱封建思想的束缚，明治政府以及各界仁人志士都非常重视启迪民智。福泽谕吉作为著名的启蒙思想家，在《劝学篇》中开宗明义，写道："天不造人上之人，亦不造人下之人，天生万人皆平等，贵贱上下无区分。"提出了人权平等、国权独立的思想，使人人都必须接受教育的思想逐步为社会所接受和认同。东京专门学校（现早稻田大学）的创办者大隈重信指出"文明进步的关键在于教育"，"国家欲施善政，必须首先开发国民的智慧和品德……如果没有受过教育的充满活力的人，那么具有活力的文明也将无从谈起"①。木户孝允在 1868 年的《振兴普通教育实乃当务之急》的建议书中也指出"国家富强的基础在于人民的富强，当平民百姓尚未脱离无识贫弱之境地时，王政维新的美名终究也只能是徒有其名而已，对抗世界富强各国之目的也必然难以达到。因此，使平民百姓的知识进

---

① 大隈重信. 経世論［M］. 東京：日本書院，1924：34.

步，取舍文明各国之规则，徐徐振兴全国之学校，大办教育，实为当今之一大急务"①。经过开展启蒙运动，明治政府以及社会各个阶层逐步认识到全体国民接受教育在富国强兵过程中的重要性，教育改革也开始成为公众关注的社会焦点。

日本社会本来在儒家文化"立身出世"的影响下一直十分重视教育，明治时期更是进一步肯定了教育对社会经济发展的重要作用，采取"全民皆学""教育立国""教育先行"的发展战略。但在明治维新的早期，如何发展教育的思想根底并不统一。

日本明治维新后出现了价值观和奋斗目标完全相反的两种文明启蒙取向，这两种不同的文明启蒙取向影响着发展教育的根本方向。一种是倾向于保守的文明启蒙方法，这种保守方法来源于"自上而下的启蒙"哲学；另一种是倾向于进步的文明启蒙方法，其试图基于"自下而上的启蒙"哲学变革日本社会。这两种对立思想自19世纪70年代出现，二者之间的争论经历多次交锋，直到今天二者之间争论的焦点仍值得深究。②

在建立现代教育体制时，福泽谕吉等人代表的是"自下而上启蒙"的一方，认为应承认教育是人的一种自然权利；森有礼等人代表的是"自上而下的启蒙"一方，认为教育可以是一种国家统治手段。"自上而下的启蒙"和"自下而上的启蒙"这两种不同的文明启蒙取向，与倾向于"为国家教育"理念还是倾向于"为民众教育"的理念紧密相关。学校教育的理念直接影响着对教师的要求，导致教师教育的不同取向。

明治时期的日本希望能够迅速赶超欧美先进工业国家，强烈要求教育为实现国家目标服务。③ 在这种理念下，作为文部大臣的森有礼主导"自上而下的启蒙"，建立起国家主义的教育体制。"自上而下的启蒙"强调教育的效率性，因而在教育的管理、内容和方法上就需要设定统一的标准。这种整齐划一、僵硬的教育体制，给以后的日本教育带来了深远的影响。总体来看，从明治时期到二战结束，日本基本处于政治集权制和国家主义的教育体制之下，

① 佐藤学. 岩波講座 現代教育学 5 [M]. 東京：岩波書店，1962：27.
② 堀尾輝久. 当代日本教育思想 [M]. 太原：山西教育出版社，1994：24-25.
③ 梁忠义. 日本教育发展战略 [M]. 长春：吉林教育出版社，1993：113.

学校采取何种管理理念更多取决于由上至下的指令，莫说教师，就连校长的权力范围也极其受限。这一时期，绝大多数学校履行的都是"为国家教育"的管理理念，学校是一种国家机器，教师是完成国家教育任务的公务员。

（三）追求"和魂洋才"的人才观

日本在明治维新后开始西化，但这种"西化"是设备、物质上的西方化，并非指精神、感情上的西方化。在培养人的方面仍然强调"和魂洋才"，即"东洋精神，西洋技艺"，让日本的民族精神与西方的科技能力相结合。

日本因长时间的藩主割据统治，其历史上并不存在类似中国科举取士的人才选用机制，更毋言用儒学经典作为人才考核的具体规章。儒家思想虽为建立社会伦理规范为统治者所用，但并未由此延伸成为一整套政治建构、制度规范。在面对西方文化的冲击时，日本整个知识界对西方技术的引进也无任何"理"的负担。日本接受"洋才"的另一面，西方的民主、自由思潮并未真正融入日本社会当中，空有西化的政治架构，而"和魂"依然是日本人生活、生产的主轴。"和魂"不是具象的，它不像一个哲学或者政治流派有明确的纲领条目，勉强来说唯一的主体性存在就是天皇，天皇是万民的意义所在。日本近代化的首要目的并非完善民生、民主，而是迫于危机下保证皇统国体的延续。因此，即便西方的科学理念逐渐深入日本社会，但天皇依然是至高无上超人格的存在。"和魂"的抽象性在某种程度上决定了日本文化对于任何异质文化都是开放甚至暧昧的。日本在近现代化过程中，追求物质方面"洋才"的同时，并未放弃精神方面的"和魂"。

"和魂洋才"主要体现在社会和军事上。社会方面，有很多学者都学习西方文化，以西式发型装扮，但在服装上仍坚持穿着日本传统服饰。军事方面，日本军以西式军事训练，但装备仍然保留武士配刀。即坚持本国传统技艺与文化的同时，应用西洋现代的技术器物和社会文化制度，促进科技与经济的发展，使日本迅速成为资本主义强国。

日本的"和魂洋才"思想也有其自身的缺点，即日本在引进西方政治、法制思想时，倾向选择吸收与"和魂"相符合的德国国家主义思想，而拒斥英、美、法等国倡导的自由、平等、博爱的资产阶级民主政治与法制思想，并弹压与之相对立的自由民权运动。这成为之后日本滋生民族主义、法西斯军国主义的思想基础，以致把日本推向发动侵略战争的深渊。

二、学校教育情况

（一）现代教育制度的创始（1872—1886 年）

日本在明治维新时期，以西方国家为模板建立起了现代教育制度。1871年9月2日，日本政府发文宣布设立文部省（日本中央教育行政机构）。1872年9月5日，日本太政官颁布法令《学制》，开始建立全国性教育体制。《学制》是日本第一部重要的教育法令，标志着日本现代教育的开端。《学制》序文（也被称为"被仰出书"）中明示了日本新教育制度以全体国民为对象的教育理念，强烈批判了封建制度下的教育，标榜基于欧美近代思想的个人主义、实用主义的教育观、学问观，与以往的儒教思想截然不同。

在《学制》规定的新教育体制下，学校由基于学区制的大学、中学、小学构成，是不分身份、阶层，面向所有国民开放的单一体系。普通小学由初级部和高级部构成，原则上所有学生都必须完成这两个阶段的学习。此外，还规定设置培养小学教员的师范学校，对晋级考试制度、海外留学生、学校财政等也有相关规定。在政府十分重视教育的政治背景下，日本快速完成了寺子屋和私塾向近代化小学的转换，小学入学人数和入学率迅速增长。初等教育的发展使得师资短缺的问题日益突出，教师的非专业化培养又进一步激化了这一矛盾。从数量以及质量上保障师资需求，成为明治政府继续促进基础教育发展所要解决的一项严峻课题。[①]

由于《学制》缺乏对日本当时国力、民情、文化的考虑，导致日本现代教育起步就遇到了一定的困难。政府缺乏财政保证，人民生活贫困难以负担教育经费，加之教育内容抄袭西方、脱离生活需要，受到一直接受儒学教育的部分士族反对。1879年9月日本政府在反思《学制》的基础上，颁布了要放权地方、延长义务教育年限等的《教育令》。但由于地方经费短缺等问题，《教育令》的推行反而导致小学教育的倒退，被批评为"自由教育令"。因此，翌年12月日本政府马上又通过《改正教育令》重新确定由国家统制、政

---

① 陈君. 日本教师职前培养模式转型研究 [M]. 石家庄：河北教育出版社，2016：33.

府介入教育的基本方针，号召通过赋予文部卿及各县县长更多的权力以实现教育集权化。

中央集权的做法还体现在后来一系列由文部省颁布的、针对各类型学校的教育法令当中。例如，1881 年到 1884 年期间：针对小学颁发了《小学学区划分标准》《学区内待设小学数量》《学校教师行为审查规定》《小学教师道德指导》《小学校教则大纲》等；针对中学颁发了《中学校教则大纲》；针对师范学校颁发了《师范学校教则大纲》与《县立师范学校通则》等。各府县根据文部省规定的标准，各自制定了本地区的各种教育规则，并在管辖范围内施行。由此，在各府县的统辖下，在 19 世纪 80 年代中期实现了府县内学校教育的统一标准化发展。而且，各府县制定的规则是根据文部省制定的标准起草的，且经过文部省的认可，全国教育情况的差异也并不大，基本达成了全国教育统一化。因此，从教育的实际情况来看，19 世纪 80 年代中期可以说是日本近代教育史的一个重要转折点。

（二）现代教育制度的确立整备（19 世纪 80 年代中期—20 世纪 10 年代初期）

1886 年，旧文部省重组为新文部省。森有礼就任文部大臣后对学校体制进行了大刀阔斧的革新，四部新法令《1886 小学令》《1886 中学令》《1886 帝国大学令》《师范学校令》相继问世。其中，森有礼本人负责起草了《1886 小学令》。根据新政策的规定，"小学""中学""帝国大学""师范学校"这四种类型的学校将成为日本新教育体制的核心。虽然后来出现了新的学校类型，但这四种学校一直都在日本教育体制中占据着最重要、最核心的位置。井上毅继森有礼成为文部大臣后，继续进行学校制度改革，着手整顿实业教育、女子中等教育等。森有礼和井上毅两位文相基本奠定了日本近代学校制度的基础。

此后，《小学令》和《中学令》又经过多次修订，对包括教育目的、学习年限、课程等在内的小学学制进行了一系列改革，最终确定了普通小学 4 年和高等小学 2 年的学制，将日本义务教育的年限确定为 6 年。进入 20 世纪后，日本又对这些教育制度进行了反复的探讨，制定了改善中等学校的方案，确定了专业学校的制度，将高等学校定位为进行大学预科教育的机构。这样，日本从颁布《学制》开始起步的近代教育制度在历经三十年后，基本形成了稳定的近代学校体系。从大正到昭和初年，在此基础上又进一步扩充和完善了学校制度。

日本在19世纪90年代进入国家体制的确立期。1890年明治天皇颁布了关于国民精神和各级学校教育的诏书《教育敕语》，以元田永孚为首的"复儒学派"战胜了以伊藤博文为首的"文明开化派"，标志着明治时期日本德育论争的终结。《教育敕语》内容贯穿"克忠克孝、仁爱信义、皇权一系、维护国体、遵宪守法、恭俭律己"的封建道德，灌输皇室利益高于一切的思想，以维护天皇制国体。[①] 其后，《小学教则大纲》《班级编制相关规则》《小学校长及教师职务及服务规则》等先后发布，政府对教师和教育实践的管制益发严厉。1903年政府又通过国定教科书制度，进一步彻行对教育内容的管控。

19世纪末，在高等师范学校占据影响地位的教学理论，已从裴斯泰洛齐主义转向赫尔巴特主义，相关的教学法类书籍也陆续出版，并且其中部分还被作为教师讲习所的教科书或教师检定考试的参考书。学校教育也从裴斯泰洛齐所提倡的"从直观到概念"，转向赫尔巴特的认知过程论衍生而来的五段教学法，以赫尔巴特主义为媒介形成了"定型化的公共教育教学"。教师在学科内容和教材都已固定的前提下，在教学当中履行一种传达的手续，确保在小学教育中普及统一的教学方式。

（三）近代教育制度的扩充期及战时下的教育（20世纪10年代中期—二战结束）

到20世纪初，日本教育已有长足的发展。1908年，日本已基本普及义务教育，学校体制基本完备，对教则、教材的改善改良也在不断推进。20世纪10年代到20年代初，日本受大正民主运动和西方新自由主义教育思潮影响，曾短暂掀起了儿童中心主义的大正新教育运动，对日本教育产生了深远的影响。

第一次世界大战后，为探讨教育改革事宜，日本于1917年设置了直属内阁的咨询机构，即"临时教育会议"。临时教育会议就小学教育、高等普通教

---

① 顾明远. 教育大辞典（第11卷）[M]. 上海：上海教育出版社，1991：416.

育、大学教育与专业教育、师范教育、视学制度、女子教育、实业教育、通俗教育、学位制度等问题进行了审议，提出要根据国体思想进行道德教育，开展兵式体操，教员一半工资应由国库支付等建议。其中尤其具重要意义的是 1918 年《大学令》和《高等学校令》的公布。此后，随着高等教育的扩张，增设了许多中、高等教育机构，形成了从小学升往大学的结构体系。国民中产阶层的升学热情攀升，入学考试竞争日益激烈的新问题开始出现。

1924 年到 1935 年期间，新内阁设立了"文政审议会"。文政审议会是一个常态性的教育政策审议机构，与学校培训、幼儿园令、青年学校制度等诸多制度改革相关。此后，在日本的内阁或文部省设立教育政策审议机构，成为官方一种探讨教育改革问题的组织形式。

从 20 世纪 30 年代起，日本经济危机加剧，国家逐渐被军国主义控制，对内加强了对民主运动的镇压，对外先后发动了侵华战争和太平洋战争。政府为鼓舞士气和控制思想，一方面积极推行适合军事需要的教育和训练，一方面也在推进提高生产力的技术、技能教育。战争的全面化使国家总动员体制成为必然，从贯彻总体战略方针需求出发，军国主义教育政策被制定实施，全民进入战时状态。

三、教师队伍情况

虽然在颁布《学制》时文部省提出"兴办师表学校"是当务之急，但实际上日本近代学校的成立与师范学校培养教师几乎同步开始，而且在国民皆学的方针下，政府制定了在全国设立 5 万余所小学的庞大计划，不可能在短时间内培养出大量的现代教师。在需要大量教学人员的情况下，《学制》中所规定的"无论男女、凡年龄在二十岁以上，且从师范学校毕业具有资格证书，或具有中学资格证书者可担当教师工作"只不过是一纸空文。

各府县在得到立即实施《学制》的指令之后，迫不得已只能召集藩校、乡校、私塾、寺子屋等原来教育机构的教师、师傅，甚至是神官、僧侣、士族等具有国学、汉学修养的人士，临时委以小学教师的工作。这些人只经过简单的培训就走上了小学教师的岗位。因此，在新学校制度建立起来后，小学教师数量在短时间之内得到了快速增长，但实际上小学教师的内部构成极不科学，水平和能力也参差不齐，可谓是"鱼龙混杂"。① 尽管如此，此时的教师仍带有原有寺子屋师傅的威严，并且受他们原本出身阶级的影响，在社会上仍有令人尊崇的地位，对学生十分严格，体罚也屡见不鲜，对学生来说教师是一种"恐怖"的存在。在明治前期的教师还未能习熟近代的教学内容与方法，仍保有原来寺子屋师傅的特征。根据《学制》等规定，这些教师是"临时"教师并非"正式"有资格教师，为解决有资格教师数量不足的问题，不得不采取传习或讲习的方式让他们掌握新的教则和教法。

　　明治前期的教师在观念上与其说把教师当作一种"职业"，不如说更倾向于把从事教师职业当成选择了"圣职"或者说"天职"。但进入 20 世纪后，教师出身阶层开始发生变化，士族出身的教师数量减少，平民（特别是农民）出身的教师增加，再加之教师的工资始终在低水平徘徊，教师的社会经济地位骤然变低。教师职业是"天职"的观念逐渐向人性的、职业的或者说教育劳动者的观念转变。优秀的士族子弟不再进入师范学校，而是通过中学、高中升入大学。并且一些教师由于工资偏低生计难以为继，开始转投其他行业。从 1887 年到 1900 年小学入学率从 45% 激增到 81%，但每校教师的人数却在减少，师生比急剧下降。此外，很多地方小学里，在职年限不满 5 年的教师或不满 10 年的教师非常多②，带来了教师质量的问题。到 1908 年时，日本义务教育的年限从原来的四年延长至六年，学校教师队伍已基本整备，小学在职教师中有资格教师占有比例已超过 70%。在保证教师"量"的前提下，之前就存在的提高教师"质"的问题又开始凸显。在加强教师培养的同时，提高在职教师的资质水平是当时的重要课题。

　　从 19 世纪末开始，在国家体制中对教师必须"品行方正"的要求下，教师的言行举止甚至穿戴起居都被严格限制，且在学校校长与教师等级制度的管理之下，教师更加谨言慎行。师范学校也采取军事化培养，塑造学生"顺良、信爱、威重"的气质。但在现实生活中，教师的待遇却十分低劣，其社会地位也不高，教师在物质和精神方面的需求和社会对教师的期待与要求有

---

① 佐山喜作，深山正光，等. 日本の教育 7　日本の教師［M］. 東京：新日本出版社，1975：15-17.

② 中留武昭. 校内研修を創る［M］. 東京：エイデル研究所，1984：15.

着很大的落差。在这种学校文化和教师文化中，产生了所谓的"师范型"气质，即一方面是踏实、认真、亲切，另一方面是带有内向、伪善的如覆假面的圣人特质，社会上也出现了对教师卑屈、缺乏通融性的批判①。这一情况在之后日本军国主义教育政策的管制下愈发严重，一直延续到第二次世界大战结束。

第二节

师范学校时期的日本职前教师教育思想

一、师范学校初创期日本职前教师教育的制度与思想

明治时代初期，日本结束之前闭关锁国的状态，开始向西方近代国家学习，大量引入欧美的制度。1871 年，日本在东京神田的汤岛圣堂内（昌平坂学问所旧址）设立了文部省，大木乔任被任命为第一任文部卿。1872 年 7 月在东京创设的师范学校是教师培养实践的肇始。随着学制和师范学校的导入，教师培养制度开始逐步确立起来。在日本，职前教师需要培养的教师教育思想，由此开始真正丰富发展起来。

（一）师范学校初创期的职前教师教育情况

日本近代学校的制度化和教师培养体制几乎同时确立。1872 年《学制》的制定，是日本近代教育制度确立的起点。1872 年《学制》（第 40 条）规定，年龄 20 岁以上从师范学校毕业者即具有"教师"资格。但实际上当时师范学校毕业者极少，东京师范学校与《学制》是同在 1872 年起步的。

1. 各类师范学校

（1）东京师范学校

文部省在制定事关近代学校制度创设的《学制》时，在 1872 年 5 月就先行提出要"建立教导小学教师的机构"，并在同年 7 月于东京创立了官立师范

---

① 唐澤富太郎. 教師の歴史 [M]. 東京：創文社，1955：55.

学校（1873 年 8 月更名为东京师范学校），这是日本最初的近代教师培养机构。①

东京师范学校在建校之初，其课程与教学还没有明确的章程可依，校方决定采用西方模式来规训学员。被招聘作为师范学校教师的美国人斯科特，模仿美国师范学校开始了日本的教师培养。当时小学教规还没有确定，斯科特以欧美的授课方法为基础确立了小学教育的方法，并将其传习给学生，这是师范学校教育的第一步。东京师范学校引进了当时美国小学使用的教科书、教具、器材等，教室内部的布置也完全和美国小学一样。在教学时，指导教官先把师范学校学生中的学习成绩优秀者定为上等生，再将这些上等生当作小学学生，面向他们教授小学的课程。其后，上等生再照样效仿，把师范学校的下等生当作小学学生来教。时任东京师范学校校长的诸葛信澄在 1873 年出版的《小学教师必备》一书中，明确记载了斯科特传授的班级教学法。1873 年 2 月东京师范学校附设了练习小学。可以说，初创时期的日本师范学校在很大程度上照搬了西方做法。

东京师范学校的招生条件为：一是在学力上"能够进行和语、汉语书写，粗通算术"；二是年龄为二十以上；三是身体健康；四是通过考试接收入学后，公费培养，必须提交将来从事小学教师职业的誓约书，毕业后授予教师资格证并被派往各地成为"小学生的教师"。1872 年 9 月 11 日东京师范学校举行了第一次入学考试，应考者 300 余名，合格者 54 名（入学 53 名）。1873年 7 月，第一批毕业生奔赴各府县，成为当地教师培养机构的教师或者学务负责官员。②

（2）官立师范学校

1872 年 9 月《学制》正式颁布，《学制》中规定培养教师的学校为"师范学校"，小学教师的学历要求为师范学校毕业或者初中毕业。1873 年，日本开始在各大学区分别设立官立师范学校，计划将其作为培养地方教师的核心机构。从官立东京师范学校毕业的教师再分配到各府县，帮助各地发展地方

---

① 白井嘉一. 现代教職論とアカデミックフリーダム［M］. 東京：学文社，2014：14-15.
② 姉崎洋一. 教職への道しるべ［M］. 東京：八千代出版株式会社，2010：3.

教师培养机构。1873 年 8 月大阪府和宫城县，1874 年 2 月爱知县、广岛县、长崎、新潟县，陆续以东京师范学校为范本开设起各地的官立师范学校。以东京师范学校为中心，在全国的各大学区一共设立了七所官立师范学校，准备为各地开设的教师培养机构提供指导型教师。官立师范学校的学习年限原则上为 2 年，招生定额为每校各 100 人（新潟县为 40 人）。但实际上，官立师范学校采取了课程履修的升级考试制度，很多学生都能够提前毕业。招生人数也并未与招生定额完全一致，从 1875 年官立师范学校的概况来看，指导教官的人数从 7 人到 15 人，学生人数从 89 人到 148 人，毕业生人数从 22 人到 65 人，规模各不相同。另外，根据"官立师范学校学生入学守则"，学生年龄须在二十岁以上三十五岁以下，学费由政府支付，毕业后"不允许从事其他职业"，并规定了"奉事年限（服务义务年限）"。

其后，各府县根据各地的情况开始着手进行教师培养，这些培养教师的机构在各府县分别被命名为传习所、讲习所、养成所、师范学校等，日后都成为各府县师范学校的前身。随着官立师范学校的毕业生被派遣到地方，各地也开始培养新时代的小学教师。到 1876 年，日本的所有府县都已创设了教师培养机构。这些教师培养机构之后在不断完备的过程中，都统一定名为"师范学校"。①

然而，不久之后由于财政紧张，官立师范学校逐渐被废止。1878 年 2 月，爱知、广岛和新潟的官立师范学校停办；1879 年 2 月，大阪、长崎和宫城的官立师范学校先后停办。最后只保留了东京师范学校和女子师范学校作为官立师范学校。

（3）东京女子师范学校

1874 年 1 月 4 日，文部少辅田中不二麿向太政官提交了呈文，提出"女子性质婉静"，"向来担幼儿抚育之人"，适合从事教师职业，建议先在东京府设置一所女子师范学校。田中的呈文请示得到批准，1874 年 3 月 13 日文部省发布公告，决定设立女子师范学校。1875 年 8 月女子师范学校教规确立，规定约十四岁以上二十岁以下的女子可以通过考试入学，学习年限为五年，课

---

① 白井嘉一. 現代教職論とアカデミックフリーダム［M］. 東京：学文社，2014：15.

程分为十级。同年 10 月女子师范学校通过入学考试录取了 71 人，11 月举行了开学典礼。其后几年，女子师范学校将学习年限缩短为三年半，又先后设置了附属幼儿园和附属小学，还设立了幼儿园保姆练习科。到 1886 年，女子师范学校与东京师范学校合并，成为东京师范学校女子组。

（4）府县公立师范学校

明治初期，日本主要是以官立师范学校为中心，同时在地方以此为范本建立公立师范学校，进行小学教师的培养。从 1877 年开始，这种教师培养的体制开始有所转变。由于国库财政情况恶化，政府方面开始采取财政紧缩政策。到 1878 年，除东京师范学校以外的所有官立师范学校都被废止，转而改为给地方公立师范学校提供补助金。1879 年《学制》废止，1880 年颁布的《教育令》规定各府县有设立公立师范学校的义务，并废止了原来给予补助金的制度。因此，在 1942 年 3 月公立师范学校"官立化"之前的这段期间，小学教师的培养主要是由各府县的公立师范学校承担的。[①]

由此一来，明治初期小学教师的培养，逐步在全国完成了从官立师范学校到公立师范学校的制度转换。1881 年 8 月日本制定了《师范学校教则大纲》，1883 年制定了《府县立师范学校通则》。各府县师范学校的教规由此统一，基本上奠定了战前教师"计划性培养"的基底。根据《师范学校教则大纲》，公立师范学校分为初等师范科、中等师范科、高等师范科，学习年限分别为一年、二年半、四年。高等师范科培养小学各学段的教师，中等师范科培养小学中级学段和初级学段的教师，初等师范科培养小学初级学段的教师。有高等师范科或中等师范科毕业证书者只要工作了七年以上，且学力优等、教学熟练、品行端正者可以免考，授予终身有效的教师资格证书。

1883 年制定的《府县立师范学校通则》中明确规定府县立师范学校的教育要以"忠孝义理之道"为本。作为为当地培养小学教师的机构，府县立师范学校要根据当地的学龄人口确定师范生的招生数量，大致每 1000 到 1500 名学龄儿童要对应招收 1 名师范生。每所学校至少要聘用三名具有中学师范科或大学毕业证书的教师。基于《师范学校教则大纲》以及《府县立师范学

---

① 白井嘉一. 现代教職論とアカデミックフリーダム［M］. 東京：学文社，2014：15.

校通则》的规定，府县公立师范学校得到了显著的整顿。

（5）中学师范科

《学制》对中学教师的学历要求为大学毕业，但是在明治初期尚未有基于《学制》创设的大学，所以实际上当时充当初中教师的大多是"藩校教师"和汉学者等。1875 年 8 月，东京师范学校内附设以培养中学教师为目的的中学师范科，成为培养中等学校教师的开端。中学师范科的创设意义重大，之所以这样说，是因为这一学科的设置意味着否定了当初《学制》中规定的"中学教师要具有大学学历"的方针，其结果就是自此以后中学教师的培养也开始主要由"师范学校"承担。如此一来，日本二战前的小学、中学等学校的教师培养都主要在"师范学校"进行。"师范学校"与以大学为顶点建立起来的学校体系属于完全不同的功能系统，其后建立起来的大学也并不承担培养教师的主要任务。①

1880 年 2 月东京师范学校修订了教规，规定学习年限为预科 2 年、高等预科 2 年、本科 1 年。从预科进入本科者，修习的是小学师范科；经由预科、高等预科进入本科者，修习的是中学师范科。这一教规修订是由从美国留学回国的伊泽修二、高岭秀夫提出的，另外他们还提出在本科中专门学习与教育相关的学问，并将教育学、学校管理法等设为独立科目。1884 年 9 月，根据新制定的"中学师范学科改正教规"，将东京师范学校的中等学校的教师培养分为初级中学师范科和高级中学师范科，初级中学师范科的学习年限为四年，高级中学师范科暂不开设。中学师范科不久后成为东京师范学校的主体，之后作为高等师范学校成为培养中等学校教员的独立学校。

2. 教师资格

关于小学教师的资格，根据《学制》规定，小学教师应是年龄在二十岁以上且有师范学校毕业证书或中学毕业证书者，但在当时这只是一个目标方向，要想真正实现需要数年的努力。1875 年 7 月左右曾经规定，二十岁以上的人可以通过参加全科考试，根据学力获取一等、二等、三等教师资格证书，但证书有效期只有三年。这可以看作教师资格检定制度的雏形。

---

① 白井嘉一. 现代教職論とアカデミックフリーダム［M］. 東京: 学文社，2014: 16.

1880 年《教育令》针对普通小学教师的资格，规定"教员不论男女，年龄应为十八岁以上"，特别是"公立小学教员应有师范学校毕业证书，无师范学校毕业证书者，如具有相应的学力也可成为教员"。1880 年《改正教育令》中，关于教师资格又添加了"品行不正者不得成为教员"的规定，还将另一条规定修订为"难以具备师范学校毕业证书者，在府县知事授予教师资格证书后，可在该府县成为教员"。根据这一规定，日本于 1882 年 1 月 31 日制定了《小学教员资格证书授予准则》（以下简称"教师资格准则"），对如何进行小学教员检定做出了相关规定。由此，教师可以通过学力检定，获取初级、中级或高级的小学科教师资格证书，有效期限为五年。同年 7 月 8 日该准则被再次修订，规定拥有正规教师资格证者为"训导"，拥有部分学科的教师资格者为"准训导"，除此之外还另设"授业生"。"教师资格准则"中补充规定"硕学老儒等有德望且能够进行修身科教学者"，"长于农、工、商业等学问者"可免于学力检定成为训导。另外，"教师资格准则"还规定教师中如有品行不正者给予免职处罚，并没收教师资格证书。1884 年 7 月在授予教师资格证书时，又追加了检定品行等方面的规定。

根据《改正教育令》中对于教师品行的规定，1882 年 6 月 18 日《小学教员守则》颁布，通过十六项条款具体指出了对小学教员应有状态的要求。同年 7 月 21 日又制定了《学校教员品行检定规则》，规定品行不正者，即被判处有期徒刑或被监禁、限制自由者等还未履行完刑罚处分者、有暴激等污行有辱教师声名者，不得从事教师工作，如是在职教师则免职处理。1883 年 5 月，刑法修订后规定，凡被处以禁锢以上刑罚者，或者犯有破坏风俗或信用的罪人都为品行不正者。另外，1882 年 8 月又导入了"督业训导"制，督业训导负责监管小学教育的工作，1883 年 3 月督业训导的名称改为"小学督业"。

关于中学的教师资格，《学制》中规定，中学教师的年龄须在二十五岁以上，且要具有大学毕业证，但这与小学教师资格的规定一样，都是数年之后才有可能实现的目标而已。1875 年，东京师范学校才设立了中学师范科，开始培养中学教员。1885 年 8 月 13 日，《中学师范学校教员资格证书规程》颁布，规定除中学师范科的毕业生及大学毕业生以外，其他希望成为中等学校教师者，可经检定后获取教师资格证书。在中学教师资格检定中，除了要按照所教授学科检定相应的学力和教学法之外，还要检定品行。但"博学有书德且能够进行修身科教学者"、多年从事教职工作能够胜任学科教学者，可通过免考检定授予教师资格证书。根据这一规程，1886 年 3 月中等学校教师学力检定考试开始实施。同年 12 月 7 日该规程得到修订，规定中学师范科和大学的毕业生也要通过检定获取教师资格证书，但检定方法为免试检定。

另外，关于教师在国家行政职务中的身份，根据 1882 年 6 月 15 日颁布的《关于府县立、町村立学校职员名称及准官员制等的规定》，校长、教师、助理教师、训导各有级别，学校职员有准官员的待遇。1884 年 5 月 26 日又规定官吏惩戒例、行政官吏服务纪律也适用于府县立、町村立学校的校长和教员等。这些措施表明，日本这一时期将公立学校职员认定为相当于普通官吏的官吏待遇者。

（二）师范学校初创期的政府及学者的教师教育思想

1. 政府重视教师培养、教师是学校教育基石的教师教育思想

"明治维新"之前，日本社会并不存在专门培养教师的教师教育思想，幕府也并未设置真正意义的教师培养专门机构。江户幕府时期虽然存在着多种教育机构，如藩校、私塾、寺子屋等，但是其教师并未经由教师培养机构专门培养，而是由僧侣、神官、士族和浪人等借助世袭制充当的。"明治维新"之后，"岩仓使团"① 出使欧美，日本社会意识到教育发展的重要性。为了尽快实现工业化，达到日本与"万国并立"的目的，日本开始着重普及教育和奖励科学技术的发展。《公布学制之布告》中指出，"学问乃立身之根本"，"自今以后，一般人民无论华士族、农工商及妇女，必邑无不学之户，家无不学之人"②。在"文明开化"方针政策的影响下，日本开始大刀阔斧地对日本教育进行现代化改革，接受教育的人口迅速增加，之前主要教授儒家经典、

---

① 注：日本政府为了全面改革和修改不平等条约，1871 年 12 月派出以右大臣外务卿岩仓具视为特命全权大使的"岩仓使团"出使西洋。岩仓使团历时一年零十个月，总共访问了欧美 12 个国家，其成员都是王政复古明治维新的主力军，他们归来战胜留守派，大力推进维新立宪，岩仓具视做了日本的太政大臣，大久保利通和伊藤博文都做了日本首相。

② 赵建民，刘予苇. 日本通史 [M]. 上海：复旦大学出版社，1989：179.

封建伦理道德的封建型教师已难以应对，培养近代化教师成为日本的一项重要课题。

对于 1867 年的明治政府来说，"建设现代国家"是紧急课题。"国家的现代化"意味着"国民的现代化"，而"国民的现代化"成功与否，与直接负责教育工作的教师的资质能力甚为相关。

由于种种原因，《学制》迟迟得不到太政院的许可，1872 年 5 月 28 日，日本文部省先提出了《小学教师培训场所之呈文》，好为《学制》的实施做准备，呈文请求建立教官教育所，即小学教师教导场，以迅速展开教师培养工作，解决现代化教育发展面临的重要难题。① 该呈文表明了文部省建立专门教师培养机构以培养教师的强烈愿望。因此，在《学制》正式颁布之前，文部省在 1872 年 5 月就先行提出要"建立教导小学教师的机构"，并在同年 7 月于东京创立了官立师范学校。

2. 政府兴利除弊、学习欧美的教师教育思想

1872 年的《小学教师培训场所之呈文》中将幕府时期的教育列为"五弊"："一弊"为忽视学习的适时性，"凡人九至十三岁之前"被"置之度外"，"可学之时不学"；"二弊"为由于不学，不能穷物事之理，"志行贱劣"，"流泪不能自救之人甚多"；"三弊"为教师之害，就学之人多数就学于寺子屋，"师匠多为流落无顿之秃人，自己糊口尚不能"，根本不理解"教育为何物"，跟随此种师傅学习，"与不学之人相去不远"；"四弊"为教育效果之害，由于教育方法、教则等无规则，子弟从数十人至百余人整日不学，教育效果甚微；"五弊"为教育内容之害，学校规则和教则不完备，教育内容只限于"四书五经"，"即使通过努力能够背诵这些内容"，也完全是无用的教育内容。② 之所以日本在建立现代师范教育的早期对欧美方面借鉴颇多，是因为日本对本国近代教育的弊害有深刻的反思。

日本明治时期在建立现代学校制度之前，曾派出了田中不二麿等仁人志士前往欧美进行调查，很快意识到像欧美一样建立起学校制度的一个难点是

---

① 陈君. 日本教师职前培养模式转型研究 [M]. 石家庄：河北教育出版社，2016：48.

② 水原克敏. 近代日本教员養成史研究 [M]. 東京：風間書房，1990：27-28.

教师的实力不足。因此，政府很快就决定"设置师范学校，在小学师范学科招聘外国人斯科特，教授小学教学法"，其后又招聘学监莫里（David Murray）"编制诸般教育制度"①。在建设师范学校时，也是在欧美进行了多方调查，并招聘欧美人参与具体实施，借鉴欧美方面经验的举措十分引人注目。

　　日本在建立现代教育制度时励精图治，希望能借鉴在当时比较发达的欧美国家的教育制度，并招聘西方人协助推行。当日本在《学制》中提出建立专门的教师培养机构，把师范学校的建立列入国家发展规划之中时，欧洲各国师范学校早已有上百年的历史，在教师培养方面取得了很大程度的发展，积累了丰富的经验。所以，作为日本现代教育重要组成部分的师范教育最初也是向西方国家学习，从欧美国家移植而来的。在建立与发展师范教育的过程中，日本善于向他人学习的民族性发挥得淋漓尽致。

　　明治初年的教育思想基本上是以"明国体、正名文""禁虚文空论、切实修行，文武一致教谕可致事"等皇道主义和实利主义为基础。② 在 1872 年《学制》颁布后，1879 年《教育令》颁布之前，主流教育思想中除了实用主义之外，还存在着欧化主义的思想。这种风潮在当时的学校教育以及教师培养中也有所体现，普鲁士派遣来的霍夫曼提出的《忽仏满氏学校建议》中的构想，对师范学校的创设产生了巨大的影响。在文部省完备教师培养学校的过程中，斯科特的贡献与思想也不能忽视。斯科特在日本脱离寺子屋式教育，普及基于裴斯泰洛齐主义的教学法方面，产生了很大影响。③ 因此，日本现代早期的教师教育思想，是在基于欧化主义借鉴外国教育发展本国教育的构想下形成的，这也为之后日本本土的教师教育思想生发奠定了前提基础。

3. 政府重视教师品行、培养"和魂洋才"的教师教育思想

　　虽然在日本初创的师范学校教育中，无论是学校体制还是教学方法、教学内容，甚至是指导教师都是欧美的舶来品，但相比较来看，美国师范学校的教育目标要更加宽泛一些，日本师范学校在筹备过程中所体现的特质与之

---

① 黒田茂二郎，土舘长言. 明治学制沿革 [M]. 京都：临川书店，1906：6-7.
② 安達久. 日本教育思想史 [M]. 東京：大空社，1991：524.
③ 慶應義塾大学文学部教育学専攻山本研究会. 日本近代教員養成史研究：制度·資格·階層·人物·思想の視点から [R]. 山本ゼミ共同研究報告書，2014：142.

并不完全相同。明治维新开始的西化更倾向于设备、物质上的西方化，并非指精神、感情上的完全西方化。在培养人的方面仍然强调"和魂洋才"，即"东洋精神，西洋技艺"，让日本的民族精神与西方的科技能力相结合。再加之现代学校建立初期的教师和师范学校的学子多出身士族，他们当中也不乏将教师职业作为"立身出世"渠道者，可谓"师魂"即"士魂"。所以，日本初创的教师教育与欧美的教师教育"神似形不似"，日本的现代教师教育从起步之初与专业教育相比仍然更重视教师的"品德"。

　　"师范学校"这一名称的由来已难以考究，但据推测还是受到了当时"师者，教人以道者之称也；范者，法也"这一主流教师观的影响。① 在1874年文部省制定的《师范学校学生派出规则》中，称府县录用的东京师范学校出身的教师为"训导"。此后，"训导"被广泛用于称呼师范学校出身的小学教师。日本传统的教师被称呼为"师匠（师傅）""师范"等，基本和英语中的"teacher"同义，但"训导"一词带有强烈的启蒙引导的教化性质。与小学教师被称为"训导"相对，这一时期的中学教师则被称为"教谕"。"教谕"的词义与"训导"虽然相似，但中学教师的主要来源是帝国大学等普通高等教育机构的毕业生，性质更偏向于学艺的教师，旧制高中的学术主义倾向对中学教师的影响要更大一些。②

　　从师范学校的命名和对教师的称呼中，可以看出日本在培养教师时，从一开始就十分重视教师能够"行为世范"的品行，其中有着自江户幕府时代以来儒家文化的重要影响。此后，出于国家统治的需求，这种与美国师范学校完全不同的日本师范型教师培养在其后不断被强化。

4. 福泽谕吉关于教师培养数量与质量决定教育水平的教师教育思想

　　福泽谕吉对《学制》中教育理念的影响众所周知。《学制》下的小学教育是根据从欧美引入的翻译书籍建立起来的，教育内容多与现代科学有关，这些内容不只对于小学生来说十分艰深，教师也很难充分理解。日本国内有很多批评指出，"学制"教育中都是一些不实用、片段性的知识，师范学校传

---

① 水原克敏. 近代日本教員養成史研究［M］. 東京：風間書房，1990：31.
② 三好信浩. 教員養成制度について［J］. 学校教育研究所年報，1980（24）：3-13.

授的教学法也过于死板，只会让小学教育不断退步。①

福泽谕吉承认学制期的教育实际存在问题的同时，认为失败的主要原因不是《学制》本身，而是在于教师。福泽谕吉指出，明治维新以来制定的政策中，"仅强调了民间学问教育的重要性，但除了废除了德川时代读书禁令之外，还无暇顾及学习学问的方法"，即国民普遍学问、教育水平都还处于起步阶段。对于教师问题，福泽指出"原来日本国内能接受教育者只有士族"，"能入教育之门者，全国不过十余万不到二十万人"，其中具有教师资格的人"只四千人有余"，所以"难求教师其人"是因为"无处可寻"。在福泽谕吉的观点中，《学制》本身的基本理念并无问题，"小学教育尚有不足，不是教则有所欠缺，其罪在于教师不良"。福泽虽无太多关于教师品行的论述，但曾谈及随着教师供给量的增加，要淘汰那些"轻薄或轻视德行、屡发奇言炫惑世俗耳目"的教师，逐渐改良教师队伍。②

5. 田中不二麿以知识为基础培养教师自然道德情怀的教师教育思想

田中不二麿是制定取代了《学制》的《教育令》的重要人物。田中曾任岩仓使节团理事官，赴欧美考察西方教育制度，归国后升任文部大辅，主导《学制》实施和《教育令》制定。田中在归国后希望能将《学制》整齐划一、中央集权式的教育模式，转换为"民众自奋"的教育模式。1878年田中在起草《教育令》时，提议参照美国的教育行政制度，编撰日语教科书，教授西方的学术，还对外语教学法、教科书、教师培养等方面提出相关建议。

在《教育令》第55章中，田中不二麿提出参考普鲁士师范教育规定"品行不正者不可成为教师"的条目，第56章中规定"教师需特别注意培养学生道德、性情的涵养，铭记爱国主义"。但此时基本认为道德教育应主要在家庭范围进行，学校只要有重视的态度即可，这里所说的"爱国主义"与忠君爱国有所不同，是现代道德和国家主义思想。③ 田中不二麿希望教师能够帮助学生形成尊老爱幼等自然的道德情怀，以及与现代国家相匹配的爱国心，教师同时能作为教育专家，自发地进行研究集会、加深对教育的认识。田中的这

---

① 水原克敏. 近代日本教員養成史研究 [M]. 東京：風間書房，1990：199.
② 福沢諭吉. 福沢諭吉中村栗園ニ答フル書 [J]. 教育雑誌，1877（40）：11-20.
③ 水原克敏. 近代日本教員養成史研究 [M]. 東京：風間書房，1990：217-218.

一教师教育思想与东京师范学校的改革密切相关。

1879 年，伊泽修二和高岭秀夫在把握文部省教师培养政策意图的基础上，在田中不二麿的支持下开始着手改革东京师范学校。箕浦胜人也提出了宫城师范学校的改革方案。这些改革是对当时批判小学教师和师范学校的一种回应。根据伊泽修二的回忆，在他从美国归国之后，曾有一段时间是以"雇用"的身份在东京师范学校工作的。"这个'雇用'也是日本教育史上值得关注的一个词汇，在当时文部长官田中不二麿的观念中，学者、教育家不能当作工作人员看待，工作人员只会一心一意专注于服从执行上级的命令，但学者、教育家决不应该是奉行他人指挥命令之人，要具有独立的思想，按照自己的良心，报效祖国。故此不能让教育者成为官吏。"①

西村茂树在《学事巡视功程书》中就曾点名批评东京师范学校的教育，说师范学校的教学法是"死法"，"这种教学法最初源于东京师范学校的毕业生"，"东京师范学校的毕业生奔赴各地，必传授此法"。此次伊泽修二和高岭秀夫改革东京师范学校的理念遵循的是裴斯泰洛齐主义。值得注意的是：第一，重视师范生对教育原理、原则的把握，在课程中补充了教育学、心理学和学校管理法等教职科目。如果在教学方法中，没有理解把握学生处于什么样的精神状态，不知道源于什么教育学、心理学的原理，仅仅拘泥于教学细枝末节的方法、形式，只会成为"一种模仿的技术"，即陷入被批评为"死法"的教学法。第二，重视各科教学法的教育，对各科都要求进行"教授术研习"，探讨如何将各科学术性的内容以专业处理方式传授下去，能看出对教师职业特有的知识与技能的追求。第三，素养课程要作为进行教职专业教育的前提存在。课程编制分成五个领域，不是把教师作为一个特定职业去编制课程，而是从人均衡发展的角度去编制课程。这种课程编制继承了裴斯泰洛齐思想，素养课程以中等教育层次为标准，换言之伊泽和高岭在改革师范学校时是以中等教育层次为前提的。②

伊泽和高岭对东京师范学校的改革，从本质上来说与儒教主义的教师形

---

① 水原克敏. 近代日本教員養成史研究［M］. 東京：風間書房，1990：205-206.
② 水原克敏. 近代日本教員養成史研究［M］. 東京：風間書房，1990：206-207.

象完全不符，因此受到了相关方面的批评。田中在重视道德涵养和民众自奋的教育思想下制定的《教育令》，受到拥护改良《学制》的元老院反对，并且由于地方财政的困难，导致最终难以推行。特别是在 1880 年以后，日本教育政策整体向儒教主义方向转换，对师范教育的批判更加强烈，教师培养的基本方针不得不发生新的变更。但田中重视民众和教师自治的渐进主义和以知识为基础的德育论，实际上对教师群体提出了相当高的素质要求。

6. 元田永孚重视"修身"的儒教主义教师教育思想

颁布《学制》后的十多年间，新建的校舍和教育内容和方法都为欧美风格，这也被看作文明开化的一个标志。但明治维新后急剧推进的教育体制改革、文明开化运动以及对欧美知识技术的摄取，带有实用主义或主智主义的倾向，不仅脱离民众的现实生活本身，而且并不完全符合明治政府有意施行的文教政策，反而呈现出混乱的局面。与当时日本社会兴起的复古思潮相应，明治政府希望能基于东洋道德纠正教育本末倒置的问题。1879 年明治天皇命元田永孚等人制定了《教学圣旨》，明示了以儒教教育为根本的道德教育方针。与此同时，也有一些教育家在不同的教育思想下对这样的教育制度提出了批判。

制定《教学圣旨》的元田永孚与田中不二麿的教师教育思想截然不同，完全是保守的儒教主义的教师教育思想。元田教育思想的根本是仁义忠孝，其出发点就是儒教主义，需要从幼儿教育就开始重视修养和周围环境的影响。他认为孔子的仁义忠孝才是教学之"本"，西方现代的知识技能只不过是"末"。教师也必须成为道德的模范，为了能够给学生带来良好的修养示范作用，教师本身也应从幼小时期开始就注重环境的影响，接受正确的教育。[①] 因此，元田永孚极力倡导在封闭的环境中进行教师培养。

简而言之，《教学圣旨》要强调的是，比起知识才艺，基于仁义忠孝的儒家道德教育才是教学的核心。这一关于德育的方针，结束了明治初年以来日本官民为文明开化而狂奔的所谓"欧化时代"，是具有转折点意义的重要事件。自《教学圣旨》后，日本出现了以振兴德育为中心的各种文教政策，以

① 水原克敏. 近代日本教員養成史研究 [M]. 東京：風間書房，1990：232.

儒教主义为根本的皇国思想成为政府文教政策的核心。这一思想和政策最终发展为《教育敕语》的颁布，进一步夯实了以培养日本国民精神涵养为主的教育制度。

《教学圣旨》颁布时，文政的主导人物已从田中不二麿变成河野敏镰。河野按元田的期望修订了《教育令》，另外又制定了《小学教师守则》和《学校教员品行检定规则》。在《改正教育令》中，将原本放在末尾的"修身科"放在各科之首，在《师范学校教则大纲》中也极其重视"修身"，同样放在首位。在《小学教师守则》指出，国家的盛衰与小学教师的优劣直接相关，教师的责任重大，"唤起尊王爱国的士气乃是教师第一要务"。此外，通过《学校教员品行检定规则》严加管制教员的行为，希望借此在教师的思想和行动中形成"仁义忠孝"的精神，使师范学校塑造出符合德行要求的教师。

7. 伊藤博文希望有功于国家的"实学主义"教师教育思想

1881 年以伊藤博文为首的藩阀政权确立后，文部省开始与元田永孚带领下的保守派以及自由民权运动相对抗。藩阀政权此时同样采取的是"儒教主义"，但是与元田所强调的儒教伦理不同，其目的是压制"革命意识"、根植"忠爱恭顺"的观念。1882 年之后，欧化主义思想又占据优势地位，与之前的德育方针针锋相对，出现了教育思想的对立，进入所谓的"德育混乱"状态。①

《教学圣旨》在正式颁布之前，曾提前向文部卿寺岛宗则及内务卿伊藤博文呈示，特别征求了伊藤博文对此的意见。伊藤博文对此提交了《教育议》，上奏了关于教育的见解。《教育议》由作为伊藤博文智囊团的井上毅起草，对元田的《教学圣旨》进行了批判。《教育议》同样认为自由民权运动会搅乱风俗，需要通过教育解决这一问题。但与《教学圣旨》不同，《教育议》指出了迅速引进欧美新知识的必要性，不认为这种乱象本身是由教育引发的，而是明治维新这种社会变革所带来的必然结果，所以虽可以由教育渠道谋求解决，但不可操之过急。伊藤博文和井上毅认为在教育中应该重视"工艺技术百科科学"，而非元田永孚强调的"汉学"，希望能够培养不只"政谈"而

能"静心研磨科学"的人物。针对当时的社会形势，森有礼站在伊藤博文一方，也认为空谈只会导致政治混乱，妨碍商业发展，这也为之后森有礼重整教师培养体制埋下伏笔。但是，伊藤博文当时的观点在如何能保证培养出脑力和体力都堪承国家大业的人物方面，并没有很强的说服力。元田永孚也上奏了《教育议附议》提出反驳，阐述己方见解，并未让步。

元田永孚与伊藤博文之间的论争，可看作明治初期围绕教育政策的传统思想与进步思想的冲突。1880 年修订《教育令》时，在新任文部卿河野敏镰的协调下，元田和伊藤所代表的双方进行了协商，各有妥协。在新的文教政策中，元田的教师教育思想仍然占据上风，但也部分采取了伊藤方面的意见。

在《改正教育令》中，关于教师的训条中规定，教师必须要教导国民形成美德、形成为天皇制国家奉献的精神，并要身先士卒成为模范，此处仍是以元田的儒教主义思想为主。在教师培养中也明确了振兴道德教育，要塑造以德行为重的"学德完备"的教师形象。但在《教师限制条例》中分别规定了关于小学教师资格的项目和关于小学教师守则的项目。关于"小学教师守则"的项目所规定的教师任务中，在列出要培养学生对天皇的忠诚和爱国心之外，还要引导学生知识和身体的发展。这部分内容基本就与元田的儒教主义无关了，可以看出对伊藤等人所倡导的"实学主义"的部分吸纳和妥协。但在后面出现的"小学教师守则"相关的项目中则强调，正因为儿童时期是思想和习惯成型的时期，所以要起到榜样作用的教师务必品行第一，学校的首要目的是基于学识和经验进行品行、德义、道德的教育，这些内容还是被深深地打上了元田教师教育思想的烙印。① 在《师范学校的教则大纲》中，修身与读书、习字、算数合计起来的课时已经超过教学时间的半数了，由此也可以看出对教师的要求。②

可以说，此时以元田永孚为代表的天皇派或宫廷派的教师教育思想，仍是《改正教育令》时期的主流，左右了当时教师教育政策的制定。但以伊藤博文和森有礼为代表的带有现代国家观的教师教育思想在当时也具有一定的

① 水原克敏. 近代日本教员养成史研究 [M]. 东京：风间书房，1990：247-252.
② 安达久. 日本教育思想史 [M]. 东京：大空社，1991：291.

影响，并在后来的文教政策中起到了主导作用。

二、师范学校确立期日本职前教师教育的制度与思想

1886 年 4 月，在第一任文部大臣森有礼的主持下，《师范学校令》颁布，标志着日本的现代师范教育开始进入整备确立期。在此之前，日本初创的师范教育虽然已经有了发展，但还未完全确立全国性的教师培养制度。在新的体制下，日本政府力图实现全国范围内教师培养的标准化与统一化，每个县要在国家指导下设立一所师范学校。根据《师范学校令》以及之后的各种相关规定，日本确立了与小学、中学、帝国大学这一体系并行的培养教师的师范学校体系，基本形成了日本战前"封闭制"的教师培养体制。

（一）师范学校确立期的职前教师教育情况

1. 各类师范学校

（1）"寻常师范学校"和"高等师范学校"

《师范学校令》第一条就规定"师范学校是培养教师之所，师范生要注意培养顺良、信爱、威重的气质"。第二条及后面的内容大体规定了关于师范学校教育的基本制度设计。① 师范学校分为"高等"和"寻常"两类。在东京设有一所高等师范学校，隶属文部大臣管理，由国家支出财政经费，毕业生派往寻常师范学校任校长或指导教师职务，根据具体情况也可承担其他学校的校长和教师职务。各府县都设一所寻常师范学校，由府县支出财政经费，主要培养小学的校长及教师。但不论是高等师范学校还是寻常师范学校的毕业生，在毕业后都有义务服务期限，与此相对师范生在学期间的学费为公费负担。

寻常师范学校的入学资格为，具有高等小学毕业以上的学力、年龄在十七岁以上二十岁以下者，学习年限为四年。从关于寻常师范学校招生入学的规定中，也能看到相对于专业素养，更重视师范生品行的要求。寻常师范学校的招生方法有两种，一种是郡区长推荐，一种是直接报考，但原则上郡区

---

① 白井嘉一. 现代教職論とアカデミックフリーダム［M］. 東京: 学文社, 2014: 17.

长推荐者优先入学，且郡区长推荐者即便不具备前述入学资格也可以直接入学。被录取的人员还要经过 3 个月的考查期，以检查其品行是否符合学校的要求，只有品行端正的学员才能通过考查进入后面的课程学习阶段。① 这一方针也充分体现了森有礼的教师教育思想，即对于将来从事教师职业的人来说，"艺能（即学力水平）是第二位的，人物品格才是第一位的"。

根据《师范学校令》，寻常师范学校的主要学科包括伦理、教育、国语、汉文、英语、数学、簿记、地理历史、博物、物理化学、农业手工、家务、书法图画、音乐、体操等，特别是每周要有六小时男子体操课（包括兵式体操）。教育科中还包含"各学科的教学法及实地教学"。森有礼在师范教育中重视学习能力的同时，尤其重视人物品格。这一点除了在招生规则和寄宿制的训育等方面有所体现之外，在毕业时也会根据师范生的学习能力和人物品格，颁发普通或优等证明。

1892 年 10 月，寻常师范学校的学科及履修要求重新修订。根据新的规定：第一，寻常师范学校教育的要旨是锻炼精神，研磨德操，培养尊王爱国的志气，遵守纪律秩序，保持师表的威仪，在注意身体健康的同时掌握所要教授的知识技能以及教学法等。第二，各学科的履修程度"各地要保证统一"，根据各学科的履修程度合理制定各学年的学习内容，各学年确定每周固定的学时数。第三，"寻常师范学校作为以培养小学教师为唯一教育目标的场所，必然需要知晓如何将各学科传授给儿童的顺序方法"，即规定必须教授各学科的教学法。通过此次修订，更加明确了师范教育的教师培养目标以及培养教师的学科课程性质。

根据《师范学校令》，官立东京师范学校改变了原来既培养中等学校教员也培养小学教员的体制，更名为高等师范学校，成为专门培养中等学校教员的学校。高等师范学校又分设男子师范科和女子师范科。男子师范科的入学资格是寻常师范学校的毕业生，规定学习年限为三年。1892 年 4 月男子师范科的学习年限延长为 4 年，也面向一般初中毕业生开放。女子师范学科的入学资格为完成寻常师范学校第二学年学业者，学习年限为四年。1890 年 3 月，

① 白井嘉一. 现代教職論とアカデミックフリーダム［M］. 東京：学文社，2014：18.

女子师范学科从高等师范学校分离出来，重组为女子高等师范学校。招生方法从最开始的由府县知事（地方长官）推荐者中选拔，变为由高等师范学校的校长来选拔入学者。

1894 年 4 月 6 日制定了《高等师范学校规程》，将过去的理化学科、博物学科、文学学科的学科划分，改为文科和理科，并且为了扩充培养中等学校教员的途径，设立了研究科、专修科和选科。根据《高等师范学校规程》，文科的履修科目包括伦理、教育学、国语、汉文、英语、历史、地理、哲学、经济学、体操和作为任选科目的德语、书法等；理科的履修科目包括汉文、历史、地理、哲学、数学、物理、化学、地质、植物、动物、生理、农业和手工。同年 10 月 2 日，又制定了《女子高等师范学校规程》，根据这一规程，女子高等师范学校的课程结构与寻常师范学校十分相似，要比寻常师范学校女子部的课程更加精深。

《高等师范学校规程》及《女子高等师范学校规程》屡次修订，学科结构也不断发生变化。根据 1898 年的修订，高等师范学校又将文科、理科进一步细分。文科设教育学部、国语汉文部、英语部、地理历史部；理科设理化数学部、博物学部。在履修科目方面，除了伦理、教育学、国语、英语、体操这些共通的必修科目以外，各部再分别设置自己独有的科目。1900 年 1 月，又废除了高等师范学校中文科和理科的区分，改为设置一年的预科、三年的本科和一年的研究科，本科分设为语言学系、地理学系、数物化学系、博物系，履修科目也比以往更加细化。1902 年新设的广岛高等师范学校基本上就是在这一基础上建立起来的，组织结构也与东京高等师范学校几乎相同，其后又在 1908 年新设了奈良女子高等师范学校。

寻常师范学校和高等师范学校的学科课程的特色体现在，除了按照各学段相应程度学习同等教育内容之外，还有"教学"学科和"教育学"学科等与教师职业相关的知识内容。例如，1886 年寻常师范学校中"教学"学科中就细分为"总论智育德育体育之理"（教育原理）、"学校的设置编成管理方法"（学校管理法）、"本邦教育史外国教育史之概略"（教育史）、"教学之原理"（教学方法论）、"各学科的教学法"（学科教学法）、"实地实习"（教学实习）等，1888 年 10 月又追加了"有关教育的本邦法令"（教育法令）。另外，在师范学校中的"体操"科中采用了"兵式体操"，通过军队的训练方法来进行授课也是一大特色，其目的也是培养"教师三气质的底色"。除此之外，这一时期还确立了师范毕业生的公费培养制、毕业后的服务义务制、寄宿制等。[1]

（2）《师范学校令》后的"师范学校"

1897 年 10 月 9 日，《师范学校令》废除，《师范教育令》颁布。《师范教育令》基本延续了之前教师培养的基本方针路线，但社会上对当时急速发展的学校教育提出了很多要求，所以这一政令也针对这些情况提出了改革方案。

《师范教育令》的第一条中将《师范学校令》第一条中规定的教师三种"气质"改为"德性"，并将"寻常师范学校"改称为"师范学校"，明确其培养对象是"小学教师"。高等师范学校的培养对象变更为"师范学校、普通初中、高等女校的教师"，女子高等师范学校的培养对象则为"师范学校女子部、高等女校的教师"。与之前的政令规定相比，此次变更将"学校校长"排除出师范学校的培养对象，进一步明确了各师范学校的培养功能。《师范教育令》中还更改了"各府县设置一所师范学校"的原则，允许各府县设置多所师范学校。高等师范学校及女子高等师范学校改为在东京各设一所，师范学校改为在北海道及各府县设一所或数所。另外，第七条新增了允许在文部大臣的管理下招收"自费生"的内容。[2]

在《师范教育令》颁布的同时，另一份敕令中规定，各府县要根据学龄儿童的数量保证师范毕业生的稳定供给。文部省还在同年 10 月发布的训令中，鼓励分别设置男校、女校。[3] 在这些政令之下，师范学校的开设数量、招生数量都迅速增长，再加上女子师范学校的开设，日本的教师培养快速发展起来。

（3）《师范学校规程》后的师范学校"本科第一部"和"本科第二部"

1907 年之后，日本在迅速扩充师范学校的数量的同时，也积极从师范学校内部着手改革以提高教师培养质量。1907 年 4 月，《师范学校规程》颁布，

---

① 白井嘉一. 現代教職論とアカデミックフリーダム［M］. 東京：学文社，2014：19.

② 白井嘉一. 現代教職論とアカデミックフリーダム［M］. 東京：学文社，2014：20-21.

③ 白井嘉一. 現代教職論とアカデミックフリーダム［M］. 東京：学文社，2014：21.

该规程在总括了之前的各种规则以外，还重新规划了师范学校的学制结构。

根据《师范学校规程》，师范学校分为预备科和"本科第一部""本科第二部"。本科第一部的学习年限为 4 年，主要接收高等小学毕业生；本科第二部的男学生学习年限为 1 年，女学生学习年限为 1—2 年，主要接收初中和高等女校毕业生。① 换言之，本科第二部主要是招收已完成了普通高等教育者，再施以"短期速成的师范教育"，让学生"在既有的知识技能基础上，整合补充学习一些与在小学从教有关的必要事项"。因此，本科第二部的主要课程内容是教学科目及各科教学法。本科第二部的设立尤其值得注意，由此师范学校与各中级学校的衔接被打通，这对之后师范学校教育的发展来说是十分重要的改革。

根据《师范学校规程》，1910 年 5 月制定了《师范学校教授要目》，详细规定了各学科的内容，列出了各学科在各学年的学时数及教学内容。各师范学校遵照这一要目，可以再根据各地情况制定适当的教学细目，以达到最佳教育效果。同年 11 月，文部省对该"要目"的说明也提到"应只列出大纲，避免过于涉及细则，为各地能够因地制宜留有余地"。

2. 教师资格及教师身份

（1）小学教师资格

1886 年 4 月，在各学校通则规定"凡教师必须获得文部大臣或府知事县令授予的资格证书"，在此基础上，同年 6 月 21 日制定了《小学教师资格规则》。根据《小学教师资格规则》的规定，师范学校毕业生及检定考试合格者可获取小学教师资格证书。小学教师资格证书又分为由文部大臣授予的、在全国范围内长期有效的普通资格证书，以及由府知事县令授予的在所管辖地区有五年有效期的地方资格证书。教师普通资格证书的授予对象为高等师范学校毕业者，或持有地方资格证书且工作五年以上、学问及教学优异者。另外，根据 1881 年的《学校教员品行检定规则》的规定，在授予小学教师资格时也纳入了考核人物品格的要求。

1890 年的《小学令》规定了本科教员与专科教员、正教员与准教员的区

---

① 白井嘉一. 現代教職論とアカデミックフリーダム［M］. 東京：学文社，2014：21.

别。在此基础上，1891 年 5 月根据正教员、准教员的区别，重新调整了教师资格证书的划分标准，同年 11 月规定了小学教员检定的相关规则。根据该规则，小学教员检定分为甲种认定和乙种考试，认定的对象、考试的科目及程度等也有详细规定。正教员教师资格证终身有效，准教员资格证七年内有效。在 1900 年修订的《小学令》及该令施行规则中，明确了本科、专科的区别，正教员、准教员的区别，普通资格证与地方资格证的区别，免试检定与考试检定的区别，基本整备了小学教师的资格制度。此后在 1912 年 7 月通过修订《小学令》，废除了教师普通资格证书和地方资格证书的区别，规定"教师资格证书由府县知事授予，全国通行有效"。除此之外，教师资格制度没有太大的变化。

（2）中学教师资格

1886 年 12 月，"寻常师范学校、普通中学及高等女校教员资格规则"颁布。根据该规则，高等师范学校毕业生及检定合格者可获得中学教师资格证书。1892 年 7 月，与一系列寻常师范学校的改革相呼应，又单独制定了寻常师范学校的教师资格规则。中学教师资格证分为一等、二等、三等及无等，分别根据工作年限和检定授予。与小学教师资格证一样，授予中学教师资格证时也需要进行教师品行审定。1896 年 12 月，日本制定了"寻常师范学校、普通中学、高等女校教员资格证规则"，扩大了由校长申报即可授予教师资格证者、有免试检定授予资格证者的范围。1899 年 4 月，教师资格的免试检定范围又进一步扩大到公立学校、私立学校的教师和外国大学毕业生。

1900 年 3 月 30 日，日本颁布《教师资格令》，同时制定了教员检定委员会制度。根据《教师资格令》规定，无教师资格证者不得被聘为中等学校教师。教师资格证的授予对象为，以培养教师为主要目的的官立学校毕业生及教员检定合格者。教员检定分为考试鉴定和免试鉴定，由教师检定委员进行。同年 6 月制定了教员检定的相关规程，完善了考试检定和免试检定的内容。同年 9 月又出台了允许无教师资格证的人担任教师的规定，对录用无资格教师的情况做出了规定。随着《教师资格令》推进实施，日本逐渐确立完善了中等学校教师的资格制度。

（3）教师的身份及待遇

日本通过 1896 年的《市町村立小学校教员年功加俸国库补助法》、1901

年的《小学教育费用国库补助法》、1904 年的《市町村立小学校教育费国库补助法》，确立了由国库负担小学教员按照工龄加薪和特别加薪的制度。1907年 3 月的《公立学校职员俸给令》、1917 年 1 月的《公立学校职员制及公立学校职员待遇官等等级令》基本确定了公立学校教员的待遇。

在日本教师培养体系初建时期，师范学校的毕业生还是作为教育者精英而存在的。其后不久随着高等教育和中等教育的完备，各地的师范学校也基本设置齐全。教师薪俸由国库负担、收入稳定，对于家庭经济贫困但成绩优秀的学子来说，进入师范学校也是不错的出路，所以当时师范生里中产以下或贫困家庭的子弟居多。同时，在中小学教学一线还有相当一部分并非师范学校出身的代课教师，与这一群体相对，师范学校出身的教师作为义务教育的正统，形成了一定的派系。① 整体来说，在战前日本小学教师的供给来源中，师范学校的毕业生占据主流，中学教师和旧制高中学校教师的供给来源则以旧制专业学校、旧制大学为主。

（二）师范学校确立期作为政策制定者的森有礼的教师教育思想

在日本现代师范学校教育的整备确立期，文部大臣森有礼功不可没。森有礼关于师范学校的构想是明治时期教师培养政策的基底，他主持建立的师范教育最终成为战前日本教师培养的核心部分，其中所体现的教师教育思想直到第二次世界大战日本败战为止，都没有发生太大的变动。可以说，森有礼的教师教育思想在战前日本教师教育思想史中占有举足轻重的地位。

1. 森有礼的生平背景

1885 年 12 月日本太政官制改为内阁制，文部卿被文部大臣取代，旧文部省重组成新文部省。伊藤博文就任第一任内阁总理大臣，森有礼被起用为日本历史上第一任文部大臣，对日本的教育施与了重大影响。森有礼既是封建主义的批判者，也是倾向西方合理主义的开明专制主义者。森有礼自幕末赴欧以来，作为政府内部首屈一指的外交官活跃在政界，另一方面他还与福泽谕吉等人创立了明六社，是当时著名的开明主义者之一，本身就对教育有着浓厚的兴趣，始终强调教育应把国家和民族的繁荣放在第一位。伊藤博文和

---

① 姉崎洋一. 教職への道しるべ [M]. 東京：八千代出版株式会社，2010：4.

森有礼在 1882 年 9 月前后就已通过书信往复，讨论了教育政策的基本方针。森有礼在就任文相之前，已经在 1885 年 8 月就任东京师范学校的监督一职，开始介入师范教育。

森有礼秉持教育不是为学生而是为国家的观点，始终强调教育应把国家和民族的繁荣放在第一位，并且认为国民教育成败的关键在于教员的资质，尤为注重整备师范学校。1886 年，森有礼开始努力将其教师教育思想付诸师范教育的实践，着手重组整个教师培养体制。1886 年 4 月《师范学校令》颁布，反映了森有礼教师教育思想的师范学校教育框架基本确立。直到 1945 年日本战前师范学校制度终结，森有礼倡导的继承天职、圣职教师观的"师范型"教师形象一直是战前日本教师教育的主流。

2. "军事化"师范教育与培养教师"三气质"的教师教育思想

森有礼作为首任文部大臣，认为教育的目的是培养具有让国家富强起来的能力和气质的自立国民。继任文部大臣的井上毅，在森有礼被暗杀不久后的 1890 年 3 月 9 日，在皇典讲究所进行的演讲中谈到，森有礼是在"国体教育主义"这一方针之下推行他的教育政策。1889 年 1 月 28 日森有礼在给直辖学校校长的说明要领中也明确指出，"维持诸学校的最终目的是为了国家"，"要始终记得，学政决不是为了学生本身，而是为了国家"。从这些表述中可以看出，森有礼持有的是"国家至上主义"的教育思想，这一思想在他执掌文部省期间在教育政策中逐步落实，对学校教育和教师教育都产生了深远影响。

森有礼希望通过"锻炼气质身体"培养新国民，关于培养方法他提倡对 17—27 岁学龄的男性学生开展军事化教育，即以"兵式体操"的方案培养年轻人对天皇的忠诚，对国家的热爱以及保卫家园的精神，这种风格同样体现在师范教育中。在森有礼的教师教育理念中，普通教育的好坏与否在于教师，教师的好坏与否在于师范学校。"一力承担普通教育"的教师最好是"特别伶俐且善良的人"，"世间万事皆由人品定结果，归根结底人品是教师资格之本"①。换言之，对于教师素养，森有礼认为与教育学方面的专业学识相比，

---

① 大久保利謙. 新修 森有禮全集：第 2 卷 [M]. 東京：文泉堂書店，1998：342-343.

"善良的人品"这一点更为重要。而对于教师"善良"状态的理解，则是森有礼所提出的教师"三气质培养论"。

最初森有礼提出的师范生"三气质培养论"并不是"顺良、信爱、威重"，而是"从顺、友爱、威重"。之所以"三气质"的表述有变化，是因为受到了元田永孚的影响。元田永孚认为森有礼提出的"三气质"是基于儒教主义的修正方案，能够延续之前《教学圣旨》和《小学教师守则》所规定的师范教育路线，并将森有礼的表述改为更强调人生自然善美的"顺良、信爱、威重"，也可看作一种肯定。① 对于森有礼来说，也能因此获得在师范教育中实质上推行己方方针路线的可能性。这也被认为是森有礼与元田永孚二者之间的相互妥协，但这仅仅体现在作为教师培养政策的"三气质"方面，在教师教育思想方面二者截然不同。

参照森有礼 1884 年 12 月在埼玉县寻常师范学校的讲演内容："从顺"是指要顺从师长（特别是校长）的指示，"友爱"是指朋友之间（特别是教师之间）要相互信赖保持良好关系，"威重"是指要具有一定的威严以获得周围人（特别是学生）的信赖。② 元田持有的是儒教主义的教师培养思想，认为教育的目的是培养"德行"。森有礼在"三气质"中原本使用的是"从顺"一词，意指不管是什么身份、经历、年龄，对于位高权重者都要绝对服从，这符合现代国家中央集权的要求，否定了儒教主义中的人际关系。因此，森有礼表达的"从顺"与元田永孚改动后的"顺良"有本质的差异，但二者暂且在培养教师"三气质"的政策内容方面达成了妥协性共识。

最终，1886 年 4 月，森有礼提出的《师范学校令》颁布，整个教师培养体制开始重组，表明森有礼的教师教育思想正式导入日本的教师培养方针。教师被要求承担培养天皇制国家忠良臣民的"至重之责任"，教师不只在校内，在校外也要对学生的日常生活进行指导。森有礼认为"日本人一直以来对教室以外的教育十分怠惰，日常万事不规则的状态甚为严重"，所以"必须注意加深对教室外的教育，这一责任要归于专门从事教育工作的教师"。③ 因

① 大久保利謙. 新修 森有禮全集：第 2 卷［M］. 東京：文泉堂書店，1998：510-511.
② 白井嘉一. 現代教職論とアカデミックフリーダム［M］. 東京：学文社，2014：16-17.
③ 白井嘉一. 現代教職論とアカデミックフリーダム［M］. 東京：学文社，2014：24-25.

此，森有礼倡导在师范教育中推行兵营式的全住宿制，对尊长要有绝对的服从精神。在寄宿制度下，在读的师范生必须全员入住集体宿舍。师范生在宿舍内起床、就寝、饮食、清扫、自习等所有的生活活动都会受到严格的管理。这也是基于"通过教学以外的所有场合培养学生的气质内涵"这一方针而制定的。① 为了锻炼师范生的心志，森有礼还推荐校长通过"秘密忠告法"让师范生之间互相监督，即师范生轮流通过书面记录指出他人的缺点并给予忠告，月末统一将书面记录交给校长，作为师范生的审查资料，借此达到全方位的细致化管理。在学习方面，师范生也完全没有选择学习科目的权力。② 在师范学校中的"体操"科中也正式采用了"兵式体操"，通过军队的训练方法来进行授课是一大特色，其目的就是培养"三气质的底色"。

森有礼在就任文部大臣之前就意识到教育是富国强兵最有效的措施，同时非常清楚要想达成一定的教育效果很难速成。作为文明启蒙者的森有礼在给伊藤博文的信件中也曾提及，"观察我邦教育之现状，前路艰难，且当前典法缺失甚多，前路艰难尚可假以时日破解，当前缺失的典法则不可不速速补充，否则后患无穷，其中最紧要者为锻炼之法，即锻炼国民身体气质之法"。③森有礼也并非认为教育有"速成"的捷径，但在他就任文部大臣后，在制定要达成富国强兵的文教政策时，作为最高责任人的森有礼，不得不面对迅速铸就国民教育基石这一燃眉之急。对于追求高效的森有礼来说，要快速达成目的就必须施行严格的管理，所以在师范教育中彻行极端严格的管制也就不难理解了。

3. 师范生公费制与培养"教育者精神"的教师教育思想

森有礼在就任文部大臣两年后的 1887 年秋季，在培养教师"三气质"论为基础的教师培养政策之上，开始强调教育者精神论。森有礼在推行教师培养政策初步取得一定成效也发现一些问题之后，基于当前的师范教育和教师

① 白井嘉一. 現代教職論とアカデミックフリーダム［M］. 東京: 学文社，2014: 19.

② 岩本俊郎. 森有礼文政における教員養成政策の位置［J］. 立正大学教職教育センター年報，2019（1）: 13-24.

③ 岩本俊郎. 森有礼文政における教員養成政策の位置［J］. 立正大学教職教育センター年報，2019（1）: 13-24.

政策，认为需要进一步采取新的举措。

　　森有礼在"第三地方部学事巡视中的演说"中，在论述"教育者精神"时说道："师范学校毕业生要将教育事业作为自己的根本"，塑造一个奉献终身的"教育僧侣"形象，"因教育苦、因教育乐"，成为"构成国家基石的一个小石子"，"下定决心为教育尽心竭力，甚至舍弃生命"。① 森有礼在埼玉师范学校勉励师范生的"汝等日本男儿需奋力将我日本国从三等之地擢升至二等之地，进二等之地为一等之地，以至于万国之首"这段发言甚为有名。他在大阪面对师范生时，也曾号令大家"为挽回未来日本的国势，牺牲小我投身教育事业"，他在其他场合也常常有要为教育事业以身殉国的言论。在森有礼被暗杀前，还曾言及"从事学问教育者应以国为本，不能以国为本、心志尚浅者不具有从事的资格"。② 总而言之，在森有礼的教师教育思想中，教师"为自己谋利的事应只有十之二三，十之七八应是成为达成国家目的的工具，即要有为国家牺牲的决心"，"成为教师的人应该像教育的僧侣一样，专心致志地向教育朝圣"，教师需要将此作为使命履行自己的工作。③

　　森有礼认为只有在师范教育中彻底推行极其严格的日常管理，才能让师范生通过在师范学校的生活，塑形成为"教育的僧侣""教育的奴隶"，为国家"教导至关重要的少年子弟"，把"教育事业作为自身的使命，与教育甘苦与共、奉献终生"。④ 也正是在森有礼的这一教师教育思想的影响下，日本在二战前形成了一个国民期待的"圣职教师像"，将教师与国家的命运捆绑在一起，国家主义的理想教师形象体现得淋漓尽致。

　　作为加强教育者精神论的手段，森有礼采用了师范生公费制度和履职义务制度。《师范学校令》的第九条中明确表述师范学校的学生为公费培养。实际上，在此之前府县立师范学校就已经开始了师范生公费培养，而在《师范学校令》中再次明文规定了这一点，从计划培养的角度来说具有积极的含义。但这种公费培养制度，在战前日本的学校体系中除了师范学校以外，仅在军

　　① 大久保利謙. 森有禮全集：第1卷［M］. 東京：宣文堂書店，1972：608.

　　② 秋枝蕭子. 森有礼とホーレス・マン-庶民教育と教師養成について（後編）［J］. 文芸と思想，1975（2）：17-36.

　　③ 白井嘉一. 現代教職論とアカデミックフリーダム［M］. 東京：学文社，2014：24-25.

　　④ 岩本俊郎. 森有礼文政における教員養成政策の位置［J］. 立正大学教職教育センター年報，2019（1）：13-24.

队相关的学校中才有同样特别的优待。①

　　1887年10月森有礼在富山县寻常师范学校的讲演中，曾提及师资培养与公费支出的关系。森有礼采取师范学校全员公费生制度主要有四点理由。一是师范学校费用超出了个人负担能力的范围。二是公费生和自费生一起接受师范教育会产生一定问题。第三，森有礼认为师范生在入学时就有为国家牺牲的精神而立志成为教师不切实际。换言之，森有礼也知晓要培养具有他所说的教育者精神的教师并非易事，所以为这些将来要为国家献身的师范生提供学费是国家的责任；同时，师范生也因为受到了公费培养，自然要担负为国家牺牲的教师义务。但直接让师范生有牺牲的义务感，可能会产生负面效果，由此也产生了森有礼采取公费生制度的最后一条理由，即与公费生相对照，自费生就会觉得在师范学校的学习并非为了国家，为了自己的生活是理所应当的，可能会忽视为国做贡献。因此，第四点就是规定师范生必须全员都是公费生。如此一来，由地方税金支付全体师范生的学费，并让师范生认识到是因为国家自己才能成长为独当一面的教师。② 师范生毕业后必须履行从事教师工作的义务，对国家感念，也就会自然产生为教职奉献终身的精神，即教育者精神。

　　与师范生的公费培养制相对的是师范毕业生的履职义务制，即寻常、高等师范学校的学生在接受了公费培养优待的同时，毕业后在一定期间内有必须从事教师职业的"服务义务"，以及到指定学校工作的"赴任义务"。除此之外，在《师范学校令》中还规定了师范学校的招生、师范生毕业后的服务义务、学科课程以及教科书等相关的规则制定权限都归文部大臣所有，由国家管制。③

　　因此，在森有礼的教师教育思想中，通过师范生的公费培养一方面可以减轻学生的经济负担，另一方面还带有保证达成"为国家而进行教育"的目的。所以实现教师公费培养，也是要求教师要成为"达成国家目的的工具，并具有为国家牺牲的决心"。

---

　　① 白井嘉一. 現代教職論とアカデミックフリーダム［M］. 東京: 学文社，2014: 16-17.
　　② 慶應義塾大学文学部教育学専攻山本研究会. 日本近代教員養成史研究: 制度・資格・階層・人物・思想の視点から［R］. 山本ゼミ共同研究報告書，2014: 116.
　　③ 白井嘉一. 現代教職論とアカデミックフリーダム［M］. 東京: 学文社，2014: 17-18.

师范生的公费培养制、毕业生服务义务制度和在读生的寄宿制度等虽然有多次细节的调整，但这些制度一直延续实行到日本师范学校教育体制解体为止。这些制度是日本战前师范学校教育制度的特色，也是形成"师范型"教师形象的重要原因，显示了战前日本的教师整体"与其说是偏向专业化，不如说更倾向于特殊化"。

4."学术"与"教育"相分离的教师教育思想

森有礼所追求的理想教师形象是从教育的国家意义中感知的，这与之前"学制期"的主智主义和"教育令期"的儒教主义有本质上的区别。在《学制》实行阶段，从成为中学教师的资格还限于"大学毕业生"这一点来看，明治前期"学术"和"教育"还处于并未分割的状态。从规定学校制度的法令上也可以看出，无论是《学制》还是《教育令》都是通过一条法令规定了从小学到大学的所有学校体系。但是，森有礼的教育思想中，首要特质就是将"学术"和"教育"两者明确区分开来。

森有礼认为学术是"依照个人兴趣，具有独断能力的人，选择某种学科进行研究之物"，是"社会的上流人物"（能够成为国家领导者的精英）才应该学习的东西；与此相对，教育是"还不具独断能力的人，在他人的指导下，发展智育、德育和体育"，是"中等以下者"（国民或臣民、大众）应该接受的。森有礼重视学术的进步、实业的发展，认为需要给予大学以充分的学术研究自由，但如果把这些自由的学术思想原封不动地传达给一般国民的话，则会导致国民具有过剩的思想自由，对国家统治产生威胁。对于森有礼来说，教育的本质是"熏陶培育儿童以使其成为国家的臣民"，"读写算等并不是教育或者说熏陶的重点"，"教育应是专门培养人物品格的"。因此，作为"熏陶之源"的教师所应具备的素质能力，也应优先考虑"行为世范"，而非基于学问的专业知识技能，教师应是具有"三气质"的"完人""无可指摘的人物"。① 换言之，森有礼一方面想要保障学者"作为学术专攻者的自主性"，另一方面又将接受教育者（儿童和学生）当作"被动的客体"来把握。

森有礼的这一教师教育思想，在日本明治时期学校体系的设计方面有明

① 白井嘉一. 现代教職論とアカデミックフリーダム［M］. 東京：学文社，2014：24.

显的体现。战前日本学校体系分为以帝国大学为最高学府的专业教育，和以高等师范学校为最高学府的普通教育两条并行的路径。这意味着将大学探究真理的"学术"与师范学校探讨教学的"教育"分割开来。森有礼认为教师要培养的是忠良勤劳的国民，师范学校只需要培养出能够胜任这一工作的教师，因此他异常重视在教师培养政策中加强师范教育。

森有礼作为通晓欧美教育的开明主义者，也深知学术研究的本质所在及重要性，但他将学术与教育割裂，所制定的教师教育的方针路线与教育本质呈相背离的状态，仅为了与国家主义体制相匹配。在战前复杂的复线型教育体系中，具有研究自由的大学和专注于教师培养的师范学校属于并行的两条路线。在学术研究与教师教育相割裂的思想下，教师在教育活动中本应发挥的创造性功能却要由大学方面来决定。在森有礼的教师教育思想中，师范学校是严格训练教学技巧的机构，甚至可以极端地说，所谓的教师"素养"在相对封闭的师范学校中应已基本培养完毕。换言之，师范学校进行的是"完结性"的教师教育，教师在走向工作岗位后，不得做出超出师范培养教育范围的"出格"行为，不能进行自主性的教育探索实践。这一教师教育思想的影响十分深远，即便到了大正民主教育活动时期，1924 年教师川井清一郎用自主开发修身科目的辅助教学材料进行授课的行为仍然受到了处分，之后不得不引咎辞职。①

在森有礼的教师教育思想中，教育的最终目的就是培养出"忠顺良民"，教师只有朝着达成这一目的而努力进行教育的行为才是妥当的。但当在教师与学生之间只能靠培养"忠顺良民"这一绝对唯一的目的联结时，教育会不可避免地离教育最本质的创造性发展越来越远，仅为达成、实现国家的目的而努力进行的教育活动，也终究会由于理论的相悖而自相矛盾、走向失败。

三、师范学校扩充期日本职前教师教育的制度与思想

第一次世界大战后，各国掀起了新的教育运动，出现了前所未有的教育

---

① 岩本俊郎. 森有礼文政における教員養成政策の位置［J］. 立正大学教職教育センター年報，2019（1）：13-24.

制度改革热潮。日本在这种背景下对教育也提出了各种各样的要求，整体进入了教育扩充期。为了顺应这一趋势，教师培养制度也需要做出相应的改革。

（一）师范学校扩充期的职前教师教育情况

1.“临时教育审议会”和“文政审议会”的师范教育方针

1917 年，日本政府为了探讨学制的改革问题，设置了内阁直属的临时教育审议会。临时教育审议会探讨从小学到大学整体的教育改革问题，其中关于小学教育的内容也涉及师范教育改革的问题，这在日本教师培养史上有重要的意义。

1918 年 7 月，临时教育会议对师范教育及教师培养制度提交了全面的咨询报告。其中关于师范学校有关的项目主要如下：“一、师范教育既要培养教育者的人格，又要坚定其信念，尤其要培养忠君爱国的情操。二、设立师范学校预科，学习年限为两年的高等小学毕业生可以入学，但其学力须得到教育会等机构的认可。三、对师范学校教师给予精神上和物质上的优待，其物质待遇由国库支出。四、在保证小学男女教师比例相当的方针下，有计划地招收培养师范学校学生。五、大幅增加给予师范学校学生的补助金额。六、探讨编写师范学校专用示范教科书的方法。七、增加师范学校的教师，在附属小学研究探讨适合当地的教育。八、为在附属小学进行与当地经济情况相呼应的研究，可设立不同编制的班级，或者利用附近的小学，进行关于农村工商业等方面教育的特殊研究。九、保持师范学校的训导与市町村立小学教师之间待遇的平衡。”由于财政原因，上述建议未能立即付诸实施，但其理念后来经过文政审议会的讨论，逐渐得以实现。

1922 年、1923 年的帝国议会探讨在东京及广岛设置文理科大学一事时，附带提出希望不要因内阁更迭而导致文教政策不断变化，主张设立永久性的文政审议机构。1924 年 1 月，江木千之成为文部大臣，同年 4 月成立了作为审议机构的文政审议会。在文政审议会的推动下，除临时教育会议未能付诸实施的建议之外，师范学校本科第一部的五年制、授予高等师范学校专业科毕业生学士学位、将师范学校本科第二部从补充性的地位提升到与第一部同等地位等改革建议先后得以实施。

2. 各类师范学校

（1）师范学校的"本科第一部"与"本科第二部"

师范学校的"本科第二部"创设于 1907 年。当时因为随着义务教育年限的延长，教师培养数量不足，所以在制定《师范学校规程》、整备师范学校制度的同时，又创设了"本科第二部"作为师范学校的"本科第一部"的"补充机构"。本科第二部主要是招收已完成了普通高等教育者，再施以"短期速成的师范教育"，让学生"在既有的知识技能基础上，整合补充学习一些与在小学从教有关的必要事项"。[①] 最开始，设置师范学校的本科第二部只是作为补充性的措施，但不久之后就产生了应该是以第一部为主体还是以第二部为主体的争论。本科第二部越来越受到重视，最终带来了师范学校在学制上的变化。

在《师范学校规程》发布之后，"临时教育会议"和"文政审议会"等先后进行了一系列讨论。临时教育会议在 1917 年 12 月关于小学教育的第二次咨询报告中提出，师范教育应以本科第一部为主体，本科第二部也要留存，但应给予第二部教员更高的待遇，招收更优良的学生。而且，第二部应在改善附属小学、根据当地情况进行相应研究方面发挥重要作用，作为模范示范性的机构而存在，但具体实施方案还要与高等师范教育共同探讨。换言之，临时教育会议针对废除师范学校的第一部、以第二部为本体的呼声，仍然从强调教育者精神涵养等角度出发，坚持以第一部为主的方针。

临时教育审议会在 1919 年解散后，1924 年政府又设置了文政审议会继续探讨教育方针政策。1924 年 12 月文政审议会通过了改善师范教育的咨询议案，并附带决议："一、改善师范学校职员的待遇；二、为师范学校毕业生开辟接受高等教育的道路。"根据这一方针，1925 年 4 月《师范学校章程》重新修订，将师范学校的本科第一部定为五年制，废除预备科，设立专业科；关于师范学校的本科第二部，规定男生的学习年限为一年。

此后，师范学校招生人数的结构也发生了相应的变化。1908 年本科第二

---

① 山田昇. 戦後日本教員養成史研究［M］. 東京：風間書房，1994：12.

部的入学人数只占 7.5%，而 1930 年时本科第二部的入学人数占比已上升到
49.7%。[①] 在这一背景下，1931 年 1 月，《师范学校规程》再次修订，将第二
部的学习年限延长到 2 年，并容许师范学校在没有本科第一部的情况下单独
只设置第二部。通过这次修订，只接收各中等学校毕业生的本科第二部成为
能够与本科第一部对等进行小学教师培养的机构，二者开始具有同等的地位。
不久之后，出现了只设有本科第二部的独立师范学校，这为以后师范学校提
升到专业学校层次提供了契机。

（2）高等师范学校及"临时教员养成所"

基于临时教育会议提出的教育改革方针，这一阶段日本的中等教育开始
大规模扩充，但高等师范学校和女子高等师范学校并没有进行相应的改革，
制度上没有发生显著的变化。

日本除了明治时期 1902 年 3 月增设了广岛高等师范学校，1908 年 3 月增
设了奈良女子高等师范学校之外，在昭和时期的战争体制下，1944 年 3 月又
新增了金泽高等师范学校、冈崎高等师范学校、广岛女子高等师范学校，在
二战结束之前合计只扩增了 5 所高等师范学校。[②] 男女高等师范学校的在校学
生总数在 1916 年为 1 676 人，1921 年为 2 176 人，1926 年为 2 719 人，1931
年为 2 749 人。在中等学校教师需求量大幅增加的情况下，高等师范学校的规
模之所以只是略有扩充，主要是因为高等师范学校主要负责培养的中学教师
有比较开放的培养路径。在这一时期，日本实际上主要是通过"教师检定制
度"（考试检定或免试检定），让非高等师范学校出身者获取中学教师资格证，
以及根据各时期的教师需求，在官立学校内附设"临时教员养成所"培养中
学教师。

"临时教员养成所"最初只有 1914 年在东京女子高等师范学校设置的
"第六临时教员养成所"一所学校。此后随着中等教育的扩充、中学教师需求
量的增加，1922 年 4 月"临时教员养成所规程"重新修订，"临时教员养成
所"开始大量增设。临时教员养成所的学生总数在 1921 年还只有 468 人，到

---

① 白井嘉一. 现代教職論とアカデミックフリーダム［M］. 東京：学文社，2014：22.
② 白井嘉一. 现代教職論とアカデミックフリーダム［M］. 東京：学文社，2014：23.

1926 年为 1 542 人，1928 年为 1 996 人，为中学提供了大量教师。

另外，在 20 世纪 20 年代，日本关于高等师范学校是否应"升格为大学"的问题一度议论纷纷。临时教育会议在 1918 年 7 月关于教员培养制度的咨询报告中，提出高等师范学校在"承担着师范教育这一特殊任务"的同时，也可以有精深研究某些"特殊专业学科"的可能性。这一方针有意打破师范教育中"教育教学"和"学术研究"的隔断，但也引发了一系列争议。这场"高师升格运动"最终还是以 1929 年 4 月创设东京文理科大学和广岛文理科大学而告终，两所文理科大学以高等师范学校附设机构的形式，招收高等师范学校的毕业生深造。换言之，高等师范学校直接"升格为大学"的理念并未实现。

（3）大学和专业学校培养的中学教师

临时教育会议为应对中等教育、高等教育扩充计划，提出要扩大除高等师范学校以外的中等教育教师培养途径，对策之一就是建议大学和专业学校也要承担部分教师培养任务。

临时教育会议在 1918 年 7 月的咨询报告中提出"在文科大学内设置教育学科"，"关于教师培养，帝国大学与高等师范学校要相互交流，为研究提供便利"等内容。根据这一指导方针，1919 年 8 月，东京帝国大学文学部的教育学讲座，从一个讲座扩充到五个讲座，希望能为培养中学及以上层次的教师做出一定贡献。

根据临时教育会议的咨询报告，帝国大学或官立专业学校的毕业生，除专业学科外还履修与教育相关的一定科目者，也将被授予初中教师资格证。这一设想原本是希望在废除免试检定制度、通过国家考试授予教师资格证的前提下，将帝国大学或官立专业学校学生的毕业考试视为国家考试，与以培养教师为目的的高等师范学校毕业生一样，授予教师资格证。但是，由于教师检定规程的性质并未有太大的改变，所以大学、专业学校的许多毕业生还是通过免试检定直接获得了教师资格证。1919 年 3 月《高中教员规程》制定，根据这一规程，高中的高等科教师资格证既可通过考试检定，也可通过免试检定获取，能够通过免试检定者必须是具有学位的人士，大学毕业生，在高等专业学校或此类学校有五年以上工作经历的教员，高等师范学校专业科和东京高等商业学校专业科的毕业生，国外相当于高中类学校的毕业生，等等。通过这种制度，很多大学、专业学校的毕业生成为了高中教师或初中教师。

（4）战时"升格"的"官立"师范学校

1931 年"九一八"事变后，日本的教育开始受到战争影响。1937 年日本开启全面侵华战争后，文教行政方面体现出战时特征。同年 12 月，日本设置"教育审议会"，开始对从初等教育到高等教育的学校体制进行全面探讨。1938 年《国家总动员法》颁布，1939 年制定《国民征用令》，学校开始基于国家要求实施集体劳动作业；随着战争形势日趋紧张，1941 年 10 月开始逐步采取缩短各类学校学习年限的非常措施。1941 年 12 月太平洋战争爆发，随着战争向日本本土迫近，1945 年日本颁布了《战时教育令》，学校教育几乎停滞。

在日本发动侵略战争的初期，师范教育体制没有太大变动。师范学校在保留预备科的同时，生源不同的"本科第一部"和"本科第二部"并行。1943 年 3 月，日本在"教育审议会"咨询报告的基础上，发布了新修订的《师范教育令》，还同时发布了《师范学校规程》，进行了二战结束前最后一次重大的师范教育改革。通过此次战时下的师范教育改革，师范学校成为具有接收中等学校毕业生资格的"官立"学校，在日本学校体系中开始发挥类似"专业学校"的功能。但是，在战时体制下，这一时期的师范教育改革实际上并未有实质性进展。虽然师范学校的学习年限并未像大学和专业学校一样被缩短，但入校资格却下调为完成初中四年学业者即可。并且，在经济窘迫的情况下，教师的待遇也无法得到保证，师范学校的入学志愿者锐减。但通过这次改革，将原来属于中等教育层次的师范学校升格为高等教育层次的学校，从制度方面为战后日本确立"在大学进行教师培养"原则奠定了一定的基础，从这一角度来说，这次改革具有划时代的意义。

（二）师范学校扩充期的政府与学者的职前教师教育思想

在师范学校扩充期，师范学校应以本科第一部为主体还是以第二部为主体的争论是一大焦点。争论的主要内容是，在师范学校应该"生源以低龄的高小毕业生为主，保证较长的师范教育学习年限"，还是"生源以已完成了中高等教育的高等科毕业生为主，缩短师范教育学习年限"。在这一争论过程中，不同的教师教育思想激烈碰撞。在 20 世纪 10 年代末期，在临时教育审议会中主张第一部为主体的思想占据上风，形成了临时教育审议会咨询报告的主旨。1920 年之后，双方的争论愈发激烈。1924 年文政审议会讨论基调强烈主张以师范教育第二部为主体，虽然最终得出了第一部和第二部并行的妥协方案，但与此前不同，拥护第一部的群体已不再处于优势地位。文政审议会在 1930 年再次提起改善师范教育的议题时，高度评价了第二部师范教育的价值，之后在政策上明确承认了第一部和第二部师范教育的对等地位。

师范教育扩充期的另一焦点是 20 世纪 20 年代关于高等师范学校是否应"升格为大学"的议题。这一议题的讨论，最后还是以 1929 年创设东京文理科大学和广岛文理科大学而告终，高等师范学校未能升格为大学。反而是在战时的师范教育改革中，为了回应"高度国防国家的建设"，原来属于中等教育层次的师范学校在 1943 年被升格为高等教育层次的学校。在战时体制下，这一师范教育改革虽然并未有实质性进展，但从师范教育被提升到高等教育层次的这一角度来说是教师教育思想的一大进步。

1. 为强化"教育者精神"、坚持以师范学校第一部为本体的教师教育思想

临时教育审议会中的嘉纳治五郎是强调教育者精神、涵养教育者人格的代表人物。嘉纳治五郎主张为了培养教育者精神，须重视教育者早期的教育，这也是以第一部为主体、招收高等小学毕业生进入师范学校的一个重要原因。他认为"年少时期接受的教育十分重要，且那是能够体会到教育是一种幸福工作的重要时期"，教育者精神就是"首要的成就感是通过教育为国家社会做出最大的贡献"。并且，年少的师范生"就会始终将教育作为天职沉浸其中，而不介意物质待遇和精神报偿的不足"。[①] 实际上，嘉纳治五郎是在主张培养即便是待遇不佳，也能依靠教育者精神生存的教师。

临时教育审议会提出师范教育的目的是"陶冶教育者人格"，必须"坚定教育者的信念"，特别是要培养"忠君爱国的情操"。从培养教育者的精神信

---

① 山田昇. 戦後日本教員養成史研究 [M]. 東京：風間書房，1994：13.

念的角度考虑，"需要一定时间的训练，在一到两年的短时间内很难养成"。因此，应该招收年龄较小的学生进行较长时间的师范教育培养。① 临时教育审议会还强调小学教育与中学教育不同，是相对比较特别的教育，承担小学教育的人需要接受成为教育者的特别训练，以师范学校第一部为主体才能达成这样的教师培养目的。

虽然在文政审议会中拥护师范学校第一部的思想已不再处于优势地位，但在早期部分人要维护师范学校第一部的观念仍然根深蒂固。文部大臣冈田良平就积极辩护说，虽然一些批评指出师范教育的缺陷会导致"培育出有些固化的人，或是器量小的人"，但"批评师范毕业生不符合师范教育目的的说法过于严酷了"，"师范学校第一部所培养出来的毕业生在学科教学中表现得都相当不错，证明这些师范生接受的是合适的教育"。② 即便是文政审议会在1930 年再次提起改善师范教育的议题时，仍有支持师范学校第一部的意见。比如"师范学校能够让师范生涵养教育思想、更好地体会教育方法，发挥培养教育者素养的重要功能"，"重点放在培养教育者精神方面"，等等。③ 因此，有人认为师范学校第一部十分重要，第二部师范教育只有两年的时间无法达成这样的教育。

坚持认为应以师范学校第一部为本体，要将师范教育重点放在强化培养"教育者精神"方面的教师教育思想，可以说与此前森有礼"国家至上主义"的教师教育思想一脉相承。在第一次世界大战过后，日本追求富国强兵的国家目标并未发生变化，教师的主要任务仍是培养"忠臣良民"。因此，在师范教育的扩充阶段，小学教师作为儿童人格品行形成期的重要影响者，首先被要求的还是"以教育为天职"、具有"忠君爱国的情操"，师范学校的教育目标就是培养这种小学教师。在军国主义、集体主义思潮的影响下，这种宣扬"教师圣职观"、强调培养"教育者精神"的教师教育思想，在二战结束前的日本始终有着存在的合理空间。

---

① 山田昇. 戦後日本教員養成史研究 ［M］. 東京：風間書房，1994：12.
② 山田昇. 戦後日本教員養成史研究 ［M］. 東京：風間書房，1994：15.
③ 山田昇. 戦後日本教員養成史研究 ［M］. 東京：風間書房，1994：15.

2. 重视个人从教志向、主张以师范学校第二部为本体的教师教育思想

在临时教育审议会内部，虽然拥护以师范学校第一部为本体的教师教育思想占有主导地位，但当时就已有不赞成的声音。成濑仁藏等人从自主性、独创性、创造力等方面，发表了反对嘉纳治五郎师范教育论的代表性意见。成濑仁藏指出，嘉纳治五郎所倡导的师范教育是"用补助金制选择吸引那些境遇不顺的青少年"，因此"他们的精神也很快就会萎靡，最终会因烦闷而失去动力"，"因做的是违背自己本意的事情，只能扼杀自我意志，束手束脚地从事着学术和教学工作，早早地意志消沉进入老境"。①

随着师范教育的不断扩充，关于师范学校第一部和第二部功过的讨论越来越激烈，在很多学制改革论中，提高师范教育层次的问题逐渐凸显出来。在文政审议会中，泽柳政太郎是批判师范学校第一部的急先锋。泽柳政太郎痛切地指出，"本来选择了教育专业就意味着选择了一生的工作"，所以"最好尽可能待有一定年龄之后，明确什么样的社会位置适合自己，在能够深思熟虑具有辨别能力之后再去选择一生要从事的工作，接受相应的专业教育"。师范学校第一部的学生"十五六岁时就直接被决定这一生必须做教师"，"如后悔要转向其他方向，先要赔偿学费，若不能赔偿则不允许转向，被束缚在此"，"在表面上做出个老师的样子来，最终变成一个所谓伪善的人"。泽柳从师范教育的入学年龄、早期教育等方面，指出师范学校的第一部存在很大的问题。因此，他主张师范学校应该以第二部为主体，将师范学校提升到与专业学校等高等教育机构程度相当的层次。泽柳在强调需要提升师范教育层次的同时，还指出小学教育的重要性，并提出要提高小学教师的学力水平。"从来没人会认为治疗小儿病症的医生技术马马虎虎就行，与此同理，负责教授小学低年级的教师也不可能只要有差不多的学力、差不多的素养就够了。"②尽管泽柳竭力主张推行第二部师范教育，但文政审议会在1924年还是采纳了以师范学校第一部为主的观点，即还是以五年制的师范教育为主，只是补充了师范学校可以接收高等科毕业生再进行两年制学习的措施，填补了之前制

---

① 山田昇. 戦後日本教員養成史研究 [M]. 東京：風間書房，1994：13.
② 山田昇. 戦後日本教員養成史研究 [M]. 東京：風間書房，1994：14.

度中的空缺。

此后，随着师范学校第二部的迅速发展，文政审议会在 1930 年再次提起了改善师范教育的议题。虽然这时仍有支持师范学校第一部的意见，但情势与之前相比明显不同。文部大臣田中隆三也指出师范学校第一部存在着诸多问题：第一，"在未能确立起成为教育者的志向之时入学，到第三、四学年时思想发生变化，对自身境遇感到不满的人不在少数"；第二，"在学生个性还未开发之时，就选拔判定将来是否适合从事教师职业，在录取之后多招致遗憾"；第三，"在五年的时间内大略渐进地推进同类的课程"，"以至于到高级阶段渐生怠惰之意，上进心不足"；第四，"担心会培育出所谓的偏狭、不阔达的师范型风气"。此外，"第二部师范教育的生源渐佳，反而师范学校第一部的生源素质与最初设立师范制度时相比要渐次降低"。① 文政审议会此次的讨论正视了此前师范学校第一部中存在的现实问题，肯定了师范学校第二部的价值，奠定了此后师范学校升格为专业学校层次的重要思想基石。

3."在高等教育层次培养教师"的教师教育思想

在教师培养中"师范生要学习哪些东西？"这一问题，在日本战前、战后的教师教育中始终不可忽视。森有礼在"只让学生学习对于教学来说必要的东西"这一教师教育思想下，建立起日本战前师范学校系统（教师培养）和大学系统（学术研究）两套如水与油一样不能相融的体系。

从 19 世纪 90 年代开始，日本教育界就围绕着"高等师范学校作为日本战前培养中学教师的核心机构，是否能纳入大学系统"，"是否应废止高等师范学校，改为由大学毕业生承担中等教育工作"等相关议题争论不断。引发高等师范学校存废论的原因多种多样，根据东京高等师范学校的同窗会"茗溪会"的分析，最大的原因是外部评价说高等师范学校出身的教师学识虽广却浅陋，远不如帝国大学出身的人学识虽窄但十分高深。②

在 1920 年前后，关于高等师范学校升格为大学的问题引起了激烈争论。争论的一方主张将高等师范学校升格为专门培养中学教师的师范大学或者是

---

① 山田昇. 戦後日本教員養成史研究［M］. 東京：風間書房，1994：15.

② 船寄俊雄. 戦前・戦後の連続と断絶の視点から見た「大学における教員養成」原則［J］. 教育学研究，2013，80（4）：402-413.

教育大学；另一方主张将高等师范学校升格为以学术研究为主的大学。最终高等师范学校并未直接升格为师范大学，而是在东京和广岛以高等师范学校附设机构的形式各新设了一所文理科大学。由此也可以看出，此时作为"学术"之地的大学，和完全作为不同系统存在的、作为"教育"之地的"师范学校"，仍然是二元对立的关系，这也是日本二战前学校教育制度的显著特征。但这一结果的进步之处在于，宣告"不能让职前教师只学习对于教学来说必要的东西"这一教师教育思想的胜利，为部分高等师范学校的毕业生打开了进入大学进一步深造的通道。这一教师教育思想也为此后 20 世纪 30 年代的师范学校升格运动以及日本战后的"在大学培养教师"原则奠定了一定的基础。

20 世纪 30 年代是日本各方面探讨教育改革十分活跃的一个时期。在 1931 年师范学校第二部获得与第一部同等的地位之后，关于师范大学或师范学校制度的改革又成为一个核心议题，引发了师范教育相关人士的广泛讨论。这些与教育审议会提出师范教育改革方案和 1943 年修订《师范教育令》有着直接的关联。

当时教育界尤其是教育一线，几乎都对"师范学校升格到三年制的专业学校层次"一事持赞成态度。例如，1936 年 4 月由帝国教育会、帝都教育会、国民教育奖励会、茗溪会、樱阴会、全国师范学校校长协会、全国联合师范同窗会、尚志同窗会、佐保会所提出的《师范教育改善促进联盟案》中，明确主张"师范学校应招收中等学校的毕业生或具有同等学力者，并进行三年的教育"。① 长谷川作为师范学校校长协会的代表，在"师范学校校长协会案"中指出，"形成教师学力见识的根底浅薄狭隘，无法自主将教材消化内化实施教学"，"灌输式教学的弊害根源在于教师的学识不足"，并进一步主张"将师范学校学制改为三年，提升到专业学校的层次，实质上不仅是为了提高毕业生的素质，更是为了提高教师在社会上的自信与自觉，以利于教师履行职务"。②

---

① 山田昇. 戦後日本教員養成史研究［M］. 東京：風間書房，1994：18.
② 山田昇. 戦後日本教員養成史研究［M］. 東京：風間書房，1994：19.

在各方的推动下，同时也为了培养能够回应"高度国防国家的建设"或"炼成皇国民"要求的教师，1943年修订的《师范教育令》中明确将师范学校提升到高等教育层次，成为一系列针对时局制定的政策之一。在教育审议会的咨询报告中，基本上已将在大学培养教师确定为基本原则，并为此决定创设女子大学。教育审议会的咨询报告明确表明了对高等师范学校未来发展的消极态度，指出"中学教师要由大学毕业生承担，并且原则上不需通过特别的教育，所以对于高等师范学校和女子高等师范学校的将来要慎重考虑"。①

但由于在战时状态下，"在高等教育层次培养教师"这一教师教育思想不但没有推行的现实基础，反而由于教师严重缺乏而不得不临时增设了几所高等师范学校。二战结束后，战前的许多高等师范学校成为各新制大学教育学部的前身，"在高等教育层次培养教师"的教师教育思想也为战后"在大学培养教师"的原则所继承。

4. 师范学校"官立"的军国主义教师教育思想

随着日本不断扩大对其他国家的侵略战争，国内的形势也日趋紧张。为了确立"高度的国防国家体制"，教师愈发责任重大，师范学校需要"具有国家性质"。这也是1943年《师范教育令》中，将师范学校统一规定为"官立"的主要原因。

在教育审议会的咨询报告中，出于财政方面的考虑，仍然建议将师范学校定位为道府县立的性质。但在当时各界提出的师范教育改革方案中，从"师范教育是国家的根干所在，国家应该承担培养教师的责任，师范学校自然应由国家经管"的角度，认为应将所有的师范学校变为官立的呼声甚高。② 在教育审议会完成审议不久之后，1941年文部省进入起草《师范教育令》修订方案的阶段，立刻确定了师范学校为"官立"的方针，并在第一条首先规定师范学校的主要培养目标就是"炼成遵循皇国之道的国民学校教员"。在《师范学校制度改善的根本旨趣》的问答中指出，"举全国总力向完成大东亚战争的目标迈进"，"确立高度的国防国家体制乃当务之急"，其中"作为根基首

---

① 山田昇. 戦後日本教員養成史研究［M］. 東京：風間書房，1994：35.
② 山田昇. 戦後日本教員養成史研究［M］. 東京：風間書房，1994：33—34.

要确保人的要素"。"全国近三十万的国民学校教师处于直面国民大众进行思想指导的核心位置","发挥思想边防的功能","因此要通过师范学校的制度改革","完成战时下的思想对策",培养"国民学校教职员作为国民思想指导者的见识与能力"。① 在这些相关说明中,阐明了师范教育的主旨是"以国家为本""自觉完成皇国的使命"。由此可以看出当时日本的军国主义、集体主义思潮对教师教育思想产生的影响。

根据 1943 年修订的《师范教育令》,师范学校升格为三年制的专业学校,但仍保留两年的预备科。这是因为,从"幼年开始长期彻行军人精神训练"的主旨出发,"最好一半左右的师范学校本科入学者应是完成预科的人员,另一半再从普通初中毕业生中选拔"。② 《师范学校学科教学及修炼指导要目》中规定师范学校要采用国定教科书,也是在战时体制下,师范教育成为军事政策一部分的重要体现。在《师范学校规程》对师范学校各学科的说明中明确指出,其中的国民科是根据时局的要求、阐明国体的本意、涵养国民精神、炼成能明了和践行皇国使命的教育者的学科。另外,其中关于教育实习的说明是"通过教育实践,习得炼成国民的真义和相关方法,培养阐明师道和挺身奉公的信念,炼成教育者的素养"。③ 这也与一直以来教师培养的旨趣完全不同。

在残酷的战争当中,日本采取了教师检定制度作为临时紧急的应对措施。1944 年 2 月"国民学校、青年学校及初中教师的检定及资格相关临时特例"中,第一条就规定陆军及海军的将校、准士官、下士官等非现役军人可以免考授予国民学校的训导或准训导资格。④ 这一措施当然是为了弥补当时严重不足的教师数量,但从这条特意针对军人的规定,也能看出战时体制下日本政府对国防国家体制的强化。

① 山田昇. 戦後日本教員養成史研究 [M]. 東京: 風間書房,1994: 20.
② 牧昌見. 日本教員資格制度史研究 [M]. 東京: 風間書房,1971: 96.
③ 山田昇. 戦後日本教員養成史研究 [M]. 東京: 風間書房,1994: 34-35.
④ 牧昌見. 日本教員資格制度史研究 [M]. 東京: 風間書房,1971: 302.

第三节

师范学校时期的日本在职教师教育思想

日本在明治时期建立新学制的同时，推行"封闭制"教师培养，即师范学校为培养职前教师的机构，从师范学校毕业者自动被认定为具有小学教师资格。但在"现代学校（中小学）"与"师范学校"几乎同时起步的情况下，从 1872 年《学制》颁布之初日本就存在教师严重不足的问题。虽然后来又补充规定可以通过检定考试获得教师资格，但随着小学入学率的增长和义务教育年限的延长，日本在战前始终处于正式教师"慢性不足"的状态，不得已而聘用大量非正式教师作为补充。因此，行政当局作为应急对策，不得不加强在职教师的"再教育"，以促进在职教师能够通过检定考试获得教师资格或提高在职教师质量。这种教师在职教育形式在战前基本处于主流。

一、重内在修养、轻教学研究的在职教师教育思想

日本二战前描述教师的"在职教育"时，多用"再教育"一词，采用的多是传习、讲习等形式，多是在职教师被动地作为被教育对象的集体学习活动。二战后，日本在职教师的学习活动多被称为"教师研修"。实际上，"研修"一词在日本战前就存在，从明治初期开始就作为解说在职教师的"研究和修养"的用词而存在。但战前所说的教师"研修"主要是用于表述"磨炼学艺"的含义，与战后一般所指的教师"在职教育"或者制度化的"教师研修"语义有巨大的差异。日本明治早期确立起教师需要培养的教师教育思想，并创立师范学校，教师也被认可为一种职业，与此同时"研修"就已经被作为描述在职教师职能成长的词汇来使用。[①] 从历史连续性的角度，教师"研修"一词内涵外延的演变与继承，恰恰深刻反映了战前日本教师在职教育中"重内在修养，轻教学研究"的教师教育思想。

---

① 佐藤幹男. 近代日本教員現職研修史研究［M］. 東京：風間書房，1999：396.

1884 年 4 月 5 日在东京师范学校毕业证书授予典礼上，校长高岭秀夫在给毕业生的演讲中曾说道："诸子今去离此校，赴任各地担负执掌教育事务，虽艰难但期冀各位因教授他人、不可怠惰自身学问，研修各自所好学科，不止于普通教育的教师，而要力图成为专业高级的学者，虽地方僻远或乏于研修之便，或难于融解疑点，但务必勤勉本校所得补益之处。"① 在师范学校校长嘱托即将成为教员的毕业生的这段话中，就已使用了"研修"一词，鼓励他们将来勉励自我对学科的研究与修养。类似的用例在明治初期的《文部省年报》中也能见到，教育界也常会使用。当然，此时"研修"一词基本上等同于"研究与修养"，并无过多的含义，但已能看到其中包含着对在职教师自主、持续学习的期许。

在明治时代后期，为了发扬教育者精神或者提高教师就职后的学力，教育部门逐渐认识到了补习教育、再教育的必要性，在有组织地开展讲习会的过程中，开始通过"研究和修养"的表述，大力提倡每个教师进行提高个人能力的活动。教师研修的重点是放在"研究"上还是"修养"上，根据时代情况的不同而有所不同。但即便说是"研究"也仅限于教学法的研究，或在限定条件下进行的教材研究等，整体来说战前的教师研修带有强烈的强调个人修养的倾向。教师的在职教育除了重视提高教师的学力之外，更加重视教师的"品行方正"，期待培养宣传"忠孝之道"的国民教育者。特别是从1883 年到 1885 年，全国的师范学校将在职的教师集结起来以"品行方正"为主题开展讲习会，产生了相当大的影响。

进入昭和时期以后，无论是师范学校培养出来的教师，还是经过教师检定成为的教师，入职之后都需要在学校内外不断加强"研究和修养"已成为"常识"。② 但是，在日本发动侵略战争后，教师的"研究和修养"的含义内容逐渐发生了变化。在政策方面标榜要建设高度国防国家的阶段，教师的"研修"演变成"研究"和"修炼"。"修炼"一词与当时的政策用语有密切的关联。在战时体制下，不只是要求教师，全体国民也要经过再教育"炼成"

① 佐藤幹男. 近代日本教員現職研修史研究 [M]. 東京：風間書房，1999：396-397.
② 佐藤幹男. 近代日本教員現職研修史研究 [M]. 東京：風間書房，1999：397.

皇国臣民。如 1942 年日本开设"国民炼成所"的目的，就是要"炼成能够达成皇国使命的国民先达"。翌年（1943 年）国民炼成所与国民精神文化研究所合并成为"教学炼成所"，主要炼成内容是通过一周左右的时间，每天进行起床、拜神、奉拜、食礼、清扫、朝礼、学修、行修、夕礼、沐浴、内修、谨唱、就寝等日课。① 从日课的内容也可以看出，无论是"学修、行修、内修"还是"研修"，都多用"修"这一表述，主要是强调神秘的"行为教育"，而非修养的科学性、合理性。

因此，战前日本教师的在职教育中虽然已经在使用"研修"一词，但其中的"研"所指的教学研究，只能避开对教育目的和内容的批判，把抵抗最小化，主要集中于教学技术方面的磨炼。以至于到侵略战争期间，在职教师就连仅存的被允许探讨的教学技术领域，也从"研究"变成了"修行"，试图用"炼成"日本精神解决一切问题。所以，日本战前的教师在职教育思想中，虽然希望教师根据国家的要求和知识的更新，不断加强个人修养，但主要目的在于管控教师的精神和思想，而不在于促成教师进行科学性的教育研究。

二、重行政强制、轻教师自主的在职教师教育思想

日本战前的教师在职教育开展情况，与教师的数量和质量有紧密的关联。由于战前日本的教师始终处于"慢性不足"状态，行政当局只能竭尽全力采取一些有组织的、高效的临时应对措施，尚无积极推进教师长期稳定在职教育的空间。再加上财政预算有限，文部省和府县当局并非没有注意到在职教师的质量问题，但只能按照紧要次序排出优先顺序，首先对应师范教育及教师检定考试的内容推进教师在职教育，同时还得采用便于教育一线管理教师的形式和方法。所以，日本战前的教师在职教育十分重视教育会开展的集体研修和学校内集体进行的校内研修，并不断强调教师个人的研究和修养。

战前的教师在职教育，从教师的立场来看，多是被强制参加带有义务性

---

① 佐藤幹男. 近代日本教員現職研修史研究［M］. 東京：風間書房，1999：400.

质的讲习会和研究会。组织教师开展研修活动的"教育会"接受府县方面的资助，主要按照当局的意图开展教师研修工作。各地区和学校层次的"研究会"等活动，也从早期开始就在郡视学的监督指导下，围绕研磨教学法等内容展开研修活动。而且，虽然使用的是"研究会"这一名称，实质上只是进行"教育训练"，并不能保障教师的研究自由，通常都是单纯的灌输教育。除了大正新教育期的一些师范学校附属中小学和私立学校能够进行一些教育问题的探究，大多数教师的在职教育基本没有自主开展的空间，而是不得不被动接受的"再教育"。

从行政组织管理的角度来看，组织实施教师的集体在职教育活动，需要在制度层面制定相应的政策措施保障。战前的师范学校和师范学校的附属小学，发挥了指导和引领在职教师教育的功能。各地区视学机构对教师在职研修活动发挥了重要的监管作用。这些行政当局的措施经验以及教师群体的研修经验，部分为战后的教师在职教育继承。

在20世纪30年代末，文部省思想局在对全国师范学校教师进行的调查报告中指出，"中小学教师社会地位和待遇过低，同时教师也容易安于现状，很少有修养、研究的激励"，并且在制度上也存在一定缺陷，"小学教员一般杂务过多，又因为更迭频繁，没有针对教育切磋琢磨或研究、修养的闲暇时间"。[①] 换言之，在"重行政强制、轻教师自主"的教师在职教育思想下，一方面对于教师来说在职教育的外在限制和要求较多，但另一方面也让行政当局意识到需要创造保障教师接受在职教育的制度性条件。

另外，在昭和时期，日本政府已逐渐发现行政强制的教师研修效果有一定的局限性，受国际上都使用"在职教育"一词动向的影响，对于使用"再教育"这一概念本身也有所动摇。[②] 在20世纪30年代后期到战败前的这一时期，日本出现了许多关于教师就职后的继续教育改革提案，教育审议会也首次就恒常的教师再教育制度等进行了具体探讨。这一时期构想的教师再教育改革方案已出现现代性的内容，教育审议会着眼于教师"研修"的概念也具

① 佐藤幹男. 近代日本教員現職研修史研究 [M]. 東京：風間書房，1999：414.
② 佐藤幹男. 近代日本教員現職研修史研究 [M]. 東京：風間書房，1999：413.

有划时代的意义。但由于不久后日本就进入战时体制，这些初步萌芽的现代教师在职教育思想丧失了生发的空间，只能留待战后进一步探讨。

三、重技术传达、轻内容探究的在职教师教育思想

日本战前教师在职教育主要以讲习方式为主，在传达知识和技能方面实效性较高。在昭和时期，教师在职教育也曾尝试引入研究、实习、演习等形式，但在职教育内容的变化不大，始终是以传达"固定内容"的教学法为主，再加上重视教师"德性"的涵养，其终极目标是追求教师和学校管理者的个人修为。这是因为战前日本的中小学基本只能在规定的范围内制定教学条目和教案，使用指定的教科书或教材，教学步骤也是普遍实行赫尔巴特主义衍生而来的五段教学法，教师的研修活动自主空间十分有限。教师在职教育活动在很大程度上可以说是对教师是否能够很好地执行国家规定的教育指令、完成教育目标的确认与督促活动。教师在官方组织的研修活动中，也只能主要注意如何令自己的言行更加符合上层设计的要求，在国家到校长层层传递的"愿景"之下做一个忠实的传达者。

战前相当长一段时间内，由于小学入学率快速增长、义务教育年限延长等，在职年限不满 5 年或 10 年的新教师非常多。在有资格教师数量长期不足、教师质量参差不齐的情况下，对应师范教育及教师检定考试的内容推进教师在职教育，重视传达"固定内容"的教学法，一方面可以快速地补足有资格教师，另一方面也可以在一定程度上使教师的教学水平大致保持在一个标准线上，保证基本的教育质量。

须要注意的是，与官方举办的教师在职教育活动乏善可陈相比，师范学校附属小学和一些私立学校主办的研修活动内容十分丰富，为日本战后教师研修的正式开展奠定了一定基础。标榜新教育的私立学校相对具有一定的教学和课程设置的自由度，师范附属中小学又与师范学校共同担负着一些新课程开发和研究实验的功能，所以这两类学校在大正新教育时期开展的教师在职教育活动内容可以有独特之处。但大部分公立学校教师进行教学研究的自由度很低，只能在视学官或校长的监督下才能被认可，未能跳出技术传达的范畴。

在战前中小学的定型化教学模式作为固有前提的情况下，教师未被看作可以进行知识再生产的专业人员，而是被视为技术操作者，强调通过在职教育进一步学习熟练运用已有的教育理论，提高教学实践的效率。教师缺乏对教学的元认知，所检视和改善的也只能是在这种模式下"教得怎么样"的问题，而不去也不能探讨"教什么，用什么教，怎么教"。因此，日本战前的教师在职教育，实际上始终是在强化培养"技术的熟练者"。

从历史发展来看，日本教师的"在职教育"或者说"研修"，在二战以后才具有了现代意义上的内涵并被广泛认可和接受。[①] 在二战前日本以在职教师为对象的教育主要是"再教育"或"补习教育"，在一定程度上孕育了在职教师持续学习的文化传统。但是，战前日本这种在"讲习"的名义下进行的教师在职教育，多是应急的、补充性的、临时的，仅限于"教育训练"范围，尚未有较为成熟的在职教师教育思想。但从历史连续性的角度来看，战前日本对在职教师的"再教育"，是战后日本向新的"教师在职教育观""教师研修观"转换的重要基础。

第四节
师范学校时期的日本教师与教师观

日本战前的教师作为日本天皇的忠诚赤子，需要承担普及国家道德的职责，被国家有意识地塑造成"圣职者"形象，或者是一种权威性的存在。在当时日本国民尊崇教师、"遇教师之影亦需退避三步不可踏"的意识中，除儒教价值观和教师的教育权威之外，也有国家意志的影响。教师本身也缺乏劳动者的意识，像一个为国家充满了教育热情的奉献者。

一、"圣职者"教师观与教师的"师范型"气质

（一）国家对教师"圣职者"形象的有意塑造

在战前，日本的教育与兵役、纳税同为国民的三大义务。教师也是与军

---

① 佐藤幹男. 近代日本教員現職研修史研究 [M]. 東京：風間書房，1999：1.

人、警察并立的非普通职业的特殊存在。①

在明治时期，"训导"一词可以用来描述教师的身份，由此可看出在某种意义上教师是一种维持政治统治和治安的下等官吏。在 1881 年《小学教师守则》中就指出，教师应"持有宽厚之量、中正之见，不得有涉及政治、宗教方面的执拗过激的言论"。1886 年在《师范学校令》中第一条就说明师范学校与其他类型的学校不同，实施公费寄宿制的军队式教育。在 1890 年的《教育敕语》中，更是直指教师应起到将国民培养成为天皇的忠良臣民的决定性作用。教师与军人一样不能"参与政治"，被纳入了绝对主义的天皇制支配体制当中，只能成为国家职务的忠实执行者。同时，教师的工资低微，并从事着牺牲性、奉献性的劳动。这些国家有意制定的政令，外在地塑造了教师的"圣职者"形象。

日本教师的原型是寺子屋的师傅，是教师圣职观的母体。寺子屋的师傅广受世人尊敬，其社会地位也相对较高，师傅的人格和学德自然会吸引寺子从学，这也是寺子屋一种天然的机制。江户时代的师傅虽然在经济方面并不宽裕，但与寺子及其父兄之间的人际关联更为纯粹、强韧，作为师傅受他人的尊崇，感到生活的意义与价值，是一种典型的圣职教师状态。寺子屋的师傅在封建社会儒教伦理的支配下拥有超然的地位，师徒道德是教育中绝对的伦理观。这种延续下来的社会文化传统，也内在支撑着日本战前教师"圣职者"的形象。

（二）"圣职者"教师观下形成的教师"师范型"气质

明治政府以富国强兵、殖产兴业为口号，并期待能通过教育实现这一目标。教育的成效要看教师，所以明治政府对教师的期望也相当高。教师被限制或禁止进行政治活动，被剥夺了市民自由，被鼓励要作为履行国策的尖兵忠于职务。教师的职务就是完成为天皇陛下培养忠良国民这一至尊的工作。在师范教育中，师范生被鼓励为成为受人尊崇的教师而努力，为人师表，不应追逐世俗的利益。但现实生活中，教师的待遇却十分低劣，社会地位也日益降低。在"圣职"这一美名之下，教师被抹杀了作为人的权利。

---

① 佐山喜作，深山正光，等. 日本の教育 7　日本の教师 [M]. 東京：新日本出版社，1975：5.

教师在物质和精神方面的需求和社会对教师的期待与要求之间，有着巨大的落差。对教师的要求和期待，反而让教师群体形成了表里不一的气质形象，即所谓的"师范型"气质，其诞生的母体就是师范教育。这种被称为"师范型"的教师气质中，一方面是踏实、认真、亲切，另一方面是带有内向、伪善的如覆假面的圣人特质。①

社会上也出现了对教师卑屈、缺乏通融性的批判。在之前的江户时代，个人可以自行选择寺子屋的师傅接受教育；在明治维新后，在制度化的学校里，个人没有选择教师的机会。一方面，快速增加的学校难以保证召集到的教师在人望、学问水平方面都很优秀；一方面，行政当局又硬性规定所有的儿童都要入学，缴纳高额学费接受教育，却不一定能保证跟随教师可以学到生活必要的知识。② 这一变化改变了原来寺子屋依赖师傅的德行和学问招生的机制，教师与学生及家长之间的信赖和尊崇关系也不再牢不可破。教师表面被当作"仰视尊崇"的对象，背后民众却会产生"像教师那样的傻瓜"的想法。这一情况在之后日本军国主义教育政策的管制下愈发严重，一直延续到第二次世界大战结束。

另外，严格来说，所谓的"师范型"气质，主要指的是小学教师群体。战前日本师范学校出身的小学教师与高等师范学校或大学出身的中学教师的社会、经济地位完全不同，形象并不统一。根本原因在于日本战前的教育体制将人才培养教育和国民教育二元化，从初中升往高中再到帝国大学这一序列，代表的是人才培养教育路线，主要着眼于学术教育；与此相对，在小学进行的国民教育，重视的是在《教育敕语》指导下的国民教化，且处于较低地位的寻常师范学校与高等师范学校的升学渠道并不相通。小学教师和中学教师所承担的教育任务有本质的差异，不同出身的教师群体也相互分裂，并未对统一的教师观做出共同的努力。对师范学校出身的小学教师的轻视，极大地阻碍了教师专业性理论的构建。③

---

① 唐澤富太郎. 教師の歴史 [M]. 東京：創文社，1955：55.
② 新堀通也. 教員養成の再検討 [M]. 東京：教育開発研究所，1986：57.
③ 三好信浩. 教員養成制度について [J]. 学校教育研究所年報，1980（24）：3-13.

（三）被塑造为"圣职者"的小学教师的无奈与觉醒

教师的社会经济地位不高、政治上又受到严密监控，其日常的职业生活更是陷入一种忙乱的状态。教师自身对这种状况也并非毫无怨言，但迫于行政和舆论的管控压力以及基本生活的需求，而不得不维持着这种"师范型"的气质。

现代学校建立初期的教师和师范学校的学子多出身士族，其中也有些人将从事教师职业当作"立身出世"的一种渠道，可谓"师魂"即"士魂"。早期的教师文化颇有风骨，在个人的观念上未将教师作为一种职业来看待，而是作为一种"圣职选择"。但随着日本政府不断强化对教师的管制，教师的社会经济地位降低，教师及师范学子的主要出身阶层也开始由士族转变为农民。教师在兼有原来"圣职"形象的同时，开始逐渐向教育劳动者形象转变。教师群体为提高社会经济地位，意识到职业集团质量重要性的同时，又受外在强权要求和内在文化气质的束缚。

在进入大正期以后，在民主主义运动的影响下，自身生活窘迫、又直接体察民众生活的教师逐渐觉醒。1930年的《日本教育劳动组织行动纲领》提出了对教师自身的生活与权利、基本人权的要求，并且对改善教育条件、教育民主化、减轻家长负担等也多有关注。虽然这只是一部分先进教师发起的运动，受时代的制约也有一定的弱点，但也反映了当时教师对教师职业和教育问题的诉求。

二、教育实践一线学者与"圣职者"教师观不同的观点

（一）泽柳政太郎的教师观

泽柳政太郎是日本明治、大正时期的教育家，"实际教育学"的倡导者，历任文部省书记官、普通学务局长、高等师范学校校长、文部省副部长、京都帝国大学总长、帝国教育会会长等职。泽柳政太郎在任文部省领导职务时，推动了1900年免费普及四年义务教育和1907年免费普及六年义务教育的实施。从1917年至1926年，泽柳政太郎先后创办尊重学生个性、以学生为学习主体的私立成城小学和成城中学，并在1919年12月邀请后来提出"全人

教育论"的小原国芳前往成城小学任主事。泽柳和小原二人是推动大正新教育运动的排头兵,长期深入教育一线,对小学教育和小学教师的工作有深刻的体悟。

泽柳政太郎作为在大正自由教育运动中十分活跃的重要人物,具有个人明确崭新的教师观。泽柳在他的著作《实际教育学》中,将此前并未受到日本教育界重视的"教师论"放在了教育学的核心地位,强调了教师研究的重要性。泽柳的教师观脱离了当时主流的"师范型教师形象",提倡教师应成为"儿童帮助者"。泽柳政太郎的教师论在小学教师中产生了很大的共鸣,对当时的教师影响颇大。

在泽柳政太郎的《教师及校长论》中,可以看到泽柳的教师论有三点主要特征:第一,泽柳认为教师是"教育的关键",在教育中可以明确教师的价值。关于这一点,泽柳在 1895 年出版的著作《教育者精神》中也曾谈及,"教育取得国家层面的普及和进步是值得欣喜的,但教育者尚未获得信任和尊敬,让教育者能够在各自的内心深处奋起教育者应有的精神是当前的急务"。泽柳政太郎认为农工商的进步、犯罪的减少、国民福利的增进从根本上说都与教育相关,以文化、文明为代表的秩序和国家力量都与教育普及相关。① 第二,教师的资质能力包括"能够理解教育目的,知晓教育方法并具有执行的熟练技术","有能感化学生的人格"。第三,教师在人类的未来和培养下一代国民方面担负着重大责任,"学生是未来的国民,教师承担的国家社会责任非同小可"。②

泽柳在《教育者精神》论及教育者资质时,认为教师一要有学识,二要有德义、道德,认为"教育目的是塑造能够启发良心、涵养德性的人",所以教师不能只是单纯的教授者,教师自身能堪当德行榜样是德育的秘诀所在,这就是教育的精髓。对教育者来说最重要的就是对教育工作的诚实和热心,

---

① 成城学園沢柳政太郎全集刊行会. 澤柳政太郎全集 6:教師と教師像[M]. 東京:国土社,1977:65-66.

② 成城学園沢柳政太郎全集刊行会. 澤柳政太郎全集 6:教師と教師像[M]. 東京:国土社,1977:2.

将教育工作当作无上的喜悦，具有无时无刻不念及教育的精神即"教育者的精神"。① 泽柳之所以强调"教育者的精神"，是因为他认为只有具备了这种精神的教育者才能"取得教育的实效"，并且只要具备了这种精神就会"自具学识，自修德义"，所以"教育者的精神"先于其他所有的教师素养。② 泽柳所强调的"教育者的精神"非常重视能够启发教师内在原动力的精神需求，认可教师职业的利他性、自由性和帮助人类发展的价值，与政府通过法制规定的对教师的精神要求有巨大的差异。泽柳政太郎在"私立成城小学创立主旨"中提出，"教育者要经常设身处地为儿童着想，为儿童竭尽全力"。他理想中的教师形象绝不是"师范型"的教师，而是能够成为学生"帮助者"的教师。

在泽柳政太郎的教师论中，初等教育是价值极高的工作，他的这一观点给予了当时的小学教师以极大的感动和自信。在大日本教育会夏季讲习会上，泽柳面对小学教师进行了"教育是愉快的工作"的讲演，从"教育是最有价值的工作""教育是最困难但又是最有成就感的工作""教育是教师个人不下功夫就难以完成的工作""自己投入结果的回报是其他职业无法比拟的"这四个方面论述了小学教师是比其他职业有益且愉快的工作。③《日本之小学教师》的主编多田房之辅曾谈及，泽柳政太郎关于"教育是愉快的工作"的讲演内容经整理发表后，"为天下教育者所乐读，其影响出乎意料"。④

（二）小原国芳的教师观

1919 年小原国芳在泽柳校长的邀请下到成城小学任主事教师。1920 年小原国芳带领学校教师，以"深入研究小学教育相关问题"为目的，成立了成城小学教职员和有志人士组成的"教育问题研究会"，并同时开始刊行机构杂志《教育问题研究》。深入小学教育一线、与教师共同进行教育实践研究的小

---

① 成城学園沢柳政太郎全集刊行会. 澤柳政太郎全集 6：教師と教師像 [M]. 東京：国土社，1977：33.

② 成城学園沢柳政太郎全集刊行会. 澤柳政太郎全集 6：教師と教師像 [M]. 東京：国土社，1977：595.

③ 慶應義塾大学文学部教育学専攻山本研究会. 日本近代教員養成史研究：制度・資格・階層・人物・思想の視点から [R]. 山本ゼミ共同研究報告書，2014：127.

④ 新田貴代. 澤柳政太郎：その生涯と業績 [M]. 東京：成城学園澤柳研究会，1971：42.

原国芳针对教师的人格修养提出了以下六种"哲学精神":一是要忠实于真理,二是要有研究性、批判性、追问到底的精神,三是有进步、创造性的革新精神,四是有自由、独立、自觉、合理的精神,五是有统合的组织性精神,六是有理想性、超越性的忘我精神。① 这些与当时塑造教师"圣职者"形象的主流思想相比,呈现出对教师精神气质截然不同的期待。

师范学校所存在的"师范型"问题指的是,很多师范学校毕业生由于存在素质缺陷,最终成为带有伪善、自卑、狭隘、阴郁等气质的教师。针对当时的师范教育情况,小原国芳批评说:"我迫切希望日本教育工作者,尤其是师范学校教师能够转变小气浅薄的人生观、人性观。尤其对那些连自我的偏见、迷失、独断都无法打破,甚至都不自知的人感到悲哀。"② 小原认为教师要想成为真正的教育者,要能批判性地看待事物,追求自身的教育理想。"在对教育的价值和意义、可能性、条件、本质这些重要问题都毫无解释的情况下,仅在有限的范围内去进行一些可以进行的教育,是薄弱的、空的,甚至是否定的、有害的、有毒的教育。"③

为培养教师具有这样的"哲学精神",小原对当时师范学校的教学内容提出了质疑。例如,在当时师范学校"教育史"学科的作用,像在 1892 年的"普通师范学校的学科及程度"中规定的那样,被认为主要是"传授国内外教育沿革及著名教育家传记要略"。泽柳政太郎指出,在主流思想中"学习教育史的目的,是找到能够成为自己榜样的教育者"。小原国芳虽然也并不否认这一观点,但他认为学习教育史更重要的本应该是在"对各种教育思潮进行严谨批判性思考"的前提下,具有"辨识优劣,取长补短,建构起自身教育学"的能力。④ 也就是说,基于批判精神确立自身的教育观和教育理想,才是学习教育史和思想史的意义所在。小原认为教师"不该只把前人倾注心血的思想

---

① 小原國芳. 小原國芳選集 2:教育の根本問題としての哲学 [M]. 東京:玉川大学出版,1985:63-64.

② 小原國芳. 小原國芳選集 2:教育の根本問題としての哲学 [M]. 東京:玉川大学出版,1985:192.

③ 小原國芳. 小原國芳選集 2:教育の根本問題としての哲学 [M]. 東京:玉川大学出版,1985:59-60.

④ 小原國芳. 小原國芳選集 2:教育の根本問題としての哲学 [M]. 東京:玉川大学出版,1985:57-58.

当作一个名词或概念去记忆而已"，教师不能止于被动的固化学习，而要基于哲学性思考，树立起自己的教育理想。

但在战前将"学术"和"教育"相分离的师范教育体制中，教师不是知识的创造者，而只能被动地等待接受被大多数人认可的权威学说或者作为常识固定下来的学说。师范学校基于《小学教师守则》《教育敕语》的要求，对师范生进行忠君爱国思想教育，在政治家的意愿下培养出一批固定模式的教师。在当时的师范学校，进行的是限制思想自由、履行固定模式的"封闭教育"。在教师的思想行动受到严格监视的情况下，自然很多人难以具备小原国芳所主张的批判精神、创造精神和自由精神。这种被称为"师范型"教师的问题，在战前师范教育和教师行政管理背景下，很难得到实质性的解决。

第五节

师范学校时期日本教师教育思想的总体特征

日本现代教师培养的本质或者说教师教育的基本思想，必须从教育和教师及教师培养与国家、国民应有状态之间的关系方面来考虑。在摸索国家应有状态的明治初期，这是无法回避的问题。[1] 在日本现代教师教育制度的初创期，在"文明开化"方针政策的影响下，教师培养迅速与教育质量、国民素质联系起来。教师承担着开蒙国民、振兴家国的重任。教师教育从起步之初就在日本教育体系甚至在国家的统治体制中占有重要地位。这从当时的公立学校职员具有准官吏待遇方面，也可窥见一斑。

日本在反思封建时代教育弊害的基础上，建立起现代师范学校，在形成本土的教师教育思想之前，对欧美的师范学校教育借鉴颇多。但日本师范学校在筹备过程中所体现的特质与西方的教师教育并不完全相同，根植于日本社会文化中的儒家教育思想仍发挥了巨大影响。日本初创的教师教育与欧美的教师教育"神似形不似"，起步之初与专业教育相比更重视教师的"品德"。此后，出于国家统治的需求，这种日本师范型教师培养不断被强化。在

---

① 水原克敏. 近代日本教員養成史研究 [M]. 東京：風間書房，1990：207.

日本战前的教师教育思想中，教师要"行为世范"的观点始终占有一席之地。整体来看，日本在二战前"师范学校时期"的教师教育思想具有以下特征。

第一，将教师视为提高国民素质的基石，认为教师教育对于"建设现代国家"至关重要。在建设师范学校、培养教师的过程中，重视"实学"的欧化主义、带有现代国家观的教师教育思想，和重视"修身""仁义忠孝"的复古儒教主义、带有封建皇国观的教师教育思想，此消彼长。

明治维新后，在制定文教政策时，具有不同国家治理理念、代表不同政治立场的各方势力也持有不同的教师教育思想。但可以看出，对于教师质量会关乎国民以至国家状态这一点，各方具有普遍共识。在师范学校初创期，田中不二麿认为教师应该培养学生形成尊老爱幼和友爱的自然道德涵养，并希望其能够具备与现代国家相匹配的爱国心。元田永孚认为教育的根本精神应以孔子的"仁义忠孝"为本，首先要注重教师的"修身"，其次才是现代知识才艺之"末"。伊藤博文等人在反对元田"仁义忠孝"论的基础上，认为教师应该成为为天皇制国家奉献的榜样，教导学生为国学习现代知识技能。与伊藤博文教育理念相合的森有礼就任日本历史上第一任文部大臣后，带有"国家至上主义"的圣职教师观开始占据主导地位。此后继任的文部大臣井上毅等人，也基本延续了森有礼制定的教师培养方针路线。反映了森有礼教师教育思想的师范学校教育框架基本确立后，直到1945年日本战前师范学校制度终结，都未曾有大幅变动。

在师范教育体制初创的过程中：有在各学区或各府县按照师生比设立师范学校，重视教师培养的地区均衡发展的思想；有通过统一各师范学校的教规、补助或贷与学费、毕业义务服务制等，确保教师数量与质量的"计划性"培养思想；有设立女子师范学校，重视培养女性教师的思想；有创设教师资格证书和教师资格检定制度，重视教师素养的思想；等等。虽然这些教师教育思想在当时或受条件所限，或并不成熟，并未都能付诸实践，但对日本之后的教师教育制度的确立和完善有深远的影响。

第二，高度重视教师的道德品质，为培养教师为教职奉献终身的"教育者精神"，采取"封闭制"的教师培养体制，形成了师范学校以"教育"为主、大学等高等教育机构以"学术"为主的二元制。直到今天，在日本教师教育中"学术"和"教育"之间的关系，都仍然是值得反复深入探究的课题。

身为文部大臣的森有礼很早就意识到教育是富国强兵最有效的措施，在"国家至上主义"的教育思想下，他希望通过迅速培养一批符合国家要求的教师，以切实有效地铸就国民教育基石。因此，在森有礼主导建设的师范教育体系中，与培养师范生基于学术研究的专业知识技能相比，严格训练能够将国定的教育内容正确传授下去的教学技巧更为重要。探究学问真理的学术研究活动不需要师范学校参与，全部交由大学进行。日本战前的教师培养由此进入了一个全方位"封闭"的境地。

在"封闭制"师范教育体系下，现实社会对教师的期待和教师在物质、精神方面的需求之间存在巨大的落差。森有礼所追求的"圣职教师像"也难以成立，反而产生了教师"如覆假面"的"师范型"气质。但在战前日本军国主义、集体主义思潮的影响下，这种宣扬教师"以教育为天职"的"圣职者"教师观、强调培养教师"忠君爱国情操""教育者精神"的教师教育思想，始终有着存在的合理空间。

第三，中学教师的培养更为重视学科专业素养，默认"学高为师"，小学教师的培养则重视"教育者精神"大于学科专业素养，因此小学教师的培养层次和学力水平被认为不需要太高要求。但随着中等教育和高等教育的扩张，逐渐产生了在"高等教育层次"培养教师的思想萌芽。

在日本传统的教师教育思想中，始终认为中学教师的学科专业素养要比教育教学方面的素养更为重要，所以战前日本中学教师的培养也并不局限于师范教育体系中。在关于高等师范学校存废论争中，也有观点认为大学出身的人学力精深，所以假以时日完全可以成为优秀的中学教师，取代高等师范学校的学生。

与此相对，关于小学教师培养问题的思想碰撞，则在日本20世纪初关于师范学校应以本科第一部为主还是第二部为主的争论中有一次集中体现。此次的主要议题其实就是"小学教师培养的学制层次""小学教师与中学教师的培养差异""小学教师的素养结构与培养内容"等。主张以第一部为师范学校主体的一方，希望通过较长时间的师范教育培养，尽早养成教育者的"特殊精神信念"，实质是相较于培养教师专业素养，更重视培养教师忠君爱国情操的一种表现。建议以第二部为师范学校主体的一方，反对师范学校招生低龄化，认为招收具有成熟从教志向的学生，才是培养优质教师的前提，主张提升初级教育阶段教师的培养层次和学力水平，相对更重视教师的专业素养。

在中等教育和高等教育都在不断扩充的背景下，1920 年前后日本出现了高等师范学校升格为大学的议题，即"高师升格运动"。在讨论过程中涉及"教育教学与学术研究的关系""中学教师培养的学制层次""中学教师培养内容中学科专业与教育学的权重"等问题。虽然最终还是未能打破日本战前以学术研究为主的大学与以培养教师为主的高等师范学校之间的藩篱，但可以"在高等教育层次培养教师"的教师教育思想还是有了一定的突破，为日本在战后迅速确立"在大学培养教师"的原则奠定了一定的基础。

第四，教师在职教育主要作为教师培养教育的补充和延续，在对教师"再教育"的同时，强调在职教师的"精神修炼"，但由此也孕育了在职教师持续学习的文化，奠定了日本战后向新的"教师在职教育观""教师研修观"转换的思想基础。

战前的日本政府始终强调教师作为神圣皇权统治下的"圣职者"，要具备相应的"修养"。出于对教师的这种要求，行政方面主导的教师在职教育，主要重视的是精神方面的"进德修业"和教学技术方面的"研习"。要想让在职教师能够通过研修，日常持续提高专业素养和人文素养，并借此不断地成长发展，其前提是要有"教师成长"的理念和认识。但在日本战前还没有关于"教师成长"的观念，行政当局自然也很难有意识地去完善教师在职教育的条件。从某种程度上来说，只要日本国家主义的教育观本身未能转变，则在"圣职者"教师观下的教师在职教育思想就难以扭转。

明治维新后日本教师的数量和质量始终存在问题，从而导致教师在职教育始终没有超出教师"再教育"的范畴。但逆向思考的话，一旦教师需求量能够得到基本满足，就会具备转变教师在职教育性质的前提条件。在昭和前期，教师数量不足的问题得到一定缓解之后，日本就出现了诸多关于教师在职教育应脱离临时应急性、补充性状态，有计划地恒常进行的提案。但由于不久之后进入了战时体制，对教师质量的要求以及教师在职教育受时局影响，仍然未能关注到教师专业素养的提升，导致日本真正意义上的教师在职教育的开展被延迟到了战后。

第四章

教师教育大学化时期的日本教师教育思想

第二次世界大战后，美国以"联合国军"的名义占领管理日本，督促日本开展社会各项事业的民主化改革。根据美国教育使节团的建议，日本"教刷委"制定了教师教育改革的基本方针，确立了战后"大学培养教师"和"教师培养开放制"两大教师教育原则。1949 年 5 月《教育职员资格法》颁布，为教师培养提供法律保障。战前的师范学校或向新制单科大学转型，或并入新设的新制综合性大学。由此，日本在二战结束不久后，就一举进入"教师教育大学化时期"。但在战后初期日本进行的教育民主化改革中，有些举措被认为不符合国情，在重返中央集权式的"55 年体制"后，日本的教师教育体制又进行了部分调整。

第一节

教师教育大学化时期的日本社会与教育

一、社会文化情况

1945 年 8 月 15 日，日本天皇裕仁发布《终战诏书》，宣布无条件投降。此后，为了让日本成立一个不再让世界感受到威胁的政府，日本国政被以美国为主的"盟军最高司令官总司令部"（以下简称 GHQ）接管。日本这种被占领管理的状态一直持续到 1952 年 4 月。为了粉碎日本军国主义势力，使日本走上和平发展的道路，GHQ 以及民间信息教育局（以下简称 CIE)① 开始推动日本政治、经济、军事、文化、教育等各领域的民主化改革。此次改革使得日本社会发生了急剧的变化，同时也对日本学校教育的发展产生了新的要求。

（一）战后初期"忠君爱国"思想的粉碎与民主政治体制的确立

二战时期，日本穷兵黩武，不仅给亚洲各国带来了巨大的灾难，也使战

---

① 注：民间信息教育局（Civil Information and Educational Section，简称 CIE）是第二次世界大战终结后，设置在日本的联合国总司令部（GHQ）的下属部局之一，主要负责收集日本文化方面的信息，制定与日本教育、宗教、艺术等相关的文化战略，也参与了日本战后教育制度的改革。

争结束后的日本经济处于极度混乱和疲乏的状态，严重的粮食危机和通货膨胀遍及全国。战后管控日本的 GHQ，以经济民主化和非军事化为目标，重点推行解散财阀、分散少数企业对经济的控制权以及确立劳动权等三项政策，扫清经济生产过程中的障碍。朝鲜战争爆发后，在日美军的"特需"大大激发了日本企业的生产和投资活动。到 20 世纪 50 年代中期，日本经济已基本恢复到战前水平。

二战前日本法西斯政府鼓吹"忠君爱国"的精神，造成了军国主义的膨胀。在美国方面的敦促下，1946 年元旦，裕仁天皇发表了《人间宣言》，宣言中否认天皇是神，不再鼓吹日本民族高于其他民族，放弃负有统治全世界使命的空想概念。1946 年 11 月 3 日公布的《日本国宪法》第一条便开宗明义"天皇是日本国的象征，是日本国民整体的象征，其地位以主权所在的全体国民的意志为依据"，以国家大法的形式确立了"主权在民""保障人权""和平主义"三大原则，规定了国民集会、结社、言论、出版、学术等方面的自由及受教育的权利。新宪法的第九条规定，日本永久放弃以国权发动战争，因此日本战后新宪法也被称为"和平宪法"。随着战后日本的宪政民主体制基本确立，封建势力基本退出政治舞台。

1946 年 4 月 GHQ 发表《第一次美国教育使节团报告书》，5 月文部省发表《新教育方针》，并在此基础上制定了一系列教育改革措施。1947 年 4 月，随着新学制的出台，历史、地理、公民教育等科目都被纳入新设的"社会科"。公立学校不允许使用"国体本义""臣民之道"等教学材料，禁止参拜神社和执行神道仪式，并拆除校内的神社、神龛、结绳和奉安殿等。1948 年 6 月 19 日，日本众议院和参议院做出"教育敕语失效"的决议。① 日本的"忠君爱国"思想从教育内容中被彻底剔除，神道与国家权力不再被捆绑在一起。

在美方的引导下，日本掀起了民主化的热潮，力图摆脱"皇国皇民、忠君爱国"思想，开始了一次由上至下、全民参与、涉及整个社会所有领域的一次彻底的大变革。日本民众能够普遍接受西方的民主思想与民主制度，其

① 陈君. 日本教师职前培养模式转型研究 [M]. 石家庄：河北教育出版社，2016：95.

主要原因有两个：一是出于对战争及军国主义的痛恨，认为民主制度能有效禁锢军国主义的幽灵。二是因为日本人对外来文化及制度的态度是开放的，他们羡慕甚至崇拜优质先进的外来文明，并且善于将之转化为自身的一部分。明治时期倡导人权、自由、平等、宪政的福泽谕吉，在二战后重新被确认为日本国父。日本社会通过战后的民主体制改革，自由、平等、民主、人权、法治的思想价值观念开始逐渐深入民心。

（二）基于教育立国理念以人才培养推动社会经济发展

战后日本崛起，得益于重视教育和重视人才的培养。日本前文部大臣荒木万夫曾经指出："从明治以来，一直到今天，我国社会和经济的发展，特别是战后经济的发展非常惊人，可归结为教育的普及和发展。"[①] 日本战败后最早建立的一个政府机构就是文部省科学教育局，该局在东京湾投降仪式两天后就已成立。从寻找战争失败的原因到新日本的重建，日本人早早地把科学、教育与文化建设看成日本最为重要的事项。战后不到 10 年的时间里，日本的主要经济指标就超过了战前的最高水平，重要原因之一就是战前教育的普及，使日本拥有众多受过良好知识技能训练的劳动者。

二战结束后，在盟国占领军的监督下，日本进行了历史上第二次教育改革。这是继明治维新第一次教育改革后，进行的又一次全面、彻底的教育改革。通过教育改革，日本培养了一大批中、高级科技人员，提供技术革新所需要的劳动力。这不仅极大地提高了劳动生产率，推动日本经济持续高速增长，也为日本成为世界经济强国奠定了坚实的基础。

1960 年，池田内阁推出《国民收入倍增计划》，日本进入经济高速增长期。1968 年，日本的国民生产总值超过联邦德国，成为仅次于美国的资本主义世界第二号经济强国。在这一过程中，日本始终把人才培养与振兴科学技术作为重要内容。20 世纪 60 年代的《国民收入倍增计划》《中期经济计划》《经济社会发展计划》中，都把"人才开发政策"作为重要课题，对今后教育改革提出了建议和构想。随着战后日本经济的迅速恢复，政府教育经费支出在国民收入中的比重逐步上升。从国际比较来看，1974 年日本教育经费占

---

① 梁忠义. 论战后日本教育与经济发展的关系 [J]. 日本教育情况，1979 (8)：1—11.

国民收入的比率为 6.2%，与主要资本主义国家相比，虽低于美国、英国，但已与联邦德国相同，高于法国。① 到 20 世纪 70 年代中期，日本已基本普及了高中教育。在人才结构方面，政府由于日本长期坚持"教育先行"的战略，为经济发展保证了人才资源。

在 20 世纪 70 年代，日本已成为资本主义世界第二大经济强国，经济社会的发展和教育的大众化，对教育多样化提出了更高的要求。在经历了几次经济危机后，日本社会的一些政治经济问题暴露出来。1968 年至翌年，日本发生了激烈的大规模大学纷争事件，其中虽然有多种深层因素的纠葛，但也是文化教育的质量与快速扩大的教育规模不够匹配的象征性事件。在世界性的科技竞争和新技术革命浪潮中，日本也面临着老龄化、信息化、国际化等诸多社会课题。在此背景下，日本的第三次教育改革被提上了日程。

1967 年文部大臣向中央教育审议会（以下简称"中教审"）提出《关于今后学校教育的综合的扩充、整顿的基本措施》的咨询。经过 4 年慎重的审议，1971 年"中教审"提交了最终的咨询报告，即有名的"四六答申"。四六答申成为之后教育改革政策的基准，由此也拉开了日本第三次教育改革的大幕。

（三）追求同质化的"集团主义"与"平等主义"文化

尽管战后日本在政治上有左翼、右翼的对立，但日本社会整体来说还是处于大众民主主义体制之下。日本人战后的根本生活意识中有着共通价值观，这种价值观一言以蔽之就是"集团主义""平等主义"。

战后日本人"集团主义""平等主义"等价值观的产生根源，首要是日本人对以企业为代表的组织归属感。与欧美相比，日本企业内部因学历和地位而产生的收入差异非常微小。平等主义下的薪资待遇和终身雇佣制，代表了日本劳动力市场的规则，这些外在条件形成了日本"一亿国民皆为中产阶级"的意识。这种意识提高了日本人对社会和国家的归属感，在战后发动国

---

① 梁忠义. 论战后日本教育与经济发展的关系 [J]. 日本教育情况，1979（8）：1-11.

民朝国家目标共同努力的时候发挥了重大的作用。① 在日本战后经济快速恢复期和高速成长期，正是这种终身雇佣制和员工对企业组织的归属感，使得日本人的职业流转性始终相对较低。日本文化传统中本来就存在的集团主义在这种职业文化当中得以强化。

在 20 世纪六七十年代，在技术革新急速发展的社会背景下，日本经济界也不断对教育政策积极建言献策，有着强大的影响力。学生的学（校）历或在学校的学习成绩，决定着学生毕业后能够进入什么样的公司，甚至可以说，学校客观承担着劳动力进入社会时的甄选功能。随着教育量的扩大、升学率的上升，在之前只是与少数人有关的"应试竞争"逐渐变成了多数国民的共同问题。

这种层次化和甄别化的劳动力分配体系，和这一阶段追求平等主义的教育之间，虽然表面上呈现对立化的关系，但在内里是一种奇妙的互补关系。首先，战后日本在追赶型的现代化道路上，日本企业需要大量具有均一高质量的劳动力。基于集团主义、平等主义理念的教育体制，恰好可以甄别、培养出一批符合这样要求的劳动力。其次，基于平等主义的本质，全国各地学校的教学内容和方法基本相同，才比较容易在同一评价尺度下对学生进行甄选；反之，多样化的状况会导致评价困难。从这一层面来考虑，平等主义正是作为能够拉开差距的前提而存在的，即平等主义之下的教育恰与这种劳动力政策相吻合。② 因此，追求平等主义，也是这一时期官方制定初等教育阶段统一课程标准、对教师的教学提出严格要求等现象的一个深层次文化背景因素。

学校教育当中的平等主义，要求同年龄段的学生必须在某个阶段都能达到某种学力程度。这种教育的问题在于，它要求学习者不一定要比别人优秀，但一定不能落后于其他人。这与个人主义的竞争既有相似之处也有不同之处。在日本人特有的追求"同质性、同一性"的"竞争回避"文化的支配下，一

---

① 碓井敏正. 日本的平等主义与能力主义、竞争原理［M］. 京都：法政出版株式会社，1997：2-3.

② 碓井敏正. 日本的平等主义与能力主义、竞争原理［M］. 京都：法政出版株式会社，1997：19-20.

直以来要求不要掉队的"横向看齐"意识十分强烈。教师不让任何一个学生掉队的教育理念，一方面可以说是崇高的，但另一方面却让每个学生都走上了这种必须全员参加的能力主义道路，否定了学生的自主选择，也丧失了发现和发展学生个性化能力的机会。日本追求"同质性"的集团主义和平等主义，不仅体现在学校内的学生群体当中，也同样体现于教师群体当中。在期待提高学生的学业成绩时，一般不是试图培养或寻找卓越教师，而是更倾向于提高教师集团的平均实践能力。①

日本的集团主义和平等主义，在企业和学校等环境当中有着阻碍个人自由选择和发挥个性的副作用。为了维持集团的秩序，需要动员全体成员朝共同的目标努力，也有严苛的纪律来管理和限制个人的行动，扰乱集团"和谐"的个性行为不被允许。这些与尊重个人自由和人权、个性的近代价值观并不相称。日本的集团主义和平等主义还带有偏狭的地方主义，有时会产生对圈外人和特异分子的暴力表现，常常与排外主义相关联。② 因此，也可以说日本的集团主义和平等主义与真正意义上的集团思想和平等思想其实是异质的。日本的这种文化特质，对战后经济发展和学校教育的影响不容小觑。

二、学校教育情况

日本战后的教育改革在被盟军占领管制的前提下开始发足起步。在美国占领当局看来，日本的教育制度过于中央集权化。1946 年美国教育使节团在与日方教育委员会经过会谈后提交的报告书中，为日本战后教育改革指出了一条民主主义教育的基本路线。

（一）战后民主化教育体制的确立与新教育活动

在战后初期的教育改革中，美国一些带有惩戒色彩的措施与日本原有的文化风气并不相融。战后的现实条件并不能完全支撑当时新教育理念的推行和新教育制度的建立，也造成了一定的困难和混乱。但从近代历史的发展潮

---

① 富久國夫. 教師の力量形成を支援する校長の指導助言機能の研究 [M]. 東京：風間書房，2008：70.

② 碓井敏正. 日本的平等主義と能力主義、競争原理 [M]. 京都：法政出版株式会社，1997：4-5.

流来看，战后初期的改革扫清了近代教育的发展障碍，将日本教育导入了正轨。

在第二次世界大战末期，日本的学校教育已在全面为战争服务。日本战败后首先终止了这些战时体制，1945 年 9 月中旬开始陆续恢复学校正常教学。随后，GHQ 在 1945 年内先后发布了关于日本教育改革的四大指令，以着力消除军国主义教育造成的影响。第一条指令是指 GHQ 在 10 月 22 日发布的《日本教育制度管理政策》，其对日本的教育内容、教职员工以及学科课程、教材的探讨和修订做出了全面指示，并要求文部省设立与 GHQ 的联络机构并及时报告。根据第一条指令，GHQ 在 10 月 30 日又发布了第二条指令，排查、驱逐教师队伍中具有军国主义、极端国家主义思想者，开始实施"教职驱逐"运动。第三条指令是 12 月 15 日发出的"关于废止政府对保证、支援、保全、监督并散发国家神道、神社神道的相关事项"，实现国家和宗教的分离，禁止出于政治目的利用宗教。12 月 31 日 GHQ 又发出第四条指令"关于停止修身、日本历史及地理的相关事项"，彻底清除教育内容中的军国主义和极端国家主义思想，下令停止学校教授修身、日本历史、地理课程。

1946 年 8 月 10 日，日本政府在 GHQ 的要求下成立了教育刷新委员会（简称"教刷委"），以负责战后教育改革。1946 年 11 月，就日本教育的基本走向问题，"教刷委"向文部省提交了《教育基本法纲要》。该纲要于 1947 年3 月 31 日正式公布和实施，即日本的《教育基本法》。《教育基本法》对战后日本教育民主化改革的全面展开以及确立民主化教育体制，起到了决定性的作用，其完全否定了《教育敕语》的作用。"教刷委"确定的教育民主化原则通过 1948 年的《教育委员会法》（旧）体现于行政方面，带有强烈的模仿美国彻行民主化制度的色彩。①

日本由此开始在新教育理念下，全面推行学校体系改革。在日本战后各方面条件尚不充分的背景下，教育改革存在种种现实困难，但 633 学制的学校体系还是在不久之后基本确立下来，并稳步地得到扩充。1952 年《义务教育费国库负担法》制定颁行，学校教育在财政方面有了稳定的保障。此后随

① 稲垣忠彦，佐藤学. 授業研究の入門［M］. 東京：岩波書店，1996：168.

着学龄儿童数量的快速增加，1959 年日本又制定实施了《关于公立义务教育各学校的班级编制及教职员定额标准法律》，通过多个五年计划逐渐消解大额班级，调整学校规模，以及应对新教育课程的实施充实教师队伍，改善偏远地区的教育条件，等等。

战后日本开始制定作为中小学教育课程标准的《学习指导要领》，此后大约每隔十年会进行全面修订。1947 年颁布的《学习指导要领 一般篇（试行）》带有浓厚的索引性质，其中指出课程可以由学校根据儿童、地区的特点自行编制。在 20 世纪 50 年代，参照试行的《学习指导要领》，战前的一些民主教育实践得以延续，学校编制课程、重构课堂的各种实践活动十分活跃。在反思战前教育的基础之上，美国儿童中心主义的教育理念对日本产生了很大的影响，战后日本的学校教育也要求新教学方法要履行"民主主义的程序"，重视"儿童生活活动"。因此，二战后到 50 年代初期这一阶段的民主主义教育改革实践也被称为战后新教育活动，有很多学校参与。

（二）中央集权式文教政策的回归与"现代化"教育活动

1950 年以后由于东西冷战对立、朝鲜战争开始，1951 年联合国军对日占领政策产生变化，"和平条约"生效，日本被占领管理的状态趋向结束。在二战结束后的民主化改革中，日本的各派政党也迅速成长起来。1955 年，同为保守势力的民主党和自由党合并为自由民主党，简称自民党。自民党凭借着合并后的庞大势力和美国的支持，从 1955 年起一直执政到 38 年以后方告结束，这就是所谓的"55 年体制"。

20 世纪 50 年代，日本从战后复兴期过渡到新的社会发展阶段，行政当局认为当时模仿欧美的民主主义教育理念和方式并不完全适合日本社会。50 年代中后期开始，在自民党一党专政的政治影响下，日本又部分逆行回战前中央集权式的文教政策。1954 年的《义务教育阶段各学校确保政治中立的临时措置法》，1956 年的《教科书法案》和《关于地方教育行政组织及管理法案》（简称"地教行法"）等尽管颇受争议，但最终仍获颁行。随着 1957 年教师勤务评定的实施，1958 年通过修订《学习指导要领》强化教育课程标准和特设道德科等，《学习指导要领》开始具有法定约束力，对教育内容和教师的管制重又加强。

在教育内容和教学方法方面，以 1960 年左右为界，在美国、苏联以及日本，被总称为"现代化"的动向十分显著。1957 年苏联发射卫星给美国各界造成了很大的震动，美国政府为对抗苏联开始充实学校教育，发展科学技术。为了能够有效教授"现代化"的学科内容，各学科开始推行"探究学习"方法。这种运动也逐渐波及了日本，《学习指导要领》在 1958 年的修订版中推出了"系统学习"，1968 年的修订版中也有一定的体现，中小学课程呈现出高密度的安排，被称为"现代化课程体系"。

20 世纪 60 年代日本社会经济逐渐进入高度增长期，随着国民收入水平的提高和学龄儿童学生的数量激增，中、高等教育的升学者快速增加，学校教育规模相应扩大。随着教育量的扩大，质的提高又成为学校教育的重要课题。1968 年《学习指导要领》再次全面修订，力图在复杂激烈变化的社会中实现学校教育课程的精选化、结构化，让学生习得基本的知识和技能。另外，为了适应各地和各学校的实际教学情况，相对放宽了对学校教育的管制，以灵活应对新的时代。但由于当时还缺乏课程管理方面的相关研究，所以没有具体的程序和方法方面的参考事项，只是特别强调了需要"由下至上的力量"进行民主化解放，非常期待现实中的"对话"。

另外，20 世纪 60 年代后期，在美国"教学保障"和"耐教师性（teacher-proof）"成为流行词汇，意指"无论哪位教师来教都没有问题"。具体来说，在倡导教学内容的现代化，开发新的教学内容和教材的同时，也开发相关的教学指导程序并形成指导手册。这种观点认为不论哪位教师，只要按照既定的科学程序进行教学指导，学习效果就一定会得到提高。日本当时各地先后设立的教育中心和大学的教育技术学中心，十分盛行采纳这种技术化指导手册。进入 70 年代后，学校用预先准备好的教育器械推进教学的事例也比比皆是。

（三）学校教育病理的显现与"宽松"教育的提出

在即将进入 20 世纪 70 年代时，日本学校教育已经取得了长足进步，为现代国家的成长和发展起到了重要作用，但在新学制建立后不论在教育制度方面还是内容方面也出现了很多问题。从 20 世纪 60 年代中期开始，日本在经济高速发展期引发的种种社会矛盾，导致学生也出现多种不良行为，尤其是都市里的孩子受到物质环境的影响，加之没有恰当的社会保护体系跟进，学生的暴行显著增加。进入 70 年代后，"学历社会""病态学力"问题显现。不久之后，日本受石油危机的影响，经济高速发展有所放缓，经济高速发展期政策激发的各种矛盾更加严峻。科技的快速革新和社会的复杂性，也要求重新检视日本学校教育的过去成就，澄清潜在问题，制定改进措施。

20 世纪 70 年代日本的教育改革动向以终身教育论为主轴，在信息化、国际化、城市化、高学历社会当中，反省了之前过于物质化和经济化的倾向，力图实现教育和学校的人性化。在修订 1977 年版《学习指导要领》时，教育界反思了之前经济高速发展时期对学生的灌输教育模式，吸取了之前义务教育阶段学习内容过多过难的教训，希望严选教育内容、减轻学生学习负担。新修订的《学习指导要领》提出"培养具有丰富人性的青少年""营造宽松且充实的学校生活""重视学生的个性与能力的发展"三个总教育目标，"宽松"教育的说法开始出现。1977 年版的《学习指导要领》的特色，就在于仅对学习内容提纲挈领，尊重各学校在编制与实施教育课程方面的自主性，希望改变无视个性的形式化平等。

但是，20 世纪 70 年代高中和大学入学率的攀升加重了学生的应试竞争，特别是在高中升大学采用共通考试后，强化了基于《学习指导要领》的教科书知识（所谓"制度性知识"）的考核。这种情况令学校的教育内容更加封闭，限制了学校的课程开发空间。根据"全国联合小学校长会"1982 年 9 月的调查，"能够基于学生实际状态的调查结果，从更广阔的视角设定学校、学年的目标并编制、实施相关课程"的小学仅占整体的 15%。[①] 也就是说尽管新的课程标准意图给予学校自主开发课程的空间，但实际上强调既宽松又充实的新课程反而让学校教育一线一时陷入迷茫。

进入 80 年代后，日本在"核心家庭"化和城市化发展的背景下，社会连带意识缺失，家庭教育能力弱化，以及由于第二次生育潮带来的大规模学校增加，应试竞争呈现低龄化，校园暴力、欺侮现象、拒绝上学等所谓的学校教育的荒废等问题日益突出，在相当长一段时期内未能消减。学校长期具有

---

①　全国連合小学校長会. 教育課程の評価と実施上の問題点に関する調査［R］. 東京：全国連合小学校長会，1982.

的"甄别和分配"的功能，在高度工业化社会中作为经济社会和国家政策的一环而一贯存在，这虽然并非学校和教师的原始目的，但也不能否定学校自身也有迎合的一面，以考试为中心、采取测试主义等来维持这种功能。因此，20世纪60年代末到80年代日本教育政策的最大课题之一，就是如何矫正经济高速发展影响下过度"追求物质"的人性扭曲，以及教育对儿童成长形成的负面效应。

三、教师队伍情况

1949年《教育职员资格法》和《教育公务员特例法》颁布，确定了教师的身份与地位，日本在大学的教师开放制培养正式起步。虽然在一段时期内还存在教师数量不足的问题，但在战后确立的民主化教育体制中，教师群体与战前相比发生了根本性的变化。

（一）教师身份待遇的确定与战后初期教师严重不足

1947年颁布的日本《教育基本法》指出，"法律所承认的学校是具有公共性质的，因此，除国家或者是地方公共团体外，只有法律所规定的法人才能开办学校。法律所承认的学校的教师都是为全体国民服务的，教师要自觉地对待自己的使命并努力完成自己的责任"，"教育应该对全体国民负责，不服从不当的支配"，为此，教师身份应该受到重视，给予他们适当的待遇。[①] 该法规定了学校教育的性质并对教师提出了要求，否定了战前的教师培养。

随着日本教育行政的民主化和地方分权化，公立学校教职员的身份和待遇也发生了划时代的变革。1947年，"教刷委"建议确立《教员身份法案》。1948年3月《关于政府职员薪俸的法律》颁布实施，提出了根据付出的劳动对等赋予薪酬的概念。考虑到教师工作的特殊性，而教师工作时间难以单纯测定，且是劳动强度较大的工作，所以给予教师比一般公务员更优厚的待遇。公立义务教育的各学校教师的薪资发放由都道府县负责，其中一半财政支出由国库承担。此后在全面进行的公务员制度改革中，考虑到教育职员的职务和责任的特殊性，1949年1月公布了《教育公务员特例法》，规定教师的身份为一种特殊的公务员。

---

① 陈君. 日本教师职前培养模式转型研究 [M]. 石家庄：河北教育出版社，2016：95.

战后不久的日本中小学，不仅校舍被烧毁、损坏，还面临着教师数量严重不足和有大量无资格教师的问题。战争末期，部分教师被征召入伍，就已导致了教师的不足。战败导致的价值观的倒错和社会生活的混乱，让许多教师选择辞职。战后随着新学制的实施，对教师的需求又急剧增大。据统计，1948 年时约 26 万的小学教职员承担了约 43 万人的工作量。当时全国 29 岁以下的小学教师约占 40%，并且大部分为女性，其中还有许多不具备教师资格的教师和没有接受过专业教育的教师，学校运行方面的人力、物力、财力严重不足。① 特别是在北海道、东北等边远地区，甚至出现了所谓的"豆训导（小老师）"，即让国民学校高等科的毕业生站上讲台。同时，在日本被占领管制的状态下，GHQ 又进行了对教育工作者的资格审查，严格驱逐教职队伍中的不合格人员。教育界在巨大的不安中走上新教育的道路。

根据 1949 年《教育职员资格法》的规定，从 1952 年开始所有从事教师职业的人必须具有教师资格证。但在 1950 年，相当于助理教师的人数仍约占全体教师的四分之一，其中近七成是女性。很多学校缺乏骨干教师，教师队伍结构极不合理，教师不足的状况严峻。文部省为了能早日将教师养成类大学的毕业生送到中小学教育一线，除四年制教师培养课程之外，还设置了两年制速成课程，并认可、资助都道府县开设临时教师养成所。同时，针对在职教师有计划地实施在职教育，都道府县的教委积极推行教师资格的认定讲习。从 1951 年 3 月开始，教师养成类大学、学部的二年制速成课程毕业生开始进入教师队伍。

（二）教师数量不足问题的消解与教师队伍内部结构失衡

1949 年日本战后教师培养体制基本确立后，大学的开放制教师培养教育逐渐走向正轨。随着新制大学毕业生走向工作岗位，以及教师在职教育的推进，战后混乱期的教师供求问题有所缓解。1952 年时，助理教师在小学占 20.7%，在初中占 9.2%；到 1965 年时，助理教师在小学只占 2.0%，在初中占 0.5%。② 虽然还未能完全消解无资格教师的现象，但行政方面一直通过教

---

① 文部省調査普及局. 日本における教育改革の進展 [R]. 文部時報，1950：83.
② 綜合教育政策局調査企画課. 学校基本調査（昭和 29 年度）[R]. 東京：文部科学省，1954. 文部省. 学校基本調査報告書 [R]. 1953.

师的在职教育不断努力提升教师的资质能力。

20 世纪 60 年代中期，二年制的教师速成课程被废止。从 60 年代中期开始到 80 年代后期，教师数量进入稳定增长期，每年进入教师养成类大学的人数基本上稳步增加，到 1985 年以后教师培养课程的入学人数才开始快速下降。① 教师队伍人数之所以不断增长，除了人口高峰期的到来之外，还有班级编制改变、教师配置率提高等原因。在 1965 年小学教师具有本科学历的只有16.9%，初中教师为 44.2%。到 1977 年时，在小学具有本科学历的教师比例就达到了 42.2%，初中教师为 62.7%。公立学校正式教师中，具有普通教师资格证者在 1950 年时还仅为在小学教师中占 49.7%，在初中教师中占77.4%；到 1981 年时小学就达到了 98.4%，初中为 99.8%。②

在 20 世纪 60 年代中期以后，虽然整体来看教师数量不足的问题得到了一定的缓解，但从不同学段和不同地区来看，中小学教师队伍仍然大体上存在着教师年龄层次过于集中、男女教师比例失衡以及教师质量不足这三种问题。在人口密集的地区，由于学生数量快速增加，新录用的年轻教师较多，教师队伍年龄两极分化。而且，小学男女教师比例失衡问题几乎在所有的地区（特别是在人口密集的城市）都存在，20 世纪 60 年代后期开始女教师的数量就已超过男教师。这种教师队伍结构对当时学校的教育教学活动和校务管理等产生了复杂的影响。教师质量不足是学校内部教师配置不够均衡而导致的隐性不足，主要因为小学缺乏专科教师，初中教师的法定人数也无法让各学科具有充足的专业教师，许多教师不得不承担二门学科以上的教学工作。③ 另外，学校内部缺乏足够的行政人员，导致教师日常工作负担过重，而产生教师数量不足的问题。

因此，20 世纪 60 年代中期以后，学校教师虽然有了数量上的基本保障，但在学校内部却存在着年轻新教师与临近退休的老教师数量庞大、缺乏中坚教师引领的结构失衡问题，以及缺乏专科教师、事务工作繁重等教师隐性不足的问题，等等。

---

① 油布佐和子. 転換期の教師 [M]. 東京: 放送大学教育振興会，2007: 130.
② 中留武昭. 戦後学校経営の軌跡と課題 [M]. 東京: 教育開発研究所，1984: 345.
③ 神奈川県教育センター. 学校経営の諸問題に関する調査報告書 [R]. 横浜: 神奈川県教育センター，1971.

（三）战后教师结成的专业性组织与劳动工会组织

根据日本战后的《宪法》和《教育基本法》，教师有结成劳动者组织的基本自由。私立学校教师的公共职责与公立学校教师相同，在劳动基本权方面要比公立学校教师自由度更高。日本教师群体为促进专业发展和保障自身权益，在战后缔结了多种团体组织，大致可以分为研究会等专业组织和工会等劳动组织两大类。

这一时期成立的比较有代表性的教师专业组织是 1951 年 4 月成立的拥有约 82 000 名会员的"日本教育联盟"，这是自 1948 年日本教育会解散后，首次成立的全国性教职员专业组织。在战后成立的极具影响力的教师劳动工会性组织是"日本教职员组合"。1947 年 6 月，教师团体为了在战后混乱的社会经济生活中保护自身，由全日本教员组合协议会（全教协）、教员组合全国联盟（教全联）、全国大学高专教职员组合，统一合并成立了有约 55 万名会员的全国性教师组织"日本教职员组合"（以下简称"日教组"）。1958 年"日教组"的规模达到巅峰，全国超过 8 成的教师都是"日教组"的成员。"日教组"成立的主要目的是"谋求提高成员的经济、社会、政治地位，致力于教育及研究的民主化，建设文化国家"。为实现这一目的，"日教组"的活动目标是维持和改善教职工的待遇及劳动条件，建设民主教育。实际上"日教组"既是教师的工会组织，也是日本著名的左翼组织，发起了很多反对文部省教育政策的斗争活动，具有巨大的政治影响力。

第二节

教师教育大学化时期的日本职前教师教育思想

一、战后教师教育制度重建期的日本职前教师教育思想

二战后日本的教育改革从根本上改变了教育理念和教育制度，在反思战前教师"封闭式培养"制度的基础上，确立了战后教师培养的两大原则，即"由大学培养教师"和"资格证书的开放制"。1949 年 5 月 31 日，日本公布

《国立大学设置法》，同日还公布了《教育职员资格法》及具体实施法则，标志着日本战后在新教育制度下开启了新的教师培养。旧师范学校重新整编为 7 所学艺大学、19 个学艺学部、18 个教育学部。府县内旧制高校根据情况整编为"文理学部""人文学部"，旧师范整编为"教育学部"，其他整编为"学艺学部"。①

（一）教育刷新委员会关于教师由大学开放制培养的构想

教育刷新委员会在日本战后教育改革过程中发挥了重要作用，其前身是为协助美国教育使节团而设置的日本方面的教育专家委员会。"教刷委"探讨教师教育改革的原点是对战前师范教育的批判，在否定战前孕育出了师范型教师的旧师范教育方面，各教育专家委员基本达成一致。但由于各委员的社会立场和学术观、教育观的差异，批判旧师范教育的视角和着力点有着微妙的不同，对于战后日本的教师教育应如何开展也持有不同的见解。

1. 教育刷新委员会确立战后教师培养制度原点的"三次建议"

1946 年到 1949 年期间，教育刷新委员会内部针对"对于教师来说必要的素养是什么，怎样培养？""是否需要为培养教师设置特定的教育机构？"等问题展开了激烈的争论，主要分为三方代表性的观点：一方主张教师需要具备特别的素养，所以需要特设以教师培养为主要目的的大学；一方主张教师不需要具有特别素养，没有必要特意设立专门培养教师的大学；还有持两者之间折中观点的一方。"教刷委"经过一系列讨论，先后三次提出了关于教师培养教育的建议。

1946 年 12 月 27 日在第十七次总会上，"教刷委"提出了第一个关于教师培养的建议，即"在综合大学及单科大学中设置教育学科进行教师培养"。一方面让教师培养在尊崇学术的大学进行，即"大学培养教师"，一方面由教育学科培养作为教师所需的特殊素养。不设置只以教师培养为单纯目的的大学、学部，表明"基于开放制培养教师"的理念。② 1947 年 11 月 6 日，"教刷委"又提出了第二个关于教师培养的建议，即"小学、初中的教师应主要从下者

---

① 新堀通也. 教員養成の再検討 [M]. 東京：教育開発研究所，1986：42.
② 新堀通也. 教員養成の再検討 [M]. 東京：教育開発研究所，1986：39.

当中录用：一是在培养教育者为主的学艺大学已完成学业者或毕业生；二是综合大学及单科大学的毕业生，并已履修成为教师的必修课程者"。与第一次建议的不同之处在于，虽然仍然坚持在大学培养教师的原则，但否定了之前完全不准备设置以培养教师为主要目的的单科大学、学部的观点，实质上认为可以有主要培养教师的学艺大学存在。第三个建议是 1948 年 7 月 26 日提出的"在各都道府县的综合性大学必须设置学艺学部或文理学部，兼顾教师培养"。① 这次建议中与第二次建议相比，不但认可了以培养教师为主的学艺大学可以存在，还进一步建议在一些综合性大学中"必须"设置专门培养教师的学部。

　　"教刷委"的这三条建议，整体都体现了在"开放制培养"的前提下"由大学培养教师"的基本理念，基本确立了作为战后教师培养制度原点的原理、原则。虽然教师培养的基本原则已确立，但具体的问题却不可能都迎刃而解。战后初中被纳入义务教育后，初中教师的需求量激增，教师培养迫切需要对此做出回应，另外之前的师范学校应该如何转型的问题也迫在眉睫。因此，在"教刷委"三条建议中有细节的出入，主要是理想与现实的差距造成的。

　　最开始，"教刷委"围绕教师培养理念得出的是理论性的结论。"教刷委"中的专家学者，在关于重视教师的教育专业性素养还是学术性素养之间的争论中，重视教师学术性素养、认为没有必要特意设立专门培养教师的大学的一方取得了胜利，强调要在"综合大学及单科大学中进行教师培养"，不能像战前一样只能由专门的师范学校培养教师。但随着学制改革的推行，日本不得不面对短时间内需求大量教师的问题。既要保障教师的供给数量，又要保证必须在大学培养教师，如果只依靠在综合性大学等机构设置教育学科培养教师，无法满足客观现实的需求。此外，战前的师范学校如何进行改制也是一个现实的问题，需要考虑是否要新设教育大学或者学艺大学，让战前的师范学校或专业学校也适当朝这一方向转型，在避免重蹈战前教师培养教

---

① 向山浩子. 教職の専門性：教員養成改革論の再検討 [M]. 東京：明治図書出版，1987：112-113.

育覆辙的同时开展教师培养。所以，最终教师供需问题作为一个重要契机，让设置学艺大学成为教师培养的一个折中方案。"教刷委"也是在上述问题的探讨过程中，通过第二条和第三条建议，对如何在大学培养教师做出了调整性补充。

战前日本的教师培养、教师资格制度的根本机制在于，通过师范学校教育制度来确保教师的质量，再通过教师检定制度确保教师的数量。在日本战后教育改革中，重新创设教师培养制度时，必须从统一把握教师质量和数量的角度综合考虑问题，所以最终在政策主体设计者立场意识下，采取了多样化高等教育机构培养教师的路线方式。[①]

2. 教育刷新委员会中各方对教师素养培育的不同见解

在"教刷委"中，重视教育素养的原教师培养机构派系的委员和重视一般学术素养的旧帝国大学派的委员之间基本意见相违，在探讨具体问题时各方的观点更加错综复杂，先后出现了不同版本的教师教育制度方案。

"教刷委"为探讨教师教育的具体问题，特意设置了第八特别委员会（以下简称"第八特委"）。在第三十次总会上，"第八特委"提交了关于教师教育的中期报告，但该报告受到了总会严厉的批判。该报告提案"中小学校的教师培养在综合大学的教育学部、综合大学以及单科大学的教育学科、'以培养国民人文素养为主的大学'即学艺大学，或教育大学中进行"。"教刷委"的总会认为，该报告提案中所说的"教育大学、学部"违背了之前提出的教师培养的原则，但二者都认为教师需要具有高度的人文素养，在这一方面达成了共识。[②] 所以，后来构想的学艺大学与教育大学有相通之处，带有一种妥协方案的性质。

（1）重视培养教师的教育素养的代表性观点

重视教师的教育素养的学者，认为需要在教师培养中进行有别于其他学科专业的特别教育，也一般对设置专门培养教师的教育机构持肯定态度。在"教刷委"中持有这一观点的多是原教师培养机构派系的委员，代表人物有城

---

① 向山浩子. 教職の専門性：教員養成改革論の再検討 [M]. 東京：明治図書出版，1987：115.

② 新堀通也. 教員養成の再検討 [M]. 東京：教育開発研究所，1986：40.

户幡太郎、仓桥惣三等。

城户幡太郎认为战后幼儿园、国民学校、初中、高中的教师必须在大学培养，这是新教师教育制度的基本原则，但需要进一步考虑在实施中会出现的各种问题。

首先，城户幡太郎认为需要考虑每年的大学毕业生是否能够满足必要的教师需求数量。作为吸引大学生进入教师行业的方式手段，虽然也可以采取给予选择教师职业的大学生补助的制度，但这种补助制度会关涉这部分大学生"毕业后的工作义务""束缚选择职业自由"等问题。因此，城户幡太郎不建议采取补助制度，而是最好"扩充奖学金制度"，"改善教师待遇，让教师生活更有吸引力"。[①]

其次，城户幡太郎不赞成采取接受两年教师培养教育就可以获取幼儿园教师和小学教师资格的做法。因为，这会让人联想认为"相对初中和高中教师来说幼儿园和小学教师素养程度可以略低"。实际上越是低学段的教师越有必要相应了解儿童在幼儿阶段"身心发展与个性特点"，"需要对幼儿和少年儿童的教育进行特别的研究学习"。[②]

最后，城户幡太郎认为"教刷委"的方案中关于"大学教育学科"和"以培养教育者为主要目的的学艺大学"的表述存在问题，实际上是不认可设置"教育学部"的一种表现，是站在"日本师范教育史"角度的一种矫枉过正的偏见。城户指出这是缘于将"教育研究"和"培养教师"两者混为一谈了。[③]

因此，城户幡太郎主张"从到底应该如何编制教师培养课程、如何建设大学组织的角度，考虑以教育研究和教师培养为目的的大学教育该如何进行"。城户幡太郎具体建议：第一，"可以在综合大学设置以教育研究为主要目的的教育学科，在普通大学开设培养教职员（包括教师及教育行政人员）的教师培养课程，学生可以自由选择"。第二，"开设以教育研究和教师培养为主要目的的教育学部"。第三，"开设以教育研究和教师培养为目的的独立

① 山田昇. 戦後日本教員養成史研究 ［M］. 東京：風間書房，1994：337.
② 山田昇. 戦後日本教員養成史研究 ［M］. 東京：風間書房，1994：337-338.
③ 山田昇. 戦後日本教員養成史研究 ［M］. 東京：風間書房，1994：338.

性大学"，"设有教师培养课程的大学必须有能够进行教育实习的附属实验学校，并协同设立教育研究所"。第四，"可将现行的教师培养机构一律废弃，再根据需要重新开设新制大学或教育学部"，"并非将学校名头改头换面就完成了改革，要编制新大学的学科课程并组建起相应的教师队伍才是真正的改革"。第五，"师范学校升格为专业学校后实际上多有不便"，"以培养教师为主要目的的大学应归属当地教育委员会管理"。① 城户幡太郎提案的根本理念在于，本应对教师培养有很大辅助作用的教育研究工作在当时还有诸多不够充实之处，仍有很多课题值得探讨。

仓桥惣三从"让教师作为文化从业者获取职业满足""培养教师成为教育行业专家"的角度，同样也赞成设置专门培养教师和进行教育研究的新制教育大学或教育学部。

仓桥惣三一直比较关注教师职业的吸引力。仓桥认为，"真正的教师应该是在学校能够乐在其中的人。但是，实际问题是我们很难等到这样的人出现"。"因此，不论是社会还是国家，只能去拜托一些人去承担教师工作"，"那么也必须有一些人去替国家或社会做这些拜托的工作"，"有礼有节地充分明确承担教师工作后，社会将会以何为报"，"教师如果不能获得稳定的生活和社会的回报，也很难踏实下来"。② 关于如何吸引优秀的人才从事教师职业，仓桥认为，教师是"与其他职业相比，对文化追求较高的群体"，"教师资格标准中要求大学学历这一条，既有对学力的考虑，也有达到一定学历水平才能作为一名能真正理解教育的教师享受文化生活的原因"。即仓桥认为教师是一种"文化从业者"，首先应将文化爱好者吸引进入教师行业，其次需要从"精神报偿"的角度满足教师的文化心理需求。

对于教师职前培养的问题，仓桥惣三在批判战前师范教育的基础上提出"尽管我们深知师范学校的弊害，绝不想再重复这样的错误，但我们也知道师范学校培养了许多值得尊敬的、了不起的教育者"。仓桥进一步论证指出，如果认为应该"将教师培养成为教育行业的专家"，那么"只有教育理论或只有

① 山田昇. 戦後日本教員養成史研究 [M]. 東京：風間書房，1994：338-339.
② 山田昇. 戦後日本教員養成史研究 [M]. 東京：風間書房，1994：339.

教学技巧的人都不可能成为优秀的教师，光有学术修养的教育外行也不可能直接变成好教师"。① 因此，仓桥惣三认为如果不能培养"教师具备应有的能力"，那就"难以有推动新教育的力量"，这种能力就是关于教育的学识。② 基于此，仓桥主张"必须认真地踏实地编制好教育类课程。只要教育类课程有存在的必要，就需要专门研究教育的教育学部以及教育大学"③。换言之，仓桥也与城户幡太郎一样，认为需要设置教育学部或教育大学，以兼顾研究教育和培养教师的功能，这在培育教师的教育素养方面至关重要。

（2）重视培养教师一般学术素养的代表性观点

与认为教师必须具有教育专业知识技能的立场相对，"教刷委"的主流思想是"教师并不需要什么特殊的知识技能，相对而言具备一定的学识和人文素养更为重要"。"教刷委"中以天野贞祐为代表的多数委员认为，只要是学问人品俱佳的人就堪当教师之职，这也构成了"教刷委"的教师教育思想基调。

天野贞祐战前为京都帝大教授，战后曾在 1950 年到 1952 年担任文部大臣。在战后日本制定新教师培养制度时，天野贞祐作为"教刷委"的第一特别委员会、第五特别委员会、第八特别委员会的成员，先后出席了七十多次会议，在"教刷委"中发挥了重大影响力。④ 天野贞祐在公开发表的《教育试论》中，明确表示"反对设置培养教师的特殊机构"，因为"将有志于成为教育者的人齐聚在一起进行教育培养，绝对难以培养出优秀的教育者。莫不如从普通大学毕业生中录用有志之士，才能得到视野开阔的优秀教师"。⑤ 天野贞祐之所以持有这样的观点，与他的"教育者只要人品诚实、富有学识就足够了"这一教师观和教师素养观有直接关系。⑥

关于教师的教育学方面的素养，天野认为"在教学法等方面可以各自下

① 山田昇. 戦後日本教員養成史研究［M］. 東京：風間書房，1994：339-340.
② 新堀通也. 教員養成の再検討［M］. 東京：教育開発研究所，1986：38.
③ 山田昇. 戦後日本教員養成史研究［M］. 東京：風間書房，1994：340.
④ 慶應義塾大学文学部教育学専攻山本研究会. 日本近代教員養成史研究：制度・資格・階層・人物・思想の視点から［R］. 山本ゼミ共同研究報告書，2014：132.
⑤ 山田昇. 戦後日本教員養成史研究［M］. 東京：風間書房，1994：344.
⑥ 新堀通也. 教員養成の再検討［M］. 東京：教育開発研究所，1986：39.

功夫，每人都应该有自己独特的教学法。教学法既不是能习得的也不是能教授的东西，只能在教学实践中独自领悟、独自创造。即便学习教育学和教学法等对于教育者来说是有益的，说到底也是退而求其次的途径"。天野通过上述内容提出在教师职前培养阶段教育学相关科目的"无用性"，并进一步论述为何只要重视培养教师的学术性、通识性素养即可。"一般来说要想了解别人的精神状态，学习像哲学、历史这样能有意识地整体把握事物全貌的学问，比较有益处。教育者在正常专业学习之外，如果有必要再进行一些其他学习，我认为莫过于再学一些哲学、历史和文学。"①

但"教刷委"的渡边铸藏等委员，对天野贞祐"从普通大学中直接录用教师即可"这一主张表示反对，指出从教师的待遇等方面考虑，教育界很难直接吸引大量的大学毕业生从事教师职业。这些委员认为在探讨教育改革时，要否定的不应是战前特定的师范大学，而是要意识到此前国家的教师教育方针产生了问题。为了确保教师的供给数量，天野在"教刷委"的讨论中也不得不面对现实，妥协认可设立学艺大学。天野贞祐补充阐述说，在是否应设立教师培养特殊机构这两种主张之间的争论中，设立学艺大学属于一种折中方案，让职前教师习得教育技能只是一种让步。从天野贞祐和"教刷委"的主要论调来看，在战后教师培养制度的改革过程中，教师教育思想中仍有脱离教育本质的苗头。

（3）主张综合培养教师的教育素养和一般学术素养的代表性观点

"教刷委"的务台理作等委员，则希望能统一把握教师的一般学术素养和教育素养。务台理作提出"是否教师的一般学术素养和教育素养一定要截然分开？"的问题，主张"从相近之处出发，多考虑二者之间的共通之处"。他在强调教师需要具备一般学术素养的同时，也认为要想实现"教育技术化"有必要进行"作为教师的训练"。所谓"教育技术化"是指"教育要更加内容丰富化或者科学化"，培养人也需要技术，有必要"从积极意义上将教育向技术转化"。②

---

① 山田昇. 戦後日本教員養成史研究［M］. 東京：風間書房，1994：344.
② 新堀通也. 教員養成の再検討［M］. 東京：教育開発研究所，1986：39.

在"教刷委"第一次建议中就提出"在综合大学及单科大学设置教育学科"的构想。1947 年 3 月 13 日"第八特委"的第一次会议上，务台理作在谈到"教育学科"时首先确认了如下内容："在大学培养教师，不是在大学随便教教就行，而是必须严格培育作为教师应有的素养。这种作为教师应有的素养课程用'教育学科'这一词汇来表达，绝不是设置一两个学分的教育学科目就可以的事情。"在之后提出教育学部方案时，务台理作又反复有如下说明："成为教师必须履修教育学科课程系列。作为教育的学科内容，教育学自是不必说，心理学、教育心理学或社会学等方面内容也要涉及。另外，在教育学科中自然也必须考虑实习的问题。"

务台理作的提议内容，在"教刷委"中基本毫无异议地通过。在"教刷委"的第二次建议中，将"教育学科"替换为了"履修成为教师的必修课程"。本来在"第八特委"原来的提案中用的是"兼修成为教师的必修课程"这一表述，但在 1947 年 5 月"教刷委"的总会上，会长南原繁认为在教师培养中"教育学科"相当重要，"兼修"这一词汇反而有轻视的语感，最终修订为"履修成为教师的必修课程"，以示相当重视。①

（二）作为战后教师教育制度"催生者"的玖村敏雄的教师教育思想

玖村敏雄在战前作为师范学校的第二期学生曾在广岛高等师范学校执教，1944 年 10 月开始作为文部省教学官在国民教育局工作，1946 年 5 月担任学校教育局师范教育科长，1949 年成为大学学术局教职员养成科科长。在战后日本民主教师培养制度改革中，作为排头兵的玖村敏雄是实质性地推进教师培养制度和教师资格制度确立的"催生者"，不仅要协调"教刷委"、CIE 和文部省的关系，还要通过民主化程序具体化执行各方意图。② 因此，他的判断与决断也在改革中发挥了重要作用，他本身的课题意识和教师教育思想也不可忽视。

1. 玖村关于"教师资格的开放性与合理性"的论述

在制定教师培养制度时，需要先进行新制大学的整体规划和确定教师资

---

① 向山浩子. 教職の専門性：教員養成改革論の再検討 [M]. 東京：明治図書出版，1987：122-124.

② 山田昇. 戦後日本教員養成史研究 [M]. 東京：風間書房，1994：307.

格标准。新制大学方面的问题，由大学设置委员会讨论。在确立教师资格标准方面，玖村所在的事务局则需要在日本的"教刷委"和美国的民间信息教育局（CIE）之间斡旋。

玖村在新教师教育制度施行后，在《教育职员资格法同法施行法解说》中，从"民主立法""确立教师为专业从业人员""尊重学校教育""教师资格的开放性与合理性""重视在职教育"五个角度，对《教育职员资格法》的立法精神进行了解说。玖村所提及的"教师资格的开放性与合理性""确立教师为专业从业人员"，是日本《教育职员资格法》的基本精神。

玖村敏雄阐述说"在大学培养教师""否认学校间差异"的开放性、"规定毕业条件的同时排除特权"是新"教师资格法"的根本理念。同时，"否认学校间差异"也不是单纯的"无选择"。对于想要获取教师资格的个人来说，必须满足既定的资格条件。教师资格标准要保障教师具有作为专业从业人员的资质。因此，玖村敏雄认为在开放性的"大学培养教师"的前提下，以资格证书主义确保教师职业成为专业性行业，是新教师资格制度的基本理念。

2. 玖村关于"大学培养教师"是让教师成长为教育专家的路径的论述

玖村认为"战后在大学培养教师，从形式上来说是一个重要的变革"，"大学被赋予了自主编制课程、培养优秀教师的自由与责任"，期待着大学"从原来主要着眼于'教什么（What to teach）'到'怎么教（How to teach）'相比，能够投入更多的精力到'怎么学或怎么研究（How to learn or study）'方面，培养出更多具有广阔视野和深厚素养的教育专家来"。此外，玖村在阐述《教育职员资格法》的立法精神时也提到，期待能通过大学教育"让教师成为具有高深素养的人，通过深度的专业研究，塑造出有特色的个性"。①

玖村希望"职前教师在大学这样一个对未来有多种期待的、百家争鸣的教育场所接受通识性教育，与其他学生共同学习学科专业，尽可能地与其他学生共用图书馆、宿舍、活动室和运动场等，参加丰富多彩的校园活动，在

---

① 山田昇. 戦後日本教員養成史研究［M］. 東京：風間書房，1994：309.

这些生活共同体中磨炼性格品质"，同时履修自己的教职专业学科。同时，玖村也担心如果只设置学艺学部和教育学部的单一性学艺大学，"难以从传统悠久的旧师范教育中破茧重生"，是否能"自由地开拓出一个豁达的大学教育"是一个重要问题。① 因此他特别强调，"培养教师的大学除了有教师培养课程之外，在其他方面不应与其他大学有任何差异"。②

3. 玖村关于履修教育素养课程是教师专业性重要保障的论述

玖村敏雄明确指出，"所有的教育职员都应是专业人员，作为专业人员应具有特别素养"。"如果教育是一般行业，只要具有人文素养和学科专业知识的人就可以从事教师职业的话，那也就没有制定教师资格制度的必要了"。③ 因此，在职前教师培养阶段，玖村敏雄非常重视如何设置养成职前教师教育素养的教育类相关课程，认为履修教育素养课程是教师专业性的重要保障。"如果能普遍确立起教师是专业人员这一观念的话，那么就会消除原来因觉得幼儿园和小学的教育对象较为幼稚，所以幼儿园和小学教师是专业程度较低的职业这一迷思了，每个人都可以按照自己的兴趣和个性特点自由选择教育职业，让人材能够得其所用地分配到各个教育学段。"④

玖村指出，在轻视教育素养的人当中，有相当一部分是那些鼓吹"天赋至上的人"，认为自古以来一些伟大的教育家也没有专门修习过什么教育素养课程，这种论调当中天然存在的"贵族性"正是问题所在。"虽然也可以通过不断试错实现教师成长，但是从受教育者的角度来看，教师在教育过程中的试错是一种伤害，需要极力避免与减少这样的伤害。"⑤ 玖村认为"教刷委"轻视教育类相关课程。"教育刷新委员会并未像美国方面那么重视教育学学科的比重"。⑥ 以玖村为首的事务局，在"教刷委"和 CIE 两者之间通过协调折中，在制定教师资格标准时，最后确定培养幼儿园和小学教师四年期间的教育类相关课程为 25 学分，培养初中和高中教师四年期间的教育类相关课程为

---

① 山田昇. 戦後日本教員養成史研究［M］. 東京：風間書房，1994：316-317.
② 山田昇. 戦後日本教員養成史研究［M］. 東京：風間書房，1994：321.
③ 山田昇. 戦後日本教員養成史研究［M］. 東京：風間書房，1994：315.
④ 山田昇. 戦後日本教員養成史研究［M］. 東京：風間書房，1994：315.
⑤ 山田昇. 戦後日本教員養成史研究［M］. 東京：風間書房，1994：315.
⑥ 山田昇. 戦後日本教員養成史研究［M］. 東京：風間書房，1994：313.

20 学分。这一商榷后的结果并未获得以"教刷委"为代表的"轻视教育类相关课程"一方的认同，只是在其十分不满的情况下，姑且由文部省和 CIE 全权处理了。① 这也从侧面证明，战后之初，玖村敏雄关于"教育素养课程是保障教师专业性的重要课程"这一思想，距离达成普遍共识还有相当大的难度。此后，在日本教师职前培养教育中，关于教育类相关课程的意义以及实质性的教育内容等，也成为一个长期不断被探讨的课题。

4. 玖村关于教师在职教育要有自由、自主空间的论述

关于"在职教育在教师教育中的功能地位"，玖村认为"教师需要坚持不懈地进行研修，不断自我提升"。但玖村批判"以更高层级的资格证书作为诱饵要求教师进行研修，是一种以利益引诱教师的下策，甚至会让教师降低品味，为了研修学分忽视教学、疲于奔命"。②

玖村敏雄对教师在职教育的根本方向提出了五点理念。第一，教师在职教育中要有建设"民主、文化国家"的国家理想，指向"树立坚定不移的教育理想和恢复对民族文化素养的自尊心"。第二，建设教师在职教育的新学风。"思索教育理念、观念等精致的事情当然也很重要，但因为教育是以现实当中不断成长发展的人为对象，所以不能单方面将被教育者的发展和社会环境割裂开来。"因此，对教育现象的"现实性、科学性观察和实验、统计实证不可或缺"，关于少年儿童、环境和方法等方面的调查研究尤为重要。第三，各地区和学校、教师以及学生都要有各自发挥"自由创意"的空间，一定要将整齐划一的形式主义彻底抛除。这样一来，"教师才会觉得有发挥实力的空间，有努力的价值，教育成果会给予教师极大的推动力，更有利于建设有特色的学校或班级"。第四，必须进行民主化的教育管理，"在一些范围内承认学生的自治"。"教师可以光明正大地表述自己的思想，也倾听他人的意见，学校管理方面也能乐于接受大多数正当意见。"而且，"要在能够指导、劝导和教导的前提下，不断扩大学生可以自理自治的范围"。第五，《宪法》《教育基本法》《学校教育法》《学校教育法施行规则》《新学科教程》《学习指导

---

① 山田昇. 戰後日本教員養成史研究 ［M］. 東京：風間書房，1994：313-314.
② 山田昇. 戰後日本教員養成史研究 ［M］. 東京：風間書房，1994：317.

要领》等，都表明了"日本新教育的意图"，勾画出了"彼岸"所在。我们现在所要做的就是必须从"此岸"过渡到"彼岸"去，所以如今才真正需要"有心的教育者救国殉教的精神"。①

（三）教育界学者与教师对战后重构教师教育制度的见解

在新教师教育制度即将出炉的阶段，不仅是在"教刷委"和文部省官员内部有激烈讨论，包括"教刷委"成员在内的相关教育学者等也曾在杂志上展开过"关于教师培养和大学教育的学术研讨会"。其中除了"教刷委"成员的城户幡太郎、仓桥惣三之外，石三次郎、海后宗臣、石山修平等教育一线的教师和学者，也发表了很多值得深思的讨论内容。② 当时讨论的内容并未拘泥于"教刷委"的改革基调，在讨论中所提出的问题基本上都是至今仍需要不断探讨的课题。

与"教刷委"的动向相对，日本教职员组合关于教师培养制度的意见是，"未来的教师培养要符合生动的社会生活要求，应在清新明朗的新制综合大学和教育大学中进行。教育大学能够自觉担负教育重大使命，召集大量立志建设新文化国家、为人类理想做贡献的学生和教师；而将注重培养一般学术素养、无特殊职业指向的学艺大学作为主要的教师培养机构，不得不说是不合适的。对于教师培养来说，在培养学生通识性素养的同时，还要安排修习高度专业化的学科知识，以及有计划地科学培养学生的教育素养"。原东京高等师范学校及文理科大学的同学会"茗溪会"，也提出了"关于设置教育大学的意见书"。③ 可以看出教育界的大多数教师和学者，都支持设置专门培养教师的教育机构。

在"教刷委"中，城户、仓桥等人的意见并未被完全采纳，教育学者的问题意识和所提出的问题也未受到应有的重视。在制定教师教育政策的过程中，如何让各方面专家的专业见解能够充分共享并获取最终的共识，仍值得深思。

---

① 山田昇. 戦後日本教員養成史研究［M］. 東京：風間書房，1994：319.
② 山田昇. 戦後日本教員養成史研究［M］. 東京：風間書房，1994：337.
③ 新堀通也. 教員養成の再検討［M］. 東京：教育開発研究所，1986：41.

1. 石三次郎关于有必要设置教育大学专门培养教师的见解

石三次郎支持设置专门的教育大学，但与同样主张设置专门培养教师的教育机构的城户幡太郎有所不同。石三次郎批判城户的方案是以大学为主体、"顺便派生性地考虑了一下教师培养"。

石三次郎认为，在教师培养中首要的是"召集有志于成为教师的人"，他们能"认真踏实地思考教育工作，有热情和信念从事教育事业"。在此基础上，石三次郎进而提出，如果一所大学充满了有志于成为教师的人，"这种环境才能让在此学习的人有自豪感，对教育有热情和责任感，真正乐于作为教育者致力于研究和加深素养"。因此，他强烈认为教育大学有存在的必要性，认为"教育大学就应该以教育研究和教师培养为主体，在此求学的人大部分都应以成为教师或在中小学校的管理和组织中发挥一定的功能为目标"。①

针对一些反对像战前一样设置专门培养教师的教育机构的观点，石三次郎首先对战前师范学校存在的问题进行了深刻的反思。他认为战前师范学校存在很多缺陷：其一在于教师处于伦理与经济的夹缝当中，不得不一边拿着微薄的收入一边扮成君子的模样。其二在于"以《教育敕语》为中心贯彻尽忠报国的思想，一味强化军事教育，过于偏狭以至于失去了社会性，人文素养过于僵化"。其三在于师范教育"普遍宣传国家理念和意识形态，用国家机构的政治形态和社会形态去要求个人"。② 石三次郎指出，这是制度之过，是社会之过，不能完全归罪于培养教师的师范学校之过。

因此，石三次郎明确主张"新设教育大学应该以教育研究为本的同时，以一般学术素养和教育素养为两翼去培养优秀教师。教育大学的性质本身就应该与纯粹进行学术研究的大学有所不同"。教育者无论如何都"应该是热爱教育，能够培育出敢于承担责任的人"。③

2. 海后宗臣关于教师培养要注重学术研究、区别于职业教育的见解

海后宗臣赞成在大学培养教师的同时，也支持在大学设立专门的教育学部。海后宗臣指出，教师培养与大学的学术研究之间有相克之处，不只是日

---

① 山田昇. 戦後日本教員養成史研究 [M]. 東京：風間書房，1994：340.
② 山田昇. 戦後日本教員養成史研究 [M]. 東京：風間書房，1994：340.
③ 山田昇. 戦後日本教員養成史研究 [M]. 東京：風間書房，1994：341.

本所特有的问题。海后宗臣认为战后日本在重构教师教育时，"必须把教师培养放在大学教育的合适位置上"，因此有必要"设立教育学部，并附设进行实验、实习的附属学校，同时附设教育研究所进行实证性的教育科学研究"。而且不只是教师，"教育行政人员和视学督导、社会教育指导人员等都需要进行培养，要培养教育相关的所有领域的专家"。

海后宗臣还特别提醒，"大学所进行的不应该是职业教育，需要专注于学术研究"，"拒绝进行职业教育、坚守学术研究的观点是世界各国相通的大学教育观"。而且，海后宗臣不希望不同学段教师在大学的培养年限有所不同，"无论是幼儿园还是高中的教师，都一样需要在教育工作上倾注努力与精力，希望能在低学段配备较为优秀的教师"。①

1951 年 11 月，吉田首相的私人咨询机构"政令改正咨询委员会"曾提交《关于教育制度改革的报告》，其中意图将教师培养矮小化为职业教育，在二到三年制的教育专修大学培养教师，让普通的四年制大学专注于学术研究。甚至提案可以将三年制的高中与二年制或三年制的大学合并，特设为五年制或六年制的教师培养机构，在这样的教育专修大学重点进行教师培养的职业教育。

海后宗臣联合十三名教育学者发表了对《关于教育制度改革的报告》的意见书，对该报告的九条项目中的问题点逐条批判。海后宗臣等人指出，该报告有将教师培养机构复原为战前师范学校的危险，未能认识到教师工作是对知识素养要求极高的专业性工作，无视教师在日本民主化进程中发挥的巨大作用，这与战后教师教育的改革理念背道而驰。针对这一报告，日本教育大学协会（以下简称"教大协"）也提出了严正抗议。"日教组"也向文部大臣上书"关于教育制度改革之事"，提请"不要将教师培养归入职业教育，与普通大学教育相分离，且如若缩短修学年限只会降低社会水平，切勿如此"。都道府县教育长协议会也在 1952 年向文部省建议"不要破坏教师培养四年制的原则。教育内容中要重视教育类科目，加强对教育的基本理解涵养"。② 在

---

① 山田昇. 戦後日本教員養成史研究 [M]. 東京：風間書房，1994：341.
② 新堀通也. 教員養成の再検討 [M]. 東京：教育開発研究所，1986：43-45.

以海后宗臣为代表的教育界的影响下，政府试图违背战后初期拟定的"在大学培养教师"的原则，想将教师教育矮小化为职业教育的改革最终未能成行。

另外，海后宗臣还指出，"让僧侣、教师和医生处于贫困之中，文化是不会得到发展的"，"尊重教育要从尊重教师开始，教师培养问题中最大的课题就在于此"。① 海后宗臣从教师待遇的角度，指出教师职业吸引力会影响教师培养的问题，希望提高教师的经济地位和社会地位，以改善教师教育的困境。

3. 石山修平关于吸引优质生源、提高教师培养质量的见解

石山修平认为，战前日本将职前教师聚在一起施行的师范教育确实应该受到批判，但如果不了解师范教育实际状态，就先入为主一味批判的话则会导致误解和独断。他指出，"师范学校学生读书时，几乎都对教育类的科目不感兴趣，常常把大量的时间和精力投入哲学、科学、艺术和体育等方面"，实际上"在战前的师范学校里'反师范'的氛围很浓"。所以，石山修平认为战前师范教育本身也有丰富的内容，而"教师视野狭窄、素养偏弱，与师范生的素质较低有关"。② 战前的师范学校虽然最初也有部分素质较高的师范生，但后来每况愈下。

石山修平在分析战前师范教育情况的基础上，认为在教师培养中首要的是"将优质生源吸引过来"。石山认为"只有自主选择的职业才会全身心地投入其中"，因此"未来是否从事教育工作不能由学校决定，而要交由学生自身的意愿决定"。为此，石山主张首先"要改善教师的待遇"，其次"要让社会广泛认识到，教育是一种需要具备通识性素养、学科专业性素养和教育素养的人才能从事的高级知性工作，教师是具有深厚素养的人"。并且，"要积极地明确教师需要具备哪些必要的素养，这些高尚深厚的人文素养要让青年觉得值得去追求"。③

关于培养教师的课程，石山修平认为教育者作为专业人士，通识课程、学科专业课程当然应该是必修课程，另外"与教育工作紧密相关的教育类课

① 山田昇. 戦後日本教員養成史研究 ［M］. 東京：風間書房，1994：341.
② 山田昇. 戦後日本教員養成史研究 ［M］. 東京：風間書房，1994：342.
③ 山田昇. 戦後日本教員養成史研究 ［M］. 東京：風間書房，1994：342.

程"尤为重要，"都要有精深的学术性研究，并通过教育实习做到理论联系实践"。① 他主张"履修了教育类课程的人和没有履修的人，应该能够在教育业绩上体现出差异"。为了达成这个目标，必须提高教育类学科的学术性水平，教育类学科中也要设有大学教授职位。石山认为，充实教师培养，要先培育教师培养的源头，即要先培育出教育学术方面的专家。② 石山的这一主张已涉及教师教育者的问题，至今也仍值得探讨。

总体来看，在一系列学术研讨当中，一线的教育学者虽然部分认可"教刷委"对战前师范教育的批判，但并不认为战前的师范教育毫无可取之处。各位学者对如何通过大学教育确保教师具备应有的专业知识技能这一点，带有强烈的问题意识。对于这些教育学者来说，到底什么才是在教师培养过程中必须教给职前教师的东西，什么是教师自始至终需要一以贯之学习的东西，才是最大的课题。

二、"55 年体制"之下的日本职前教师教育思想

日本自民党从 1955 年开始长期独立执政，建立起所谓的"55 年体制"之后，中央集权式的教育理念复归。战后初期确立起来的教师培养开放制被批判不符合当下的日本国情，又迎来了新的大幅改革。

（一）"中教审"1958 年报告中关于国家应干预教师培养的观点

1950 年朝鲜战争爆发后，由于日本垄断资本复活、工业技术革新发展迅猛，企业员工待遇快速提升。在这种背景下，教师与其他职业相比，不论是社会地位还是经济待遇都难以吸引年轻人积极投身教育行业，一些人将此归罪于开放制教师培养制度的缺陷。③ 日本在 1952 年脱离美国方面的占领管制后，当局认为在美国影响下进行的战后教育改革在很多方面不符合日本的国情。这一时期关于提高教师素质的呼声也日益高涨，探讨教师培养制度的议题再次被提上日程。

---

① 山田昇. 戦後日本教員養成史研究［M］. 東京：風間書房，1994：342.
② 山田昇. 戦後日本教員養成史研究［M］. 東京：風間書房，1994：342-343.
③ 右島洋介，鈴木慎一. 教師教育課題と展望［M］. 東京：勁草書房，1984：70.

1957 年 6 月 10 日，文部大臣向中央教育审议会进行"关于改善教师培养制度"的咨询，在咨询缘由中提出"对应不同学校的种类，培养适当数量的有资质教师，并进行合理配置"的问题，已昭显了计划性培养教师的取向。中央教育审议会就此开始审议，并在 1958 年 7 月 28 日向文部大臣提交了题为"关于教师培养制度的改善方案"的最终报告。"中教审"的咨询报告中，认为教师培养开放制导致教师资格标准较低；教师是一种需要高度素养的专业职业，可是没有专门培养教师、以培养教师为明确目的的组织机构；国家层面没有合理的计划安排调节教师的供需平衡。基于战后日本在开放制下大学培养教师的具体状况，"中教审"认为应该尽快纠正教师培养开放制的缺陷，希望对战后教师培养制度进行根本性的改革。

"中教审"提出"教师培养应该基于国定标准在大学进行"，即应根据国家标准进行教师计划性培养。"中教审"的具体建议有如下几点：第一，国家应设置"以教师培养为主要目的的大学"，从普通大学毕业的学生想从事教师职业时要接受国家检定考试，强调国家要干预教师培养。第二，要"以教师的职业精神为核心"，将通识性素养、学科专业素养和教师职业素养有机整合，即强调对教师职业的目标意识性。"中教审"还进一步建议小学教师要在教师养成类大学培养，初中教师在教师养成类大学和普通大学培养，高中教师在普通大学培养，强调教师的计划性培养规划。第三，"以教师培养为主要目的的大学"要明确教师培养目的，进行与教育相关的学术研究和承担教师的在职教育。与教师培养目的相应的教育课程、履修方法、学生指导、毕业认定以及教职员组织和设施设备等相关标准，都由国家制定。"中教审"还提案国家设置的"以教师培养为主要目的的大学（学部）"可称为"教育大学（学部）"，入学者选拔时要考查人格品性，同时可以考虑设置毕业生指定就业制的特定教师培养机构。第四，普通大学进行教师培养时，也要基于国定标准认定设置学科，不需要教育实习，但取而代之要通过临时录用制度进行教师试补考查。第五，通过国家教师检定考试者，也要通过临时录用制度进行教师试补考查。第六，"以教师培养为主要目的的大学（学部）"的毕业生，可以直接获取正式教师资格；普通大学的毕业生及通过国家教师检定考试者，要在满足一定条件下才可获取教师资格。教师资格证书的授予权限归国家所有，废除小学、初中教师一级、二级资格证的区分，建议分为普通、暂定、临时三种教师资格证。①

"中教审"在审议教师培养制度改革方案的过程中，大致确立了三条教师培养制度改善的基本方针："第一，当前的教师培养开放制，很难充分养成教师应有的素质，有必要重新整备教师培养体制，确立教师教育的标准。第二，为了确保义务教育阶段的教师供给数量，国家需要承担教师计划性培养和调整教师供求数量的责任。第三，教师不仅职前要在大学接受教育，作为教师培养的一环，有必要在教师就职后有组织地开展在职教育。"

"中教审"此次提出的教师教育改革方针内容，与日本战后教育改革所确立的教师培养开放制的方针内容完全相反。但是，"中教审"的咨询报告或审议中却并没有充分阐明，在教师培养开放制下出现的教师培养的问题，到底是开放制本身缺陷所引起的，还是由于培养教师的大学、学部的教育体制不健全而产生的。如果认为教师培养开放制客观实施条件尚有不足，从而引发了现有的教师教育问题，则只需进一步充实、完善开放制实施的各种背景条件。但显然"中教审"认为教师培养开放制本身存在制度性缺陷，因此"中教审"的审议和提案都站在了与教师培养开放制相对的立场，是以教师计划性培养为基本原则进行的。

整体来看，"中教审"的《关于教师培养制度的改善对策》报告中，十分强调国家对教师培养的干预和管理，希望进行教师计划性培养，其中含有诸多违背战后教师培养理念的内容，在某种程度上甚至带有回归战前教师培养制度的意味。

（二）教育界对国家权力介入教师培养的强烈反对

1958 年 9 月，日本教育学会的教育政策特别委员会发表了《"中教审"报告的概要及问题点（第一次草案）》，指出"中教审"报告中提出的教师计划性培养、调整教师供需关系、教师养成类大学的毕业生就业保障、就业指定等内容，都是在否定教师培养开放制。② 日本教育学会认为，"中教审"

---

① 山田昇. 戦後日本教員養成史研究［M］. 東京：風間書房，1994：363-364.
② 新堀通也. 教員養成の再検討［M］. 東京：教育開発研究所，1986：47.

的提议方案是将"教师资格法"不完善所引发的问题，转嫁给了教师培养制度。日本教育学会严正指出，教师由国家有计划地培养不仅是教师培养方面的问题，甚至会改变日本大学制度的整体性质，涉及国家侵害大学自治、大学的研究与教学自由、大学是否在进行职业教育等问题。①

教育学界还专门举办了关于"中教审"报告的学术研讨会。教育学者大田尧特别指出，与其探讨教师封闭性培养还是计划性培养等问题，不如关注到底谁才应该是教师培养的主体，"中教审"报告的主要问题在于试图让国家成为教师培养的主体。"在讨论教师培养制度的形式之前，首先要面对国家权力是否应该直接参与教师培养工作的课题。"②

私立学校方面的人士，也从"中教审"报告内容中感受到了危机。1958年 10 月，日本私学团体总联合会（日本私立大学联盟、日本私立大学协会、私立大学恳谈会、日本私立短期大学协会、私立中学高中联合会、日本私立小学联合会、日本私立幼儿园联合会），发表了《对"中教审"关于教师培养制度报告的意见》。私学团体总联合会以激烈的态度批判："该报告湮没了现行制度的根本精神，借提高教师素质和调整教师供需之名，由国家进行教师计划性培养，让教师养成类大学才有授予正式教师资格证书的资质，给予这些大学毕业生保障就业的特权。如果这些建议付诸实施，只会招致复活战前旧师范制度的结果，与民主主义教育的理念逆向而行，我们坚决反对。"③私立学校从保障自身权益的角度，强烈要求保持战后教育改革所确定的教师培养开放制。

教育界对"中教审"这一版教师培养制度改革方案，多数表示反对。只有曾主张教师计划性培养的教育大学协会，对这一报告表示全面支持。1958年 1 月"教大协"先于"中教审"发表了《义务教育学校教师养成制度纲要》，以"以培养教师为主要目的的大学"才是教师培养的主流自居，对普通大学的教师培养持有一种否定的态度。④ 此后，"教大协"基本上对"中教

① 山田昇. 戦後日本教員養成史研究［M］. 東京：風間書房，1994：376.
② 山田昇. 戦後日本教員養成史研究［M］. 東京：風間書房，1994：376-377.
③ 新堀通也. 教員養成の再検討［M］. 東京：教育開発研究所，1986：48.
④ 右島洋介，鈴木慎一. 教師教育課題と展望［M］. 東京：勁草書房，1984：80.

审"和教师养成审议会（以下简称"教养审"）提出的教师培养改革方案，都处于同步支持的状态，还会在"中教审"和"教养审"提出相关报告和建议后，有进一步的补充、强化和具体化解说，甚至于提出推进性的意见和改善方案。在 1958 年"中教审"报告发布后，"教大协"就沿照这一报告的主旨，发表了"教师养成类大学（学部）课程试行方案"，这一方案对 1965 年"教养审"建议的"教师培养的相关教育课程标准"也产生了很大的影响。①

在中央教育审议会《关于教师培养制度的改善方案》中，普通大学在教师培养体制中明显被置于旁系，甚至有可能被剥夺教师培养资格。这一改革方案严重践踏了战后教育改革所确定的在"开放制"下"大学培养教师"的原则，更重要的是国家权力由此会再次介入教师培养，并进而有可能因此侵害"大学教育研究的自由"，因而引发了巨大争议。从实践的角度考虑，"中教审"提出的教师计划性培养方案，因与教师养成类大学的现实诉求相合，所以仅受到了教育大学协会方面的支持，但同时将其他参与教师培养的普通大学置于不利地位，遭到了教育学界其他各方的批判和反对。

最终，文部省在总结各方意见的基础上，表示对于"中教审"提出的建议"要花费一定时间慎重探讨"，"中教审"提出的教师培养制度改革方案因此未能顺利进入政策制定实施阶段。但是，实际上"中教审"《关于教师培养制度的改善方案》中体现的教师教育思想，未被完全否定搁置，而是被之后的教师养成审议会所继承，置换为其他形式付诸实施。

（三）"教养审"在"三建议"中对教师养成类大学特殊性的强调

由于 1958 年中央教育审议会《关于教师培养制度的改善方案》受到了各方批判，存有种种异议，所以未能得到推行。但在中小学教育课程都已修订、大学教育的提升也已提上日程之际，确实也有必要进一步专门具体探讨教师培养制度的改善之策。在这种情况下，教师养成审议会继续对教师培养制度的改革问题进行审议，并先后提出了"三建议"。"三建议"分别是"教养审"在 1962 年 11 月提出的《关于改善教师培养制度》建议，1965 年 6 月提出的《关于教师培养课程标准》建议，以及 1966 年 2 月提出的《关于教育职

---

①　新堀通也. 教員養成の再検討［M］. 東京：教育開発研究所，1986：48.

员资格法的修订》建议。

"教养审"在 1962 年 11 月提出的《关于改善教师培养制度》建议中，提出"由大学进行教师培养，由国家明确教师培养的目的、性质并制定相应的教育课程标准"。"教养审"的这一建议中隐含的教师教育思想，虽然与之前 1958 年"中教审"的报告一脉相承，但又有所不同。"中教审"1958 年的报告中，将教师养成类大学和普通大学严格区分开来。在普通大学的教师培养中不要求学生进行教育实习，但只授予五年有效期的暂定教师资格证书，并要求在一定的工作时间内完成既定的实习和研修。没有接受教师培养教育者，可以通过国家考试获取暂定教师资格证书等，对授予教师资格限定了严格的条件。而"教养审"的建议没有将教师养成类大学和普通大学区别开来，而是打算总体设置一个初任教师录用后的试补制度，初任教师"被录用之后有一年的试补时间，试补时间结束之后基于实际工作的成绩进行既定的考试，再授予合格者教师资格证书"，整体强调了教师培养的目的和性质。

"教养审"1962 年《关于改善教师培养制度》的建议，实质上与"中教审"一样，也强调了国家权力对大学培养教师的干预，提出"由国家明确教师培养体系和实施过程中必要的软件和硬件标准，以确保在大学培养教师的效果"①。但"教养审"的建议并未明显触动大学培养教师的"开放制"原则，而是提出希望通过修订教师资格制度，整体提高教师培养教育中的学分履修标准，并针对所有初任教师施行试补制。因此，"教养审"的建议避开了教师养成类大学和普通大学之间的矛盾，并未直接受到像"中教审"报告一样的广泛批判。

"教养审"在 1962 年建议的基础上，于 1965 年 6 月提出了《关于教师培养课程标准》改革建议，强调教师培养的标准应由国家确定。这一建议的积极之处在于，打破了原来小学教师培养课程履修标准过于碎片化的学分规定，尝试采取有灵活调整空间的大纲性制度标准，以方便设定教师培养课程的学分，这些比较贴合大学生课程履修的现实情况。但总体来看，1965 年的建议还是旨在强化国家对教师培养课程的管控，在实施初任教师试补制的前提下，

---

① 山田昇. 戦後日本教員養成史研究 [M]. 東京：風間書房，1994：380.

对教师养成类大学和普通大学加以区分，其中隐含的这种教师教育思想还是引发了一定的争议。

"教养审"在对 1962 年建议和 1965 年建议进行讨论修改后，为最终推进实施，在 1966 年 2 月 17 日《关于教育职员资格法的修订》的改革建议中提出了具体修订"教师资格法"的方案。"教养审"在 1966 年的此次建议中，提出分别设置"基础资格为具有硕士学位者、有学士学位者和短期大学毕业者的三类教师资格证书"，确定"获取教师资格证书所必须履修的最低学分数"，以及"以培养教师为主要目的的大学和其他大学在培养教师时的共同标准"。① 基于"教养审"这一建议制定的《教育职员资格法部分修订法案》，在 1966 年 4 月 8 日提交给国会。该法案虽然在众议院的文教委员会通过，但由于国会解散，最终未见天日就不了了之。"教养审"试图推行的教师培养教育课程的国家标准以及初任教师试补制等最终未能付诸实施。

从 20 世纪 50 年代末到 60 年代初，日本在经过一系列关于教师教育改革的争论后，"中教审"和"教养审"的提案虽然未能立即进入政策制定实施阶段，但要强化教师养成类大学的教育目的与性质、有计划地培养教师的理念，此后还是在一系列改革动向中有了实质化的推进。20 世纪 60 年代中期，日本的教师培养开放制虽未改变，但从教师培养的实际情况来说，国立教师养成类大学（学部）已在承担确保小学师资数量和质量的职责。在当时大量需要小学教师的背景下，教师养成类大学（学部）的小学教师培养课程的招生人数也开始相应增加。

1964 年文部省通过颁布省令，推行教师养成类大学的"课程—学科目制"，即让教师养成类大学（学部）按照"教师资格法"规定履修的课程和学科，划定人员组织编制。这种"课程—学科目制"也引发了大学方面的强烈不满，认为这种组织体制扭曲了大学原本作为研究、教育场所的本质。行政方面认为"学艺大学（学部）"实际就是在做中小学教师的培养工作，但"学艺"这一名称令其性质显得不够明晰。② 在 1966、1967 年前后，原有的国

---

① 新堀通也. 教員養成の再検討 [M]. 東京：教育開発研究所，1986：49.
② 新堀通也. 教員養成の再検討 [M]. 東京：教育開発研究所，1986：50.

立"学艺大学（学部）"，在行政指导下逐步改为教育目的和性质显得更加明确的"教育大学（学部）"（除东京学艺大学以外），并进一步充实了教育内容，在教师养成类大学中还开始开设研究生院的硕士课程。

（四）"四六答申"中关于基于国家标准进行教师计划性培养的提案

1971 年 6 月 11 日，中央教育审议会发表了《关于今后学校教育综合扩充、整顿的基本措施》报告。该报告梳理了战后新学制起步二十年来教育制度和教育内容中存在的问题，力图解决随着技术革新、社会复杂化而产生的教育新课题，根据国家和社会的发展做出教育前景展望规划。这一报告因发表于昭和四十六年，所以也被称为"四六答申"，作为开启了日本第三次教育改革大幕的重要报告，在历史上留下了浓重的一笔。

与"中教审"的动向相呼应，教师养成审议会也在 1972 年 7 月 3 日提交了《关于教师培养的改革方案》。"教养审"一直都是在认可"中教审"咨询报告的主旨下，继续进行一些具体、专业的提案。1972 年"教养审"《关于教师培养的改革方案》，基本承接了"中教审"之前在 20 世纪 60 年代提出的教师培养理念、教师教育改革方向，只是从维持现有的教师培养开放制的立场，关于教师计划性培养的提案更加慎重和隐晦。①

"中教审"的"四六答申"第一编第二章"关于初等、中等教育改革基本构想"的第九项"教师培养保障及地位提升的措施"中，首先明确了"教师养成类大学"为"有培养目的的特别教育课程的高等教育机构"，初等教育教师主要应在教师养成类大学培养，一定比例的中等教育教师应在教师养成类大学培养，并根据全国性、区域性的教师需求有灵活的调整策略。"四六答申"报告再次延续了 1958 年"中教审"报告中教师计划性培养的方针路线，强化教师养成类大学的教育目的与性质。

"四六答申"中在提及教师计划性培养时，将初等教育和中等教育的教师培养进行了区分，并说明这是因为初等教育的教师"要承担全科教学的同时，对儿童的成长发展做出适切的综合性教育指导"，因此"实际上很难做到在非

---

① 右岛洋介，铃木慎一. 教师教育课题与展望 [M]. 东京：劲草书房，1984：77.

教师养成类大学培养小学教师"。即"中教审"仍然将教师养成类大学作为一种专修型的高等机构，认为与其他高等教育机构不属于同一种类别。但在相关说明里提到"在教师培养阶段，国家应对一直以来发展相对缓慢的教师养成类大学给予大量投入，让其快速成为既能保障优秀师资又能吸引到优秀生源的大学。在扩充奖学金制度的同时，在教师养成类大学有计划地培养一定比例的义务教育阶段的教师，确保高水平师资供给是国家的责任"。"四六答申"中的这一观点值得注意，虽然是将教师养成类大学作为一种特殊的高等教育机构，但同时强调了教师养成类大学作为"大学"应如何完善提升。

"四六答申"中在提出有计划地在教师养成类大学培养教师，以保障初等教育阶段的师资供给之外，也提出要"从具备了一定条件的普通大学毕业生中广泛吸引人才"，仍基本维持着教师培养的开放制。在强调教师培养课程的国家标准这一点上，"四六答申"也再次确认了"中教审"报告提出的基本方向，意图通过提高普通大学中教师培养课程标准来强化教师培养。另外，"四六答申"中虽然指出有在全国范围内调整教师区域性供需的必要，但当时日本正处于大量人口涌入大城市的阶段，这种地区间的不均衡导致从长期规划的角度来把握教师供需的区域性变动十分困难。从全国范围来说，未来学龄人口的减少也会影响教师供需数量的调整。教师的计划性培养与教师供需的变动密切相关。因此，虽然日本基本采纳了在"开放制"下进行义务教育阶段教师计划性培养的理念，但此后在将近二十年的时间里，从数量的角度来说，教师计划性培养不得不多次做出应急性的调整。

（五）教育界对保障大学培养教师自主性的坚持

1. 日本教育学会的见解

日本教育学会始终坚持大学培养教师和开放制的原则，对 1958 年"中教审"《关于教师培养制度的改善方案》的咨询报告，以及 60 年代"教养审"关于教师培养制度改革的一系列建议，都持批判态度。针对这一系列教师教育制度的改革动向，日本教育学会设置了大学制度研究委员会、教师培养制度小委员会，在 1964 年 8 月发表了《教师培养制度的诸问题》报告。在报告的序章中，日本教育学会直接严厉地指出："当前对教师培养制度的改革，是对战后改革学制的一系列倒行逆施的一部分。"①

日本教育学会指出，教师培养问题是国民教育整体制度中非常重要的一环，这是不言自明的道理，却常常被忽视，这一问题尤其需要大学相关人员重视。"教师培养问题最终与国民教育整体制度密不可分。培养什么样的教师，当然直接影响中小学的教育，同时培养出什么样的教师，就会通过高中以下的教育培养出什么样的青少年并输送到大学，反过来又会对大学产生巨大的影响。"② 日本教育学会从教师培养对整个教育系统具有重要影响的角度再次强调了在大学培养教师的地位与作用。

日本教育学会在 1964 年《教师培养制度的诸问题》报告中，论述了"在大学培养教师的意义"。在大学培养教师，首先要保证是在宪法规定的"学术自由"和"大学自治"下进行。培养教师的大学组织体制和管理也应基于宪法，"按照学术体系划分的专业领域来建构"。其次，"教师培养教育也不单纯只是'大学层次'的教育"，从大学的本质来说，追根究底应该是"以学术、学问为媒介进行的教育"，自然"始终需要保障研究、教学的自由"。并且，"只有接受了这种'大学'教育的教师，才能真正理解新教育，确立起教师是专业从业人员的理念，完成被期待的职务与职责"。因此，"也要从制度上考虑，让大学完成培养研究人员这一固有使命"。日本教育学会认为，能够充分达成上述要求的教师培养，很难在大学四年制的课程中完成，所以主张进行五年制的教师培养，"有必要认真考虑采取类似于培养医师和律师的'高级课程（advanced course）'"。③

日本教育学会认为"中教审"和"教养审"的这些提案，不论是教师培养的整体，还是教育实习、试补制，都是"以教师养成类大学为主"，"在这种以计划性教师培养为思考基点的前提下，很难充分达成提高教师素质的目的"，是在从根本上否定"大学完全承担教师培养责任"这一原则，是"国家权力介入教师培养"。④ 日本教育学会指出，"中教审"希望在教师养成类

① 右島洋介，鈴木慎一. 教師教育課題と展望 [M]. 東京：劲草書房，1984：97.

② 右島洋介，鈴木慎一. 教師教育課題と展望 [M]. 東京：劲草書房，1984：98.

③ 右島洋介，鈴木慎一. 教師教育課題と展望 [M]. 東京：劲草書房，1984：99.

④ 右島洋介，鈴木慎一. 教師教育課題と展望 [M]. 東京：劲草書房，1984：106-107.

大学进行教师计划性培养的想法，源于"中教审"将教师"素质低下"和"供需混乱"归因于"开放的教师资格制度"和"大学的教师培养教育目的不够明确"，因而想从制度上扭转这一局势。日本教育学会并不同意"中教审"的这一观点，也不赞成教师计划性培养。"这种计划性培养，只有在特定职业人员培养教育中才会优先考虑，而且会与普通大学在教学组织、教育课程的内容和结构、学生科目履修方面，有明显的性质和实体差异，教学、研究自由都缺乏客观保障的条件。而且，教师的计划性培养也会影响学生进行民主的学习和研究活动（包括与其他学部学生进行学术交流），让学生难以通过大学教育打开新视野、毕业后按照个人愿望自由选择未来职业。最终教师的计划性培养，很有可能导致失去教师在大学培养的意义。"①

对于文部省要推行教师养成类大学的"课程—学科目制"，日本教育学会也明确表示反对，指出"除了学生毕业后的就职类别与大学教育组织体系完全相同，具有一定的便利性之外，没有任何学术上的依据和必然性"。大学的"学科"是"将学术研究的专业领域按照大学教育的目的编制的教育组织单位"，基于宪法规定的"学术自由"，属于"大学自治的核心事项之一，管理权限归属教授委员会"。因此，教育学会批判文部省"以教师培养标准的必要性为借口"，且不说宪法，用连法律领域都不是的"省令"来逐一规定教师培养领域的科目，这一点本身就有很大的问题。②"课程—学科目制"将与教育学相关的科目，只限制在教育原理等几个少数课程中，长此以往定会阻碍教育学各领域的研究发展，也闭锁了学生开拓教育学方面视野的可能性，严重的话甚至会影响教师培养质量。③ 日本教育学会主张采用学科制即可，实际上小学高学年以上都是教师负责单学科教学制，所以按学科设置教师培养课程问题不大。小学中低学年以及幼儿园教师需要具有高度专业性的素养，要进行跨多个学术、技术领域的学习，可以归入"教育学科"的教师培养课程。④

2. 国立大学协会的见解

国立大学协会（以下简称"国大协"）是日本国立大学的全国性组织，

① 右島洋介，鈴木慎一. 教師教育課題と展望［M］. 東京：勁草書房，1984：102.
② 右島洋介，鈴木慎一. 教師教育課題と展望［M］. 東京：勁草書房，1984：102-103.
③ 山田昇. 戦後日本教員養成史研究［M］. 東京：風間書房，1994：399.
④ 右島洋介，鈴木慎一. 教師教育課題と展望［M］. 東京：勁草書房，1984：101.

也包括教育大学协会中的国立大学在内。"国大协"在 1971 年解散原来探讨教师培养制度和教师养成类大学相关问题的第七常委会，改设为教师培养制度特别委员会，委员广泛来源于各类国立大学，从大学整体视野探讨教师培养制度的问题。

"国大协"的教师培养制度特别委员会从 1972 年开始，先后提出了 1972 年 11 月的《关于教师培养制度的调查研究报告书——教师培养制度的现状与问题点》，1974 年 11 月的《教师养成类大学、学部的研究生院问题》，1977 年 11 月《大学中的教师培养——对其标准的基础性探讨》，1980 年 11 月的《大学中的教师培养——普通大学、学部和研究生院的现状与问题点》等一系列报告书。[1] 与"教大协"始终紧随"中教审"和"教养审"的路线相对，"国大协"特别委员会对"中教审"的教师计划性培养等理念，相对保持着一种客观、批判的公正态度。

"国大协"认为，"在大学进行教师培养"的意义在于：首先，"教师培养当然应在较高层次的教育机构进行"；其次，对"大学"的期待不单是层次水平，还包括教学、研究的自主与自由。针对现行教师培养制度中的另一个原则"教师开放制培养"，"国大协"根据问卷调查的结果，指出大部分受访者对于"既可以有以教师培养为主要目的的大学、学部存在，也可以在其他大学进行教师培养"，同时对两者科以"相同的教师资格证授予条件"这种现实情况表示认可。"国大协"认为"开放制的概念本来与承认教师高层次的专业性之间就不矛盾"，因此设置专门培养教师的大学也未尝不可。[2] "国大协"不反对专设教师养成类大学的观点，与战后教师培养开放制刚刚起步时的观点已有所不同，是对现状的一种承认。这一点与日本教育学会明确反对专门培养教师大学存在的观点截然不同。

对于文部省推行教师养成类大学（学部）的"课程—学科目制"一事，"国大协"在 1972 年的报告中表示强烈反对，认为这种组织体制违背了大学作为研究、教学场所的本质。但在"国大协"1977 年 11 月发表的《大学中

① 右島洋介，鈴木慎一. 教師教育課題と展望［M］. 東京：劲草書房，1984：83-84.
② 右島洋介，鈴木慎一. 教師教育課題と展望［M］. 東京：劲草書房，1984：87-88.

的教师培养——对其标准的基础性探讨》中，又对"课程—学科目制"持认可立场，认为"从培养教师的教学论的角度，教师养成类大学、学部采取课程制，可以形成一种相应的教学组织体制，具有一定的意义"。"国大协"在这一报告中指出，大学的"学科"本来是"各专业领域的教学、研究的必要组织"，所以"学科制"反而容易将教师培养的视域限制在专业领域分化的范围内，学科间和课程间的壁垒森严，难以在培养教师时结构化、综合化地把握多个学术领域。"与此相比，'课程制'和'模块制'更有利于指向教师培养这一主要目的，组建各基本学科间的协作体制"。① "国大协"的这一见解，与日本教育学会的教师养成制度小委员会在 1964 年报告中的观点相违。日本教育学会方面从统一教学和研究、避免教师培养差异的立场角度，强烈主张包括小学教师培养教育在内的教师培养，都应依照大学的"学科制"进行。

在 1977 年的报告中，"国大协"从有利于教师培养教育的角度，不再反对推行"课程—学科目制"。但是，对于文部省的"学科目省令"中，教师养成类大学（学部）的教学、研究方面的条件设定低于其他类别的大学，以及刻板地遵照官方课程规定而导致僵硬统一化状态等，"国大协"仍持批判态度。"国大协"认为，不论是教师养成类大学还是其他大学，都需要一贯坚持"教师培养中的大学自主性"，让"各大学能够根据各自见解编制教师培养课程"，才能让"各大学自觉地承担'教师在大学培养'的责任"。②

3. 日本教职员组合的见解

与文部省水火不容的"日教组"，对 1958 年之后关于教师培养改革的一系列政策措施持批判和否定态度，还在 1970 年 12 月组建了教育制度探讨委员会，由和光大学校长梅根悟任会长，开展己方的探讨。"日教组"教育制度探讨委员会的相关成果，形成了 1971 年 6 月的《日本教育应如何修正》，1973 年 6 月的《日本教育应如何修正（续）》两份报告。③

1971 年 11 月 15 日，"日教组"在探讨了"四六答申"报告是否要继续战后的民主教育改革路线、到底有什么意图之后，发表了己方的意见。针对

---

① 右岛洋介，铃木慎一. 教師教育課題と展望［M］. 東京：劲草書房，1984：92.

② 右岛洋介，铃木慎一. 教師教育課題と展望［M］. 東京：劲草書房，1984：93.

③ 新堀通也. 教員養成の再検討［M］. 東京：教育開発研究所，1986：51.

此次教师培养教育的改革方案，"日教组"指出"应该坚持教师培养的开放制，充分给予教师教学和研究的机会"，并且尤其反对政府在学校拉开管理层差异、根据职级确定教师薪资的体系。"日教组"认为，"这次的咨询报告明显是要通过教师培养封闭制，设置不同的教师培养路线，加强国家的管制，采取身份、待遇方面的差异化政策"①。

1972 年 7 月 3 日，"教养审"发表《关于教师培养的改革方案》最终建议的当日，"日教组"也发表了《对"教养审"建议的见解》。"日教组"判定"教养审"此次建议"明确提出了教师统一管理的方针，是教师培养制度的改恶而非改善"。"日教组"从"将教师资格证书分为初级、普通和高级，是要推进五阶层薪资及职级制""推行一年期间的试补制度，是要强化教师录用时的统一管理""通过强化教师研修，是要进一步推进教育方面的思想管理"这三个方面，批判了"教养审"的建议。②

"日教组"作为一个左翼组织，对战前日本政府通过教师封闭培养体制控制教师思想的做法有深刻反思，要求坚持教师培养开放制，并始终警惕有可能向教师封闭制培养发展的动向。同时，"日教组"还严厉指出，大学方面过于轻视教师培养，以致教师的开放制培养越来越空洞化，对此大学也需承担一定的责任。有些大学在获取教师培养课程认定后，就完全交由教师培养课程的一些任课教师负责，一些综合大学的教师缺乏培养教师的责任感，私立大学也有更注重经济效益的问题。③"日教组"的"大学问题探讨委员会"在1978 年 12 月的《日本的大学该向何处去》报告中，提及"大学与教师培养"问题。"日教组"指出，大学作为国民教育的重要一环，"应向广大国民开放，学术研究的成果必须为国民所有人共享。……承担国民教育的教师，就是能在大学学术与国民之间建立联系的人。在大学进行教师培养，是对国民文化负有责任的大学的重要任务之一，也是在制度上联结大学教育和初级、中级教育的一个环节。大学通过提高从事国民教育工作的教师的素质，可以起到

---

① 新堀通也. 教員養成の再検討［M］. 東京：教育開発研究所，1986：52.
② 新堀通也. 教員養成の再検討［M］. 東京：教育開発研究所，1986：54.
③ 右島洋介，鈴木慎一. 教師教育課題と展望［M］. 東京：劲草書房，1984：111-112.

提高国民文化的决定性作用"①。

另外，"日教组"还特别重视教师录用的偏见问题，如男女差异、思想差异等。"日教组"认为这会对教师培养的本质产生重大影响，是不可忽视的问题，并提议"将来难保不会对有志成为教师者进行思想调查的危险，所以有必要构想一个民主的教师资格考试制度"。同时，"日教组"提出教师要认识到自身的责任，"回应国民的信任，真诚地投身于保障学生发展、学习权利的国民教育事业"。为提高教师这方面的能力，需要实现教学自由，确立教育劳动者的劳动基本权和市民权，结成家长、社区居民和教职员的协作团体。

（六）战后教师培养"开放制"的实际情况

在战后日本特殊的政治形势下，教师培养由封闭向开放的转型过程中，尽管存在一定的争议和不同见解，但还是在极短的时间内确立起了在"开放制"下由大学培养教师的基本原则。在此原则下，各类大学只要具备《教育职员资格法》规定的条件，都可以从事教师的培养任务。但在具体实践中，由于条件的限制，实际情况与战后初期设想的教师培养"开放制"并不完全相符。

日本中学教师的培养，延续了战前原有教师培养制度的状态。战前中学教师的培养主体就不只限于师范类学校，所以相对较快地转换为开放制培养模式。但是，小学教师培养的"开放制"却花费了相当长的时间才得以实现。从1955年度新学年开始实施教师培养课程认定制度时，除战前原有的师范学校、高等师范学校以外，获得培养小学教师（一级）课程认定的私立大学只有6所，即青山学院、京都女子大学、圣心女子大学、玉川大学、日本女子大学、立教大学。② 也就是说，在战后相当长一段时间内，日本小学教师的培养主体，仍然主要是国立教师养成类大学和学部。

因此，战后日本教师培养开放制的实际情况是，在20世纪80年代之前，真正实现了教师开放制培养的，主要是中等教育阶段教师的培养，尤其是高中教师；在培养小学教师方面，国立教师养成类大学（学部）处于绝对优势

① 右島洋介，鈴木慎一. 教師教育課題と展望 [M]. 東京：勁草書房，1984：110.
② 日本教師教育学会. 教師教育研究ハンドブック [M]. 東京：学文社，2017：45.

地位，出身于其他大学的公立小学教师很少，小学教师的培养基本是计划性培养状态。根据国立大学协会的调查，1968 年 3 月时大学培养教师的类别比例如表 4 - 1 所示，可以看出将近七成的小学教师是国立教师养成类大学（学部）出身。1969 年以后公立中小学的新录用教师中，约九成的小学新任教师、约六成的初中新任教师都出身于教师培养类的大学、学部。① 因此，可以说在这一阶段的日本教师培养体制中，至少小学教师实质上并未真正实现"开放制"培养。

表 4 - 1 1968 年大学培养教师的类别比例

小学教师来源 （占比前两位）	国立教师养成类大学（学部）	66.3%
	私立短期大学	20.2%
初中教师来源 （占比前两位）	国立教师养成类大学（学部）	44.0%
	私立短期大学	22.6%
高中教师来源 （占比前两位）	私立大学	43.7%
	国立普通大学（学部）	22.6%

资料来源：向山浩子. 教職の専門性：教員養成改革論の再検討［M］. 東京：明治図书出版，1987：61.

之所以小学教师实质上未实现"开放制"培养，是因为教师培养的"国家标准"起到了关键性作用。战后日本最初设想的教师培养开放制，是不同大学、不同专业的大学生都可以自由利用选修课的学时完成教职科目、教育实习等方面的学习，只要达到"教师资格法"所规定的最低限度的学分履修要求，就有成为教师的资格。但是，实际上在 1954 年教师培养课程认定制启动后，普通大学多数只能基于其原有的学科专业领域，申请认定培养初中或高中教师的部分相关课程，很难获取小学教师培养课程的认定。这是因为，日本小学教师与初中教师不同，要进行全学科教学，所以小学教师的培养课程要综合培养教学能力。根据当时《教育职员资格法》的规定，小学教师一

① 向山浩子. 教職の専門性：教員養成改革論の再検討［M］. 東京：明治图书出版，1987：61.

级资格证书的学分标准是 48 学分，普通大学如果不大幅变更原有的本科专业课程，就很难达到培养小学教师课程的标准。[①] 在这种现实情况下，只有教师养成类大学（学部）的课程才能符合小学教师培养标准，其他大学实际上已被排除培养小学教师的范围了。

第三节

教师教育大学化时期日本教师资格制度中的
教师教育思想

教育刷新委员会在战后确定了大学培养教师的基本原则后，立刻着手探讨教师资格制度。在关于教师资格制度探讨的过程中，先后出现了几个重要的议题，分别是"国家考试制""教师试补制""教师培养课程履修制"。"教刷委"最终建议的是基于"教师试补方案"的教师资格制度，但由于受到 CIE 的影响以及一些现实条件的限制，这一提案未得到推行。最终文部省以协调各方见解的方式，制定了基于"大学教师培养课程履修制"的教师资格制度。

1949 年 5 月 31 日，日本公布了《教育职员资格法》及具体实施法则。《教育职员资格法》体现了"教师资格证书主义""教师专业职业制和职级制""开放制""学分履修制""重视在职教育""教师资格赋予权为地方所有"等原则。《教育职员资格法》基本确定了日本战后的教师资格制度。根据《教育职员资格法》及具体实施法则的规定，要想成为教师必须持有相应的教师资格证，要想获取教师资格则须在大学履修完成既定的教师培养课程。

一、"教刷委"基于"国家考试制"确立教师资格公共性质的提案

教育刷新委员会的第八特别委员会，在从 1947 年 5 月 23 日的第 8 次会议到 7 月 18 日的第 12 次会议上，具体探讨了教师资格制度制定的课题，并在

---

① 向山浩子. 教職の専門性：教員養成改革論の再検討 [M]. 東京：明治図書出版，1987：63.

1947 年 7 月 18 日第 39 次总会上做了提案汇报。在 1947 年 10 月 3 日"教刷委"的第 41 次总会上，确定了教师资格制度的基本方针，并在 11 月 6 日正式提出"关于教师培养（之二）"建议报告。①

在"教刷委"第 31、32、33、34 次总会上，都曾出现过教师资格认定的国家考试方案提议。建议通过国家考试方式授予教师资格的，多是不建议设置教师培养专门机构的委员。田岛道治委员就曾在第 32 次总会上提出不应设置学艺（教育）大学观点的同时，作为补充意见，提议在教师资格制度中采取国家考试方案。安倍能成委员在第 33 次总会上也提出，为了让私立大学也能自由进行教师培养、不受文部省的控制，"有必要施行能统领纲要的国家考试"。相对比较例外的是，认为需要设立教育大学的城户幡太郎委员也赞成在授予教师资格时采用国家考试制度。②

在"第八特委"1947 年 5 月 23 日的第 8 次会议上，主查务台理作委员和矢野贯城委员，就教师资格制度中是否要采取国家考试方案交换了意见。双方的意见主要围绕着"信赖大学中进行的教师培养教育是一种比较理想的状态，但如果没有外在约束也可能产生疏于管理的弊害。政府监督大学，可以通过国家层级的教师资格考试影响大学的教师培养课程学科内容，但要注意对于大学学科的过度规定，会限制大学的课程空间"等内容。③ 此后，文部省也发表了对于今后教师资格制度的构想，其中提及"要将设立国家考试作为基本原则"。

"第八特委"第 8 次会议之后，通过国家考试授予教师资格的提案开始占据上风，并在 1947 年 6 月 13 日第 9 次会议上委员对这一提案进行了全面的梳理总结。务台理作主查也指出，"关于教师资格认定的问题是极其重大的问题"，正因为其"影响巨大且深远"，所以"不能简单地得出结论"。④ 在这种情况下，反对授予教师资格时进行国家考试的一方和赞成国家考试的一方进

---

① 山田昇. 戦後日本教員養成史研究［M］. 東京：風間書房，1994：243.

② 向山浩子. 教職の専門性：教員養成改革論の再検討［M］. 東京：明治図書出版，1987：125-126.

③ 山田昇. 戦後日本教員養成史研究［M］. 東京：風間書房，1994：250.

④ 山田昇. 戦後日本教員養成史研究［M］. 東京：風間書房，1994：256.

行了激烈的争论。

　　主张实行教师资格国家考试制度的委员不管具体如何表述，主要观点都是"进行教师资格检定的国家考试，是为了避免一些培养教师的教育机构拥有特权"。具体来说就是：要根除战前免试教师检定制度的弊害；不要让各教师培养机构有不需要进行教师检定的特权；避免由文部省指定部分官公立教育机构在不进行特别准备教育的情况下，就能在学生毕业后直接授予其教师资格；排除学校间的差距；等等。反对设置教育大学派的委员认为，通过设定教师资格的国家考试，可以让参与教师培养的各大学以此为前提自由编制教师培养课程，而不需要特意设置一个束缚标准。赞成设置教育研究大学的城户幡太郎委员则认为，只要在大学教育中做好充分准备，国家考试可以作为"打破特权教育"、实现"让任何想成为教师的人都能有均等机会"的公平性机制，确保教师质量。总而言之，"站在公平的立场上通过考试授予个人教师资格，这种个人本位的观点最终只能通过国家考试来实现"。[①]

　　"教刷委"中，赞成设置教育大学的委员和站在私立大学立场的委员，大多强烈反对设置教师资格国家考试制度的方案，反对意见主要集中于大学的教师培养教育和教师资格国家考试之间的矛盾关系。稗方临时委员从国家考试制度弊害的角度指出，第一，"会因为国家考试而扰乱正常的教师教育"，"培养教师的机构会为了提高教师资格考试合格率采取各种措施，学生也会为了眼前的考试而投入大量精力"，结果只会导致"不论是学校还是学生都致力于钻研考试技巧"。第二，无论是文部省负责还是都道府县各自负责推行教师资格考试，都会产生很多困难，同时也会产生很多不合理的结果，教师资格考试的实施方会拥有"生杀予夺"的特别权力。第三，通过考试能够检测的内容都有所偏向，无法真正判断是否已达到教师资格标准。因此，稗方临时认为在授予教师资格时，应充分信任培养教师的大学，完备教师教育相关标准即可。反对国家考试的仓桥惣三委员也认为"在已对教师培养设置了一定条件的前提下，履修了相关教师培养课程者，还要再接受国家考试，本身就

---

　　① 　向山浩子. 教職の専門性：教員養成改革論の再検討［M］. 東京：明治図書出版，1987：126-127.

自相矛盾"。"如果是从普通大学毕业，未接受过教师培养的人希望成为教师时，设定一定的考试对其进行考察，还尚可理解。"木下委员也指出，如果国家考试想要在不妨碍教师培养教育自主性的前提下对教师资格进行最低限度的考核的话，那大概不用采取国家考试这种方式也可以达成这一目的。①

总而言之，"教刷委"因为重视教师资格的公共性质，所以希望将大学的毕业资格和教师资格区分开来，意图设置国家考试制度的本质是认为，各大学有权查定学生的毕业资格，但教师资格必须由社会来查定。

二、"教刷委"基于"教师试补制"消除教师资格授予特权的提案

在"教刷委"内部探讨教师资格的国家考试制度时，由于反对方认为，如果学生为了通过教师资格考试，而去接受大学的教师培养教育，研究、学问、修养就退居第二位了，因而强烈反对这种会影响到教师培养教育的教师资格考试检定方式。而且，反对方也提出，如果想要避免一些教师培养机构的学生有获取教师资格的特权，那消除只要考入某所大学就能拿到教师资格证的弊害就可以了，也没有必要设置国家考试制度。

由此，"第八特委"的主查务台理作委员作为折中方案提出了作为调整方案的教师试补制度，即"教师培养课程的履修者，先以试补的形式在中小学校工作半年或一年后，再根据试补期间的表现录用为正式教师、授予正式教师资格"。②"第八特委"的委员虽然对教师资格的国家考试制意见相违，但关于"像战前官立师范学校有授予教师资格特权这种现象绝对不能再现"这一点达成了一致。因此，在教师试补制被提出后，赞成或反对国家考试制的双方，都未表示明确的异议。③"教刷委"此后探讨的重点，逐渐从教师资格国家考试方案转向教师试补制度方案。

"第八特委"第 11 次会议上，并列提出了国家考试制和教师试补制两种协议方案，最终各位委员基本上都倾向于采取教师试补制。探讨如何施行教师试补制时，关于"履修过教师培养课程者，是否还要经由在学校做试补教

---

① 山田昇. 戦後日本教員養成史研究 [M]. 東京：風間書房，1994：257-258.
② 山田昇. 戦後日本教員養成史研究 [M]. 東京：風間書房，1994：260.
③ 向山浩子. 教職の専門性：教員養成改革論の再検討 [M]. 東京：明治図書出版，1987：127.

师的程序?""没有履修过教师培养课程但有大学学力者,是否有成为试补教师的机会?""在试补时由谁来审查试补教师的工作业绩,审查哪些内容?""在试补工作结束后,是否要采用国家考试形式认定教师资格?"等课题,国家考试支持派和反对派之间又产生了异议。"对试补教师的审查,不应仅通过书面考试,还要通过资料调查形式进行审查"这一点上,委员们基本达成了共识。①

"第八特委"第 12 次会议上,国家考试制提案已经彻底被排除出讨论范围,基本确定了作为教师资格认定方法的试补制的要点。原教师试补方案中只有"履修既定教师培养课程"者才能参与试补制度,意味着"在毕业阶段才想从事教师职业的学生失去了机会"。因此将其修订为"已履修教师培养课程者试补时间为 6 个月,未履修教师培养课程者试补时间为 1 年"。②"第八特委"的此次意见,在当天下午"教刷委"第 39 次总会上作为中期报告提交。务台理作委员在向总会提交的主旨中说明,为避免因学校出身产生特权,让大学毕业生都有获取教师资格的机会,希望废除免试教师检定制度,今后围绕着教师试补制考虑教师资格认定问题。在"教刷委"的总会上,对"第八特委"的这一意见并未提出太大的异议,第三次中期报告基本上被直接采纳。③

但是,文部省对这一方案表示有所顾虑。因为如果大量试补教师参与学校教育,可能会招致家长的不满和反对,也无法保证所有的试补教师都能参与班级管理,在雇用试补教师的财政方面也存在一定的问题。另外,文部省认为"无论是否已履修教师培养课程,都可参与教师试补,忽视了教师培养课程的重要性"④。据此,文部省很快就在 1947 年 7 月 21 日发表了《教师资格证书及检定制度改善纲要》,即"七月方案"。纲要中提出只有"没有既定教育经历者"才需要参与教师试补,以获取教师资格证,"有既定教育经历者"则不需要试补。这一点与"教刷委"希望"清除一切特权""全员试补"

① 向山浩子. 教職の専門性:教員養成改革論の再検討 [M]. 東京:明治図書出版,1987:128.
② 向山浩子. 教職の専門性:教員養成改革論の再検討 [M]. 東京:明治図書出版,1987:128.
③ 向山浩子. 教職の専門性:教員養成改革論の再検討 [M]. 東京:明治図書出版,1987:129.
④ 山田昇. 戦後日本教員養成史研究 [M]. 東京:風間書房,1994:273.

的方针相矛盾。另外，纲要中仍保留教师资格的考试检定和免试检定的表述，也与"教刷委"的方针有所不同。① 但在一个月后，文部省又提出了关于教师资格制度的"八月方案"，变更为"没有教育学科履修证明书者，不能在教师试补中指导幼儿、学生"，严格要求试补者必须为履修完教师培养课程者。变更的主要原因是，文部省在提出"七月方案"后，CIE 认为"未事先接受教师培养教育者不能执教"，否则有可能牺牲部分学生的利益，这一启示对文部省的影响很大。② 由此，在教师资格认定中，教师培养课程的地位与功能更加受到重视。

CIE 提出，从教师职前培养教育的必要性考虑，未曾履修过教师培养课程者也可通过教师试补制获取教师资格这一方案，如果是在教师数量严重不足的时期，作为应急对策尚可理解，但是如若作为一种常态化方案，则须慎重探讨。③ "教刷委"在 1947 年 9 月 19 日的第 40 次总会上表示，要重新考虑区分教师培养的应急对策和常态化方案。最终，"教刷委"仍建议采取教师试补制进行教师资格认定。虽然"未履修教师培养课程者"可以做一年试补教师这一条款仍被保留，但被更正为"当前为了满足大量教师的供给需求，而采取的临时性措施"。作为常态化的方案，要想成为教师，必须在履修教师培养课程后，再进行半年的试补工作，经审定后获取正式教师资格。④ 如此一来，教师培养课程的内容和深度以及应履修的学分数，又成为探讨教师资格制度时的一个重要课题。

实际上，在"教刷委"探讨教师试补制的修正方案的同时，文部省就已经开始着手制定起草"教员资格法基本纲要案"。在文部省的方案中，已不再考虑采纳教师试补制，而是主要围绕教师检定制和教师检定机构构思新的教师资格制度，将履修过教师培养课程者和未履修者严格区别对待。可以看出，文部省关于"教师资格法"的基本构想，是在 GHQ 和 CIE 一系列的要求和影响下，采取的一个折中的现实方案。

---

① 山田昇. 戦後日本教員養成史研究 [M]. 東京：風間書房，1994：278.

② 向山浩子. 教職の専門性：教員養成改革論の再検討 [M]. 東京：明治図書出版，1987：129.

③ 山田昇. 戦後日本教員養成史研究 [M]. 東京：風間書房，1994：282.

④ 向山浩子. 教職の専門性：教員養成改革論の再検討 [M]. 東京：明治図書出版，1987：130.

"教刷委"一直探讨的教师试补制最终未能施行，其直接原因是在日本被占领的状态下受到 CIE 的影响，各方观点冲突协调的结果。此外，教师试补制在当时要想施行还存在很多现实问题，与战后日本财政极度困难也不无关系。根据 1948 年玖村敏雄的记述，"如若采纳教师试补制，前提是必须先解决试补者在试补期间的地位、待遇、训练方法等。除此之外，还与教师供求问题相关。还有教师培养学校和教师资格证授予方法等一系列根本问题要考虑。现实当中要想推行这一制度几乎不可能"①。另外，教师试补制本身也存在一定的问题，其内有教师培养制度的改革构想与教师资格制度的改革构想之间的冲突。从制度的角度来说，教师培养制度强调要想成为教师，必须在能够培养教师的大学履修一定的教师培养课程，那么教师资格制度就应该与此相呼应，二者本不应产生龃龉。但是，教师试补制却忽视了职前教师教育的重要性，自然在既定的教师培养制度下难以推行。

三、文部省基于"教师培养课程履修制"确立教师资格开放性与合理性的提案

1949 年日本颁行的《教育职员资格法》是在被美军占领的特殊社会环境中制定的，是一部经历了"难产"过程的法律，尤其是关于教育素养方面的讨论十分不畅。一边是美国方面自信满满地建议采用新开拓的教育科学；一边是日本国内基于对战前师范教育的强烈批判，认为教师不需要特殊的素养。当时的探讨，多数不是从本质上探讨教师教育的应有状态、确定教师资格的标准，而是以协调各方见解的方式，最终确定了日本战后最初的教师资格制度。战后初期制定的《教育职员资格法》是过于理想化的结果，但欠缺对达成这一结果的具体过程的考虑，最终只能是差强人意。

文部省从 1947 年 10 月初就开始从教师检定的角度，探讨教师资格制度的细节问题。在这一过程中，最大的课题是"大学应届生或在职教师要履修多少学分，才能承担小学、初中、高中教师工作"。关于这一点美国方面的意见也不统一，但在"原则上，小学、幼儿园、初中和高中的教师，都必须是

---

① 玖村敏雄. 新教育の動向［M］. 名古屋：愛知書院，1948：229.

在四年制大学毕业生的前提下，在获取一定学分的基础上获取教师资格证"这一点上达成一致。① 此后，关于教师资格制度的核心议题，一直围绕着具体需要履修哪些科目以及多少学分进行。

1948 年 6 月 4 日，在"教刷委"的第 69 次总会上，由文部省调查科科长发表了关于规定"教师资格证书"所需学分数的中期报告。② 这份报告主要基于美国教师教育的统计数据，设定了日本中小学教师在职前培养阶段所要履修的内容和学分。"教刷委"对这一报告的方针有所异议，认为教育素养课程的相关学分比重过大，担忧会导致逆行回战前师范教育的状态。"教刷委"的委员长南原繁，反驳文部省中期报告的理由是"我们放弃了战前的师范学校系统，改为在普通的大学系统培养教师，就是希望综合大学和其他单科大学的毕业生，通过再履修若干教育类课程，就能获取教师资格。但如果教育素养类课程设为 20 到 30 学分，那这些设想将化为泡影"。其他委员也纷纷附和，表示"只有从教师培养学校转变而来的学艺大学，才能满足这样的教师培养课程要求，其他大学基本无法达成。再加上需要庞大的教授阵营，才能满足这样多的学分授课要求，就连东京大学、京都大学这样顶尖的国立大学，也没有这样的准备条件"。③

尽管"教刷委"强烈反对，但文部省坚持认为对教育素养学分比重的设置没有问题，且与 CIE 已有密切的交涉，"对方认为小学教师尤其应该是经验丰富的教育者"。此后，文部省还是基于这次中期报告，拟定了教师资格的课程履修标准。1949 年春天，文部省最终拟定《教育职员资格法》及施行规则，报呈国会讨论。此时"教刷委"虽仍表示不满，但已无能为力。最终，1949 年 5 月 31 日《教育职员资格法》公布，从 9 月 1 日开始施行。由此，基于大学教师培养课程履修制的日本教师资格制度正式启动。

在新教师教育制度施行后，玖村敏雄在《教育职员资格法同法施行法解说》中，从"民主立法""确立教师为专业从业人员""尊重学校教育""教师资格的开放性与合理性""重视在职教育"五个角度，对《教育职员资格

---

① 山田昇. 戦後日本教員養成史研究 [M]. 東京：風間書房，1994：295.
② 山田昇. 戦後日本教員養成史研究 [M]. 東京：風間書房，1994：295.
③ 山田昇. 戦後日本教員養成史研究 [M]. 東京：風間書房，1994：298.

法》的立法精神进行了解说。第一，"民主立法"是指，由国会通过法律规定教师资格的相关事项。第二，"确立教师为专业从业人员"是指，"想要从事教育工作者，关于教育的学识要达到一定的标准，教师是基于一定的学识才能从事培养人这一重要工作的专业工作者。正是因为尊重生命，才将医生定位于专业从业人员，培养人的工作也同样应受到尊重，所以教师也必须是专业从业人员"。因此，确立了从事教育工作的人必须是持有教师资格证者这一根本原则。第三，"尊重学校教育"是指，废除以前的教师检定制度，将在大学接受教育的时间作为教师资格的基础，在大学培养教师。第四，"教师资格的开放性与合理性"是指，只要符合既定的标准，教师资格的获取是极具开放性的。打破战前将教师培养类学校、指定学校和许可学校与除此之外的其他学校之间的严格区分，不再有因出身学校不同而产生的差异，将教师资格单纯化、开放化是新教师资格制度的特色。第五，"重视在职教育"是指，"将在职教师通过业余时间努力研修的成果，也纳入获取相应教师资格的考虑范围"，这一点也是新教师资格制度的一大特色。[①]

四、"教养审"基于教师培养课程认定制保障教师资格标准统一的提案

1949 年文部省制定的教师资格标准，由于受 CIE 的强力影响，在当局者眼中过于偏向自由主义，他们对此本来就不甚满意。原来"教刷委"所担忧的大学中教育类科目的授课师资不足等问题，也确实成为现实难题。教育一线也认为，当时的教师资格制度相对日本的教育现状过于超前，强烈要求能有所改善。再加之 1952 年 4 月日本在结束了被占领管理的状态后，希望建构更适合日本本土的教师教育制度。

战后日本教师培养制度创立之初，想成为教师的大学入学者严重不足，其中尤其缺乏小学教师应征者。1950 年的小学教师培养课程的报考者，仅占招生人数的 57%。初中教师培养课程的报考者虽然是招生人数的两倍，但各

---

① 玖村敏雄. 教育職員免許法施行規則同法施行法施行規則解説 [M]. 東京：学芸図書，1949：302-303.

门教学学科的应考人数并不均衡，与音乐、图画手工、保健体育有关的学科应考者仍处于不足状态。[①] 有些人背后会批评一些老师，"虽然会教，但实际却腹内空空"。有批判指出，"以培养教师为主的大学（学部）的毕业生，学科专业能力薄弱；与此相对，普通大学的毕业生成为教师的使命感本身又很弱"，所以优秀教师匮乏。[②] 作为解决对策，政府一方面采取奖学金制度，改善教师待遇；一方面考虑"实验实习学分过多，导致没有时间培养教师专业素养"，"是否需要增加学科专业科目学分"。为了"解决教师供求问题"，1951 年《教育职员资格法》就已部分修订，补充规定获取中学教师一般学科的资格证书时，可以根据情况免除履修部分教育素养专业科目，约一半的教育素养专业科目可以用学科专业科目的学分抵消。

1953 年 7 月，"教养审"主导修订了《教育职员资格法》，导入教师培养课程认定制。根据此次"教师资格法"的修订，想获取教师资格者必须履修完认定的教师培养课程和学分；参与教师培养的大学必须按照"教师资格法"的规定，设置相应的课程。教师培养课程认定制启动后，大学设置教师培养课程的自由度大大降低。文部省对大学培养教师的管理收紧，在一定程度上可以防止大学设置教师培养课程的标准过低，或在设置完毕后不再做充实提高的工作。但是，教师培养课程认定制对大学的限定加强，文部省实质上在教师培养方面又部分采取了中央集权式的管理，这也进一步推动了此后的教师计划性培养。1954 年 6 月，《教育职员资格法》又再次做了补充修订。此次修订，一方面为解决小学教师培养课程入学者不足的问题，另一方面也为提高小学教师的培养质量。此次修订整体减少了获取教师资格所需的教育类科目学分数，增加了学科专业科目学分数，并且删除了关于校长、教育长和指导主事也要获取教师资格证书的规定。小学教师的教育类科目的学分数虽然有所增加，但将教材研究的学分数也计算在内的话，实质学分数与之前相比还是减少了。

综上所述，在日本脱离被占领管制状态后，"教养审"迅速通过审议，对

---

① 向山浩子. 教職の専門性：教員養成改革論の再検討 [M]. 東京：明治図書出版，1987：161.
② 向山浩子. 教職の専門性：教員養成改革論の再検討 [M]. 東京：明治図書出版，1987：151.

1949 年制定的第一版《教育职员资格法》提出了修订建议，修正了当局认为过于偏向自由主义的教师培养课程履修制。1953 年"教师资格法"修订后，确定了大学的教师培养课程认定制；1954 年修订后，重新统一确定了教师资格标准，对获取教师资格所必须履修的学分和课程进行了严格的限定。这是自日本战后教师资格制度开始施行后，最大的一次改革。此后，一直到 20 世纪 80 年代的日本教育改革之前，教师资格制度都未再有大幅度的框架性变动。

五、关于调整教师资格标准以提高教师实践指导能力的提案与见解

随着新制大学毕业生走上工作岗位，以及教师在职教育的推进，战后混乱期中的教师供求问题开始有所缓和。到 20 世纪 60 年代中期时，日本基本消解了无资格教师大量存在的现象。但是，此时中小学教师虽然有了数量上的基本保障，但在学校内部却存在着新录用的年轻新教师与临近退休的老教师数量庞大，缺乏中坚教师引领的结构失衡问题。再加之从 20 世纪 60 年代中期开始，日本在经济高速发展期引发的种种社会矛盾，导致中小学生也出现多种不良行为，学校教育病理问题逐渐显现。校园中复杂的教育问题对教师提出了新的要求，需要教师具有能做出及时专业性判断的"实践性指导能力"。

（一）"中教审"与"教养审"强化教育素养和延长教育实习时间的提案

20 世纪 70 年代初，"中教审"的"四六答申"报告和"教养审"的《关于教师培养的改善方案》中，提出"对教师资格证的种类和教师资格标准进行改革"时，都以培养教师的"实践性指导能力"为目标，提出提高教师资格标准，特别是要提高教育类科目的相关标准和学分。"教养审"的建议方案中指出，教师是"高层次的专业从业人员"，教师培养教育必须考虑如何培养"教师作为专业从业人员的素质能力"。为此，"教养审"认为有必要通过"调整教师资格标准"改善"大学的教师培养课程"，实现"教师养成类大学的完备充实"。[①]

---

① 山田昇. 戦後日本教員養成史研究 [M]. 東京：風間書房，1994：415.

  "教养审"于1972年提出的改革方案中，关于提高教师资格标准方面指出，要首先充实强化教育类科目，设置"教育课程研究"科目并增加相关的学分数；大幅提高教育实习的时间，培养小学教师的教育实习时间要求至少为8周，中学教师的教育实习时间至少为6周。将之前中学教师培养课程中学科专业类科目分为甲、乙两种的规定废除，无论要获得哪种学科的教师资格证，初中教师都要修满40学分，高中教师都要修满48学分。要成为小学、初中、高中及幼儿园教师者，都要具备从四年制大学毕业的基础资格，获取"普通教师资格证书"，其后在具有一定教职经验并在具有课程认定的研究生院履修完硕士课程后，可获取"高级教师资格证书"。另外，短期大学的学历也可以作为教师基础资格，获取"初级教师资格证书"，但只适用于幼儿园和小学教师，不适用于高中教师，初中教师将来也力争采取与高中教师相同的标准。这一观点也与"中教审"报告相同，主要是"基于当前情况"，但其中也多少存在幼儿教育和初等教育要比中等教育相对简单的教育观。"获取初级教师资格证者，必须不断努力通过进修获取普通教师资格证书"这一观点看起来比较积极，但"具有教师职务任命权者，要让这些持有初级教师资格证的教师，参与获取普通教师资格证书的进修"，实质上是在将短大毕业教师的后续培养委任于行政方面，在某种程度上部分违背了"大学培养教师"的理念和原则。①

  此外，"教养审"的建议，承续了"中教审"的主张，提议要"扩充教师资格认定制度"。即为了能够吸引一些"在大学中难以培养的、特殊领域的教师"和初等教育教师，可以作为一种现实的应对措施，进行特殊教师资格认定。这种教师资格认定考试制度，其后通过1973年部分修订《教育职员资格法》得以实现，适用于小学和高中特殊领域的教师等。②

  1972年"教养审"关于教师培养的提案事项，如新构想教育大学、研究生院的创设等，在此后都有一定进展，但教师资格标准改革的相关事项却一直悬而未决。因此，"中教审"1978年《关于教师素养能力的提高》报告中

---

① 右島洋介，鈴木慎一. 教師教育課題と展望［M］. 東京：劲草書房，1984：77-78.

② 右島洋介，鈴木慎一. 教師教育課題と展望［M］. 東京：劲草書房，1984：78.

再次强调，获取教师资格证书者和实际从事教师职业者之间存在一定落差，"教育实习以及其他培养实践指导能力的教育课程尚有不足"，今后需要强化这方面的教师培养教育。"中教审"提出，大学要"注意充实提高学科教育、教育实习和其他与实践指导能力相关的教学课程的质量"，"招揽既具有丰富的中小学教学经验又具有一定教育研究业绩者，进入大学承担教师培养工作"。换言之，"中教审"希望大学方面强化学科教学研究，并对教师教育者的队伍建设提出了具体建议。另外，"中教审"提出"为了能够顺利高效进行教育实习，大学和教育委员会等相关机构，要形成地域性合作关系，设置联合性组织以协调在实习学校的工作"。教师养成类大学"要进一步改善教育研究条件，完成研究生院的设置"。① "中教审"报告中的这一系列建议，在此后的政策措施中，通过行政指令和财政预算等基本都得以实现。

（二）日本教育学会重视教育实习质量和学科素养的意见

对于"中教审"和"教养审"通过调整教师资格标准以改善大学教师培养课程的建议，教育界未有过激的反对意见，但在具体做法上有部分不同的见解。教育大学协会实际上早于"教养审"，在 1972 年 6 月就先发表了《改善教师培养的意见》，其中很多建议都被"教养审"所采纳，两方的整体论调基本一致。② 日本教育学会则对于教师培养课程中各领域之间的关系，以及提高教育类科目的标准方面，有不同的见解与观点。

日本教育学会主张为了真正体现在大学培养教师的意义，要认识到通识教育才是"大学的核心"，要让通识教育、学科专业教育和教育素养教育三个领域，体现出各自的本质与功能。③ 对于加强教育类专业科目的建议，日本教育学会指出"很多提案虽说要增加教育类专业科目，以提高教师专业性，但增加的多是学生指导、班级管理、教育技术学等主要限于教育方法和教育技术的相关科目。这样很难说是指向教师真正的专业性，只是让教师在有限的框架内运用发挥自己的技能成为一个'专业技能者'"。④

---

① 山田昇. 戦後日本教員養成史研究 [M]. 東京：風間書房，1994：456.
② 新堀通也. 教員養成の再検討 [M]. 東京：教育開発研究所，1986：53.
③ 右島洋介，鈴木慎一. 教師教育課題と展望 [M]. 東京：勁草書房，1984：104.
④ 右島洋介，鈴木慎一. 教師教育課題と展望 [M]. 東京：勁草書房，1984：100.

对于"中教审"和"教养审"关于教育实习的提案，日本教育学会认为如下几点令人担心：第一，教育实习作为形成"教师人格"的强有力的手段愈发受到重视，存在着"在强制管理和统一要求之下进行的危险性"。第二，在这种统一的管理下，"只会让学生体验完全符合《学习指导要领》要求的教育实习和学科教学，学生不只被剥夺'实习的自由'，还容易失去有'教学自由'的信心"。第三，这种实习"成为教师培养中实践核心的时候，教育实习就会失去实践研究的性质，以致存在着教师培养整体都被剥夺科学研究基本性质的危险性"。如此一来，"很容易形成教师养成类大学将研究和教学分离的特点"。此前，日本一般提及要充实强化教育实习，多是关注延长实习时间。但此次日本教育学会对一味要求延长实习时间提出质疑，希望从科学合理的角度，深入研究如何进行教育实习。日本教育学会指出，一般教育实习形式化、名义化、实习生缺乏责任感的问题，主要原因都在于大学方面，但在改善教育实习时，可以考虑"进一步推进中小学教师队伍发挥事实上已经在发挥的作用"。①

另外，日本教育学会尤其重视学科教育研究以及学科教育的教师教育者在大学组织中的地位与功能。日本教育学会指出，要实现教师培养教育中已被细分的各领域的统一化和综合化，需要建构相关专业领域研究者之间的协作体制，这个协作体制中的组织者、统领者，正应该由学科教育的教师教育者来承担。从这一层意义上来说，学科教育的教师教育者应该有一个独立的群体组织，不应在教育类学科当中谋求地位，而是按照"学科专业类别"在每个学科内适当配置，按照需求与教育学相关人员联络。②

可以看出，1978年"中教审"关于教师资格标准调整的方案中，有关设置教育实习的地方联络协议会、加强学科教育研究和学科教育的教师教育者的队伍建设等内容，吸纳了日本教育学会等教育学界的意见。但是，调整教师资格标准以加强教育类科目的学习，是否就能提高教师的"实践指导能力"以及解决现实中的学校教育问题等，尚值得探讨。因为学校教育病理产生的

---

① 右岛洋介，铃木慎一. 教师教育课题与展望 [M]. 东京：劲草书房，1984：106-108.
② 右岛洋介，铃木慎一. 教师教育课题与展望 [M]. 东京：劲草书房，1984：105.

根源，并不只是教师指导能力不足，而是与政治经济、社会文化、学校课程和家庭地区等有综合关联。而且，教师的实践指导能力是否能够通过接受大学教育在职前培养阶段就充分具备，也是需要探讨的问题。

20 世纪 70 年代开始，日本出现的这种试图通过调整教师资格标准、改善教师培养课程，以提高职前教师的实践指导能力的教师教育思想，通过一系列的政策措施得以在实践中推行。但是，日本校园的教育病理问题并未因此得到解决，反而在 20 世纪 80 年代以后愈演愈烈。即便如此，这种教师教育思想也仍然存在，且演变为对教师的强烈不信任感，认为因为有大量不合格的教师存在，所以导致教育问题频发。通过改革教师资格制度，排查不合格教师，也成为此后日本施行教师资格更新制的原因之一。

第四节

教师教育大学化时期的日本在职教师教育思想

日本制定《教育职员资格法》的同年（即 1949 年），也颁布了有丰富"研修"条款的《教育公务员特例法》（以下简称"教特法"），这一法规的颁布可看作二战后日本教师研修制度的发端，在日本教师在职教育史上具有划时代的意义。

一、关于教师研修既是义务也是权利的思想

日本《教育公务员特例法》第 19 条中规定"教育公务员，为履行其职责，必须不断努力加强研究与修养"，国家赋予教育公务员享受在职研修的权利，在不影响正常教学的前提下经批准可脱产研修。在《地方公务员法》第 39 条中规定"为了让职员能发挥及增进其工作能力，必须给予其研修的机会"[1]。也就是说，二战后日本以法律形式明文规定，"研修"为每个教师应尽的义务和享有的权利。

---

① 伊藤和衛. 現職教育の再検討 [M]. 東京：教育開発研究所，1986：88.

但是须要注意的是，根据"教特法"中的法律条文表述，所谓教师需要"必须不断努力加强研究与修养"这一规定，似乎是对教育公务员提出了无上限的工作量要求。这种对教师研修的表述，未能将教师的职务工作活动与私人生活严格区分开来。由法律条款规定教师私生活的方式，导致职业伦理与法律规定被混为一谈。并且，"加强研究与修养"是教师"履行职责"的必要条件，相当于直接对教育公务员科以研修的义务。如果是需要教师自发进行的自主研修，却要以法律条文的形式规定为教育公务员职业工作的义务，本身也有矛盾之处。这不仅违反了日本《劳动基本法》第 32 条规定的"平均每周工作时间不得超过 40 小时"的条款，而且导致各方围绕着教师的"研修"产生了不同的解释和争论。①

在教师研修既是义务也是权利的理念下，能够保持权利与义务的平衡是较为理想的。"教特法"在规定教育公务员有研修权利的同时，还要求行政当局创造条件，以保证教师有各种各样的研修机会和条件。如果教师具有自主研修权利的话，那就应当保障每个教师乃至整个教师队伍，可以参加各种各样的研修，其中当然包括参加民间组织的各种教育活动。在职教师的教育研究活动，本应以尊重教师的自发性和自主性的原则为前提。但从 20 世纪 50 年代开始，由于日本政府与"日教组"间处于对立关系，所以政府对教师组织自发举行研修活动所持态度并不积极。在这种情况下，与"日教组"有着千丝万缕联系的教师民间自主研修活动，也被政府抨击为非法活动。

东京大学教育哲学教授胜田守一，在 1958 年"日教组"主办的《教育批评》杂志上的一篇论文中，曾探讨了教师研究活动与教师工会之间的关系。"教育研究的目标不应是加强教师工会组织，而应是培养具有强烈职业意识的、有独立精神的教师。……归根结底，教育研究活动是一种极为重要的培育和培养教育的民主形式。"② 胜田在这里坦率地指出了工会运动和教育研究，以及教育研究和教师的自由这些关系中存在的问题。自由得到保证，这对于教育研究运动的成功是极为重要的。

文部省为了巩固和加强政府对在职教师研修的管控，限制教师参加非官

① 市川昭午. 教職研修の理論と構造 [M]. 東京：教育開発研究所，2015：136.
② 堀尾輝久. 当代日本教育思想 [M]. 太原：山西教育出版社，1994：255.

方组织的研究活动的自由，在一些法律中不断强调教师应该接受行政管理，不承认教师具有对教育的自主决定权。教师的在职研修权利并未得到充分的保障，教师的研修活动多被置于行政管理之下，变成了政府管控教师的一种手段。教师研修更倾向于成为教师要接受既定在职教育的义务。文部省的官员甚至直接指出，"权利是受法律保证的权利——换言之，仅仅是出自于法定的权利"，"教育权利在宪法中是指接受某种教育的权利。……将它解释为教师表达的权利或是教师有权自主地决定他们所任教的课程，那么，这是对'权利'一词的违法的理解。……决定小学到高中全部课程内容的权利归文部省。因此，这不但不是教师的权利，而且与他们毫不相干"。① 文部省的高桥恒三在《教师的权利与职责》中写道："根据《教育公务员特例法》的规定，在职进修作为教师的权利存在某种基础，承认需要这种训练有许多理由。然而，给予教师接受在职进修机会的权利，却毫无疑问地属于他们的上级。"②

文部省一方面企图通过法律解释来抑制教师的自主研修，另一方面还竭力加强其本身对教师行政研修工作的控制。自 1958 年官方的《学习指导要领》修订以来，在职研修已主要集中于文部省要求的课程方面，研修多采用讲座的形式，讲座的内容使用文部省制定的官方材料。文部省还着手从财政上投入补贴，在地方开设教师研修机构。政府努力组织起各级集中的、地方性的教育研究团体，通过行政指令和职务晋升要求等方式，要求教师参加官方组织的在职教育。一些教育研究人员和学者甚至也认为"大学教师进行研究，并将研究成果传授给他们的学生，而中小学校长要求教师的却只有教好书"，认为中小学教师的"研究"充其量只能是"训练"或"进修"，与大学中所做的学术研究大相径庭。③

因此，在战后相当长一段时期，中小学教师进行教育"研究"的必要性以及研究的自由与权利并未受到重视。教师进行与教育工作有关的研究，以及探讨创造性教育实践形式的自由，不断地受到官方组织的侵犯。文部省与各级教育委员会合作推进的在职进修，在某种程度上被政府当成了压制教师

① 田原迫竜磨. 现代教育の法制と课题 [M]. 東京：第一法规出版，1994：52.
② 堀尾辉久. 当代日本教育思想 [M]. 太原：山西教育出版社，1994：240-241.
③ 堀尾辉久. 当代日本教育思想 [M]. 太原：山西教育出版社，1994：241-242.

自发性的一种手段，一种强行对抗自主研修的方法。加强行政研修的想法与举措本身并没有问题，但如果作为教师管理体制的一环，用来评估和控制教师的发展，则存在着很大的缺陷。

二、关于教师在职研修与职前培养教育同等重要的思想

从 20 世纪 60 年代开始，世界各国对教师的关注点，逐渐从量的补充转向质的提升。60 年代后期，世界各国关于教师专业性的讨论活跃起来，并在教育政策当中有所体现。但教师应被看作专业人员的观点，一开始并未能为日本官方顺利接受。

1965 年 4 月《关于教师地位的建议（草案）》被送到各国政府之后，日本政府公开发表了"不适合日本的国情"的发言。"日教组"与政府针锋相对，表达了对该建议内容的支持态度。1969 年 1 月"全国中小学校长待遇对策联络协议会"以"确立教师的专业职业观"为题发表了报告书，在分析教师作为专业从业人员的特殊性基础上，认为确立教师的专业性需要确立教师职业的伦理观，确立和强化自主的研修体制，以及形成专业团体的组织化。①《关于教师地位的建议》这一文件在多方讨论下，最终还是逐渐对日本教育政策产生了影响。

在 1971 年"四六答申"咨询报告中，也能够看到联合国教科文组织的《关于教师地位的建议》的影响。但是，联合国教科文组织的建议是从广阔的视野，承认教师专业性当中所需的自主性和自律性。在当时日本教育行政中央集权已收紧、政府与"日教组"对立的背景下，"中教审"咨询报告是将教师作为国家公务员的前提下，部分承认教师的专业地位。换言之，在日本论及提高教师专业地位时，带有日本特色的教师专业论，教师的专业自主权并不充分。但不管怎么说，在提高教师专业地位的潮流下，提高教师待遇水平和终身学习的议题首先得到了重视。教师研修的体系化建设，也随之在日本政策体制上有所反映。

教师作为专业人员的一个必要条件就是，"学问体系当中所包含的知识、

---

① 市川昭午. 教師＝専門職の再検討［M］. 東京：教育開発研究所，1986：41.

技术"不只在培养阶段，在入职后也需要不断提高、发展。"教师职业＝专业化职业"的观点，从逻辑上就必然要求教师研修必不可少。[①] 世界各国都逐渐意识到教师在入职前的培养不过是终身学习的一个阶段，教师在职研修必须与教师职前培养处于同等重要的位置。在 20 世纪 70 年代之前，一般认为只要充实、改善大学阶段的教师培养教育，就可以培养出优秀的教师，但之后学界逐渐意识到教师入职后的研修也十分重要。优秀教师是通过"培养、录用、在职教育"这一系列的过程，不断成长起来的。并且，其中尤其需要重视在教师职业生涯中在职教育所起到的作用。在这种研修观下，进入 70 年代后，日本政府组织逐渐开始将教师的职前培养教育与教师的在职教育作为持续的、统一的整体来把握，如何整体提高教师素养的"教师教育"概念登场。教师在职教育、教师研修的问题终于能与教师培养并列占有重要的地位。

与讨论教师专业性的议题相呼应，在政府对民间教育研究团体提供资助的同时，行政当局也开始着手完善"教师研修体系"。随着各级教育中心的设立，行政研修的数量也不断增加，教师的研修种类日益多样化，根据各种职级、工龄、主题划分的研修逐渐丰富起来。

三、关于行政权力介入在职教师专业发展的思想

（一）文部省将在职教师长期研修作为人事管理手段的施策

20 世纪 60 年代以后，日本各都道府县教育研修中心逐渐设立完备，行政研修的数量和种类也不断扩充，以讲座或工作坊形式为主的教师短期研修已有了长足进步。在此基础上，在职教师长期研修和提升教师研修层次的课题被提上日程。1958 年"中教审"《关于教师培养制度的改善方案》报告中，就已谈及"在教育大学中设置研修课程，建构教师持续研修的在职教育制度"。但在职教师的长期研修，还涉及研修机会、薪资待遇、教学工作的调整、学校人事管理等一系列与教师研修条件保障有关的课题。

"教养审"在 1962 年《关于改善教师培养制度》的建议中，正式提出与

---

① 伊藤和衛. 現職教育の再檢討 [M]. 東京：教育開発研究所，1986：81.

教师在职研修有关的"研究生院"一事。在 1966 年"教养审"的《关于教育职员资格法的修订》建议中，有"基础资格为具有硕士学位的资格证书"的表述，也从提高教师素养，特别是从与在职教育相关联的角度，探讨了研究生院的问题。1971 年"中教审"咨询报告中提出"设置能够对教育进行高层次研究以及在职教师研修的高等教育机构"。① 1972 年"教养审"建议中提案"创设以在职教师研修为主要目的的新型研究生院"，并进一步提出了"让行政组织推荐教师进行教育课程理论、教育指导方法、学科专业相关事项、学校经营管理等方面，必要的高度专业化的研修"，"要考虑区域性的合理配置，按照区块划分设置新构想研究生院大学"等具体措施。②

经过从 60 年代到 70 年代的反复探讨，文部省决定创设以"在职教师长期研修为主要目的"的"新型研究生院"，同时新设能够为教师培养"起到引领示范性作用"的本科生层次的"新教育大学"。在文部省关于创设"新型研究生院"的相关举措中，在职教师脱产在大学进行长期研修被设置了种种前提条件和要求，客观上成为行政方面对在职教师进行人事管理的一种手段。这种将教师个人专业发展置于中央集权的行政管理之下的思想，也遭到了教育学界的批判。实际上与在财政、人力方面都需要巨大投入，才能创设新构想研究生院相比，以既有的大学为母体、建设完备研究生院的举措更具有现实性。不得不说，创设新构想研究生院这一想法本身，就带有一种对原来的教师养成类大学（学部）的不信任感，这种新教育大学或研究生院的出现就带有一种政治性质。

1979 年 6 月，都道府县教育长协议会，针对在职教师进入研究生院学习时教育行政当局需要做哪些工作的问题，提出了《关于在职教师向新教育大学的派遣》方案。基于都道府县教育长协议会的纲要，1979 年 6 月 28 日，文部省发出了《关于向兵库教育大学派遣教师》的通知。根据该通知，满足既定条件的在职教师，在研究生院的学习可以作为"根据市町村教育委员会的

① 新堀通也. 教員養成の再檢討 [M]. 東京：教育開発研究所，1986：55.
② 右島洋介，鈴木慎一. 教師教育課題と展望 [M]. 東京：劲草書房，1984：78.

出差指令，进行的职务性研修"来处理。① 在文部省通知的基础上，各都道府县也制定了本地的在职教师派遣纲要。

　　无论是文部省还是各都道府县，对在职教师进入研究生院进行长期研修所做出的规定，都没有尊重在职教师的研修自由，而是将此看作派遣在职教师到特定大学的行政性行为。政府的这种举措令教师个人对专业发展的企盼，不得不直接受制于中央集权的行政管理。在学校这个范畴内，教师要想实现职务晋升和专业成长的愿望，就必须努力完成政府设置的在职训练计划所规定的内容。而且，只有那些相信应当参加这种训练的教师，才有获得这种在职教育的机会。对于已有实际教学经验的在职教师来说，能够得到在大学长期研修的机会固然十分可贵，但首先需要思考的本应是在大学应该学习些什么。对于大学和研究生院来说，吸纳在职教师进行研修，也可以考虑由此能为大学的教育研究活性化带来些什么。但是，将教师在大学的长期研修划入行政管理范围的做法，完全侵害了教师和大学的自主性。这不但令教师研修自由没有得到保障，而且很可能会导致教师长期研修形式与内容的固化，对于承担教师长期研修的新教育大学来说，长此以往也必然会产生不良影响。

（二）国立大学协会对在职教师研修被限制于体制框架中的不同意见

　　对于政府让部分教师可以在新型教育大学和研究生院中进行长期研修的举措，教育界也提出了不同的意见与观点，其中国立大学协会提出的意见尤其具有代表性。

　　1974 年 11 月，"国大协"特别委员会发表了《教育养成类大学、学部的研究生院问题》报告书。在这一报告中指出，"在职教师的入学资格要以有人事任命权者的推荐为前提，并给予研修结业者特别待遇，每个培养模块都与教育委员会有紧密的联系，结果新构想教育系研究生院变成了教师人事行政的手段，失去了大学的本质，让人不得不担心其堕落为一种教师研修所"。②

　　"国大协"虽然反对创设"新构想教育系研究生院"，但并不反对由大学承担教师研修的责任。"国大协"认为，研究生院应该向教师在职教育开放，

---

①　山田昇. 戦後日本教員養成史研究 [M]. 東京：風間書房，1994：434-435.
②　右島洋介，鈴木慎一. 教師教育課題と展望 [M]. 東京：劲草書房，1984：91.

这与由大学负责教师培养工作一样重要。与新设"新构想教育系研究生院"相比，更重要的是让既有的教育系大学确立起大学本应有的样态，从设置研究生院硕士课程起，将来再逐步设置博士课程，从根本上完善研究和教学的各种条件，建设起相应的组织体制。此外，"在职教育不应成为学校教师人事管理的一种手段，或者说是发挥类似这样的功能。虽然不能否定为了获得不同种类的教师资格证书，部分在职教育可以发挥一定的功能，但是教师在职教育毕竟还是应该建立在教师从业者的主动性和自发性的基础上，才能具有最本真的意义"。①

"国大协"的意见是1971年"中教审"咨询报告发布之后，学界批判新构想研究生院时最核心的原则性问题。即教师的在职教育与其他职业的在职教育或职场研修，有着本质上的差异，这源于教师职业的应有状态。教师在职教育"与教师培养本质相同，不能只满足于习得狭隘的教育素养或学校管理技术"。例如，兵库教育大学的入学选拔考试中，可以选择"教育实践"这一科目代替"外语"考试，因为考查内容十分贴合教育一线实际问题，也引起了热议。对于在职教师来说，研修内容不应只限于狭义的实际问题处理能力，而是应该更着重广泛的学术、艺术和技术等相关方面的再教育，这些可能会反而较大提升教师的实际问题处理能力。② 换言之，教师的在职教育不应仅在现有的体制框架内进行"研修"，而是需要不停地从根本上拷问教育的理念与现实，坚持学术、研究本来的状态。

第五节

教师教育大学化时期的日本教师与教师观

第二次世界大战日本战败后，教育改革也是战后日本政治体制改革中重要的一环。教育要从"国家"中"解放"出来，教师战前的"圣职者"形象受到批判，教师集团也希望重塑自身形象。

---

① 右島洋介，鈴木慎一. 教師教育課題と展望 [M]. 東京：勁草書房，1984：90.
② 山田昇. 戦後日本教員養成史研究 [M]. 東京：風間書房，1994：435–436.

一、从"圣职者"教师观到"劳动者"教师观

（一）战后初期教师群体追求的"劳动者"形象

在对战前教育反思和批判的基础上，学校教师在法律上的概念有重大改变。首先，"教师"被期待践行《宪法》和《教育基本法》中的基本理念，即希望教师能够"培养尊重个人尊严、追求真理与和平的人"。其次，教师在"具有公共性质"的学校中，是"所有人的奉献者"，在自觉"自己的使命"的同时，努力"履行职责"，为此期望因"教师的身份"而受到应有的"尊重"，教师"合理的待遇"必须"受到重视"（1947年《教育基本法》第6条第2款）。再次，公立学校的教师虽然受地方公务员身份的限制，但有结成劳动者组织的基本自由。私立学校教师的公共职责与公立学校教师相同，但在劳动基本权方面要比公立学校教师自由度高。① 由此，教师作为市民的基本人权得到了保障。

战后，日本教师的形象和自我认同很快发生了改变。随着原来教师"神圣"权威的来源即神权天皇制国家权力的崩坍，圣职教师观在战后不久趋于消失。教师开始痛切地反思自身在战争中所起的作用，希望能作为劳动者团结起来。在战后初期民主主义十分活跃的情况下，原来被禁止参加一切政治活动的教师在1947年结成了带有极强政治性的日本教职员组合，其后甚至成为国民运动的主导性组织之一。1951年在政府试图再度推出军备政策时，教职员组织提出了代表广大教师心声的"不要再将我们的学生送进战场！"的口号。② 1952年，"日教组"提出了《教师伦理纲领》，其中明确提出"教师要成为劳动者"，在日本引起了很大的反响，是教师观转变的重要标志。

从"日教组"发布的《教师伦理纲领》内容来看，当时教师表明了拒绝原来圣职者角色的态度，转而追求行业内部团结和劳动者的角色，并与家长和学生站在同一阵线追求和平、真理与自由，即便斗争的对象是国家也绝不妥协。在1954年"中教审"《关于维持教员政治中立的咨询报告》中，批判

① 姉崎洋一. 教職への道しるべ［M］. 東京：八千代出版株式会社，2010：5-6.
② 坂本秀夫. 教師の研究［M］. 東京：三一書房，1989：160-161.

"日教组""在关于教师政治中立性的问题上，政治色彩过于浓厚，并带有强烈的倾向性"，政府和执政党也开始限制教师的政治活动。①《教师伦理纲领》虽然遭到了当时政府、政党的反对，但在确立教师职业声望、确保教师职务履行方面，仍然具有重大的进步意义。

教师从战前作为天皇军国臣民的奉献者，转变为战后为全体国民服务的劳动者，也与当时的社会政治环境密切相关。"中教审"于20世纪60年代提出《理想的日本人》，希望每个日本人具备安分守己、勤劳工作、忠诚爱国等品质，强调工作无贵贱之别，重要的不是职业分工，而在于是否具有服务社会的精神、埋头工作的劳动积极性和归属社会的忠心。战前受国家主义和军国主义影响，日本强调教育为政治服务；战后为了大力发展经济、改善民生，日本转而强调教育要为社会经济发展服务。日本的教师，战前是"国家的仆从"，战后一度被重新界定为"公众的仆从"。教师被要求遵规守纪，并且对大众要诚实、要有献身精神。②战后"作为劳动者的教师"形象，从理念上说是针对战前的"作为圣职者的教师"而提出的，从现实上说是针对"作为公仆的教师"的抵抗文化而形成的。

但此后随着日本经济高速发展，依附于官僚制度的教师对于民主主义的危机意识，以及教师相对较低的社会经济地位，促使教师形成了名副其实的无产阶级化的自我意识。这也导致"劳动者"教师形象在另一方面含有对"工薪族教师"的揶揄和自嘲，在现实中也并不全是正面光辉的形象。

（二）"圣职者"教师观的残留与论争

虽然战前的"师范型""圣职者"教师形象被否定，但"教师不仅是单纯教授知识和技能的人，也在学生的道德人格形成方面发挥作用，因此教师职业是值得尊敬的"，这种教师职业观在日本仍然具有很大的影响力。持有这种观点的人很难接受教师自行宣称自己是"劳动者"，也不认同开展政治活动、经济活动的"日教组"及相关教师所持有的教师观。

教师既是将当下社会文化传导给后世的传达者，同时也是承担着未来的

---

① 新堀通也. 教員養成の再検討［M］. 東京：教育開発研究所，1986：60.
② 佐藤学. 课程与教师［M］. 钟启泉，译. 北京：教育科学出版社，2003：262-264.

学生的指导者。教师立足于现在，又要超出现在，既代表着成人又要站在儿童的一方，是连接现在与未来、成人与儿童之间的桥梁，可以说担负着"传道者"的职责。[①] 一些教师也甘于成为教育的"求道者"，被源于宗教、哲学的思想或作为一个人的意识所导引，不断地磨砺自己。认为教师具有"圣职性"的思想，在日本仍有一定的存在空间，或者改头换面以另一种形式呈现，引发持有不同观点的各方争论。

在 1974 年，可能与参议院议员选举有关，这一年出现了诸多对教育、教师有重大影响的法律和文件，关于教育的政策也成为当时政客争论的一个焦点。与社会党的教师劳动者论相对，自民党支持的是教师圣职者论，公明党则为使命职业论，民社党是带有劳动者性质的圣职论，等等，各方展开了教职论争。其时，日本的社会党和共产党作为执政党和在野党，分别从保守和革新的立场围绕教师的"圣职性"展开了激烈的论争。[②]

1974 年 4 月 17 日，日本共产党中央委员会的机关报《赤旗》指出，田中首相等虽然频频主张教师是"圣职"而非劳动者，但实际上未必真是如此考虑的。如果是真心认为教师是圣职，就必须保障教师的圣职性，大幅改善教师的待遇，给予教师参与教育活动的保障，但事实上自民党政府的政策却与此相反。这种"教师＝圣职"论限制了教师作为国民、劳动者的权利，导致对教育的不当支配被强化。但即便如此，"也不能就单纯机械化地反对自民党的'教师＝圣职'论，只说教师是劳动者，不是'圣职者'，也是不对的"。"教师既是劳动者，也是教育的专家"，"教育工作塑造儿童的历史，极具精神性、文化性"，"无论对于儿童的人格形成还是文化发展，都有直接的重大影响。从这层意义上来说，教师确实是一种圣职"。[③]

对此，社会党的机关报《社会新报》在 1974 年 5 月 5 日批判说，"教师的工作是专业工作，不是要否认或轻视教师重要的精神性、文化性任务，而恰恰需要尤其重视。但是，这种性质不是要作为'圣职'来认识，而是必须

① 油布佐和子. 転換期の教師 ［M］. 東京：放送大学教育振興会，2007：105.
② 新堀通也. 教員養成の再検討 ［M］. 東京：教育開発研究所，1986：62.
③ 星野安三郎，等. 資料戦後教育労働運動史（第 2 巻：1970–1978 年）［M］. 東京：労働教育センター，1979：461–462.

作为教育这种'劳动'的性质来认识"。"教师圣职论根本性的错误在于，不承认劳动的宝贵性。只有劳动才能产生价值、推动社会进步，这正是作为劳动者的教师才能够做到的"。①

1974 年 7 月 9 日，"日教组"在《日教组教育新闻》中展开了对共产党的教师圣职论的批判，指出教育劳动者的劳动与物质生产者的劳动相比劳动内容有所不同，"教育劳动关系到建设未来的儿童和青年的成长发展和人格形成，是人与人的交流，会给青年的人格形成带来重大影响。因此，教育劳动的性质要求高度专业性和不断提高研究能力"。具有专业性的劳动是教育劳动的特性，但不能"因为强调教育劳动的专业性，就要否定教师原本的劳动者性质"。②

实际上，随着日本经济的快速复苏和高速发展，在日本重视教育立国的背景下，教师的劳动条件和待遇以及劳动基本权逐渐得到了一定的保障，很多人希望成为教师的动机也在发生改变。早期很多教师怀着教育理想和抱负进入这一行业领域，但随着就业形势日趋严峻，很多人在"要不试试当老师""也只能当老师了"的动机下，退而求其次选择教师职业"先干着看"。③ 在 20 世纪六七十年代校园教育病理问题显现之后，部分教师在"劳动者"定位下只履行与薪资相匹配的教育劳动，却在精神文化方面投入较少，对此社会上也颇有微词。因此，这一阶段再度兴起了教师职业是否具有"圣职性"的讨论。

在 20 世纪 60 年代后期，教师是专业从业人员的观点已出现，并引发了世界各国的关注。作为专业从业人员的教师既要具有"作为教育者的使命感"，也要具有"作为教育者的专业能力"，并能在教育活动中"做出专业的判断与行动"。随着教师专业化理论的发展，日本对教师作为"劳动者"是否还应具有"圣职性"的争论，最终慢慢归为对教师"专业性"内容的讨论，

① 星野安三郎，等. 資料戦後教育労働運動史（第 2 巻：1970-1978 年）［M］. 東京：労働教育センター，1979：462-464.

② 星野安三郎，等. 資料戦後教育労働運動史（第 2 巻：1970-1978 年）［M］. 東京：労働教育センター，1979：464-470.

③ 姉崎洋一. 教職への道しるべ［M］. 東京：八千代出版株式会社，2010：6-7.

教师的"专业者"形象逐渐浮现出来。

二、"专业者"教师观的形成

1966 年国际劳工组织（ILO）和联合国教科文组织发出《关于教师地位的建议》之后，明确教师应具有专业从业人员的地位，这对日本"专业者"教师形象的登场产生了实质性的影响。

20 世纪 60 年代后期，国际教育界关于教师专业性的理论观点进入日本，关于教师是专业从业者的讨论，在日本逐渐活跃起来。日本官方一开始并未顺利地全盘接受教师是"专业人员"的思想，在政策制定方面，起初只暂且同意给予教师作为专业人员的经济待遇，但在中央集权的体制下，却不太希望给予教师太多的专业自主权。因此，日本政府方面还曾发出"教师专业职业论不适合日本的国情"的言论。从 1971 年"四六答申"咨询报告中，也能够看到《关于教师地位的建议》对日本教师教育政策的影响。但教科文组织的建议是从更广阔的视野，承认教师专业性当中所需的自主性和自律性；而"中教审"咨询报告则是将日本教师作为教育公务员的同时，认可教师团体还具有专业职能，即在一定的范围内保证教育政治中立的前提下，才承认教师属于一种特殊的专业职业群体。

这一阶段与官方针锋相对的"日教组"在《关于教师地位的建议》发出后，就立即表达了对建议内容的支持态度，认为教师应被看作专业人员。"日教组"与文部省争执的焦点并不完全在于"教师是否是专业人员？"这个问题本身，而是主要在"教师参与教育行政政策的制定""教师劳动条件和待遇的改善""教师劳动基本权、团体交涉权"等方面处于对立立场。在当时日本教育行政中央集权已收紧的背景下，一直积极争取教育主导权的"日教组"，无法接受教师专业地位与权利只被部分承认的状态。

1969 年 1 月，全国中小学校长待遇对策联络协议会，以"确立教师的专业职业观"为题发表报告书，指出"原来的圣职者观、劳动者观只是教师职业的一个侧面，需要综合各方面确立教师是专业人员的教师观"。该报告基于教师是一种特殊专业职业的分析，认为确立教师的专业性，需要确立教师职业的伦理观、自主研修体制及专业团体组织。① 中小学教师也希望能有作为专业人员的自主性和自律性，树立自身专业人员的形象，获取社会声望和国民信任。

教师作为一种专业职业，毋庸置疑能够满足一门专业所需具有的公共性，但在职业自律性方面，却在对内的自我规制和对外的自我主张两方面都十分脆弱。所以，在教师是否是一种专业职业的争论当中，也有许多观点认为教师应该是一种"半专业（semi - profession）"或"准专业（quasi - profession）"的职业。② 日本从 20 世纪 50 年代后期开始，教育行政的中央集权色彩愈加浓厚，原来战后标榜的教育行政民主化、地方分权和教育独立于行政等原则，开始逐渐空洞化。对于日本大多数一般教师来说，教育的阶层制组织带有强烈的由上至下的法定权威优先色彩，与教师集团作为一种专业组织应具有的自律性是相违背的，并且专业自主性也无法得到完全的保障。在 20 世纪 70 年代，日本教育行政集权化发展和学校教师群体需结成专业组织的背景下，可以明显看到学校管理结构中专业组织原理与官僚制原理的并存与纠葛，学校组织体现出一种专业组织中的官僚制特性。因此，在 20 世纪 70 年代，虽然通过"日教组"和中小学教育一线教师的积极争取和斗争，教师的专业从业者形象在逐渐形成，但在教育实践中还未完全体现教师作为专业人员的自主性与自律性。

三、"日教组"与文部省之间的制衡

"日教组"本来是日本教育界的工会组织。但"日教组"从成立之初，就不仅发挥着教师工会的作用，还影响着战后的日本教育，甚至在社会政治运动方面也具有强大的影响力。

在日本战后民主化改革过程中，在以美国为首的盟军倡导下，教育领域的工会组织快速发展起来。1947 年 6 月，以公立中小学教师为中心，也有高中和大学教职员参加的"日本教职员组合"，即"日教组"在奈良县宣告正

---

① 市川昭午. 教師＝専門職の再検討 [M]. 東京：教育開発研究所，1986：41.
② 市川昭午. 教師＝専門職の再検討 [M]. 東京：教育開発研究所，1986：195.

式成立。大会发表的宣言表示，"日教组是全日本50万教职员希望与意志的集合体，要为建设新民主秩序以及创造新日本文化发挥重要作用"。该组织的三项纲领是：努力确立并完善教师职责的经济、社会、政治地位；争取获得教育民主化与研究的自由；为建设热爱和平与自由的民主国家团结合作。①"日教组"在其后一系列看似激进的、抵制政府教育政策的组织行为，实际上也是为了维护它组建之初就制定的维护民主的教育目标。

　　在盟军占领日本期间，"日教组"与文部省的关系较为和谐，双方能够共同磋商有关日本教育改革事宜，站在统一立场上与盟军总部沟通。1950年朝鲜战争爆发、美国对日本的全面占领结束之后，日本政府开始重新回归中央集权制，加强对教育的控制，"日教组"与文部省也因此转为对抗关系。

　　"日教组"首先在政治方面通过各种方式，替教师团体发出教育主张和政治诉求。1951年，"日教组"针对仍在持续的朝鲜战争，站在教师的立场提出"绝不把学子再送上战场"的口号。"日教组"对战前的日本学校教育进行了深刻反思，反对在学生毕业典礼上对国旗起立并唱国歌，不想再让国家强权侵害学生的自由心灵，并将维护和平教育作为该组织的基本路线。1952年，"日教组"在制定的《教师伦理纲领》中明确提出"教师是劳动者"等内容，这也引起了文部省和政界保守势力的警惕。同年，"日教组"为实现自己的政治主张，专门成立了一个名为"日本教职员政治联盟"（后改为"日本民主教育政治联盟"）的团体，通过选举将己方的政治代表送进各级议会。对于"日教组"所追求的"民主教育"，"日教组"的总秘书长曾做过这样的界定："人民的教育和为了人民的教育，是不受现任政府或任何偶尔占有政府的某个政党所控制的教育。民主的教育是由人民而不是由官僚所控制的教育。"② 战前，日本的军国主义和极端国家主义，将教育变为国家和战争的机器，使教育和教师丧失了独立品格。这种经历使教师深切意识到，如果不首先保证教育不受国家或别有用心的执政者利用，教育的一切民主化期望都将

① 王新生. 战后"日教组"演变过程简论 [J]. 日本学刊，2006（4）：49-61.
② 许建美. 教育政策的制衡力量：论"日本教职员组合"对战后日本教育政策的影响 [J]. 全球教育展望，2011，40（4）：70-74.

落空。"日教组"也因此开始了与体现国家意志的文部省的艰难抗争。在"日教组"的带领下，日本教师团体先后有效抵制了文部省实施的教师业务评定，反对《学习指导要领》具有法定约束力，让文部省被迫取消了全国范围的学力测验，开展对审定教科书的批判活动，打乱了日本政府加强控制教科书的计划，等等。"日教组"在制约文部省、促进战后教育民主化方面发挥了重要作用。

"日教组"不仅在政治方面发挥了巨大的影响力，在提高教师专业职能、维护教师专业权方面也十分积极。1952 年，"日教组"在制定《教师伦理纲领》的同时，还召开了第一次全国教研集会（日光大会）。"日教组"组织的全国教研集会在此之后每年召开，参加者远超万人之数。战后新增的教师、研究者和家长等结成的民间教育研究团体，也与"日教组"的全国教研集会有密切的联系和合作。[1] 日本全国教研集会的渗透影响之广、持续性之长，在国际上也首屈一指，在提高教师专业性方面发挥了巨大的作用。1957 年 7 月，"日教组"设立了常设研究机构"国民教育研究所"，其使命在于从国民的立场出发，为确立民主主义教育而进行理论与实践的研究。该研究所明确指出，民间教育运动是国民反对官僚政权统治、以自主和民主的发展为目标的运动环节之一。[2]由于当时政府与"日教组"间的对立关系，政府对于这些教师自发计划组织的研修活动所持态度并不友好，甚至有政府官员激烈地抨击"日教组"所进行的教研集会是非法活动。

作为工会性质的教师组织，"日教组"在改善教师的经济条件、维护教师的职业形象方面，也付出了巨大的努力。战前的"教师圣职论"导致了教师经济方面的困窘以及表里不一的"师范型"教师形象，教师社会地位低下。"日教组"针对这种情况提出教师是在学校工作的"劳动者"，教师应以自己是劳动者而自豪。经过长时间的努力，"日教组"的确改变了中小学教师的角色认识，并实现了教师薪资待遇的大幅提升。"战前，教师们将自己看作神圣职业中的一员，作为个人或团体无权要求改变教育或个人的福利……'日教

---

① 坂本秀夫. 教師の研究［M］. 東京：三一書房，1989：166.
② 梁忠义. 日本民间教育运动的过去与现在［J］. 比较教育研究，2001（3）：17-20.

组'的存在和活动使他们认识到，他们不仅有权要求改善自身的生活福利，而且有权要求他们的意见在教育政策的形成和实施中被认真考虑。"①

为了保证教师的独立人格，"日教组"十分反对由国家和地方政府监管教师培养。"日教组"深刻反思了战前日本政府通过封闭教师培养体制控制教师思想的做法，要求坚持大学培养教师的开放制。在文部省于20世纪50年代末准备推行教师计划性培养方案时，"日教组"将其解读为试图恢复对教师的控制，表示坚决反对，并始终警惕着日本政府试图发展教师封闭制培养的动向。对于各级教育委员会在录用教师时对教师思想的考察，以及对于教师性别的选择等，"日教组"也都持审慎的态度，以防对教师培养的本质或教师队伍的结构产生不良影响。

在战后日本民主教育建设的过程中，代表了日本绝大部分中小学一线教师的"日本教职员组合"扮演了制衡教育政策的重要角色。与战前教师在教育政策决策过程中几乎完全被忽略的状况不同，"日教组"的活动为战后日本教师影响教育决策提供了最重要的途径。日本教师也意识到了教育改革政策背后隐藏的政治意蕴，在斗争过程中对教师团体自身的定位与职能产生了新的观点。这些斗争切实提高了教师的社会地位，改善了教师的经济条件，塑造了教师的"劳动者""专业者"形象。

第六节

教师教育大学化时期日本教师教育思想的总体特征

二战后日本探讨教师教育改革的原点，是对战前师范教育的批判。参与日本战后教师教育制度重建的各方和教育界，都对战前将教师培育成"国家职务忠实执行者"、"封闭制"的师范教育体系持否定态度。但在战后百废待兴、诸多课题需要解决的情况下，对于如何重建新教师教育制度，各方的立

---

① 许建美. 教育政策的制衡力量：论"日本教职员组合"对战后日本教育政策的影响［J］. 全球教育展望，2011，40（4）：70-74.

场、观念和着力点有所不同，各种教师教育思想理念十分活跃。最终"教刷委"、文部省和美国方面多方磋商，在当时主流教师教育思想的影响下，日本确立了战后"大学培养教师""教师培养开放制""教师资格证书法律主义"等教师教育基本原则，一举进入了"教师教育大学化时期"。

在20世纪50年代日本脱离美国的占领管制后，日本形成了一个稳定的一党专政的"55年体制"。随着中央集权式的教育理念回归，官方认为战后的一些民主教育改革并不符合日本国情。受行政当局教师教育思想的影响，日本战后的教师教育体制在立足未稳的情况下，又有了新的改革动向。在教育界各方的坚持下，日本战后初期确立的教师教育基本原则未发生根本性动摇，但受到现实条件的限制，"教师培养开放制"实际上也未能快速实现，反而开始计划性培养义务教育阶段的教师。国家权力逐渐介入"大学培养教师"，也成为此后日本教师教育改革中被反复论及的课题。综合来看，日本战后"教师教育大学化时期"的教师教育思想有以下几个特征：

第一，重视培育教师高度的人文素养和学术素养，将教师培养提升到高等教育层次，由尊崇学术自由的大学来培养教师，但相对教师的教育专业性素养受重视程度不够，因此对于是否需要设置以培养教师为主的教育类大学存在争议。

战后日本重建教育制度时，对战前师范教育的低层次性、封闭性有深刻的反思，在战后初期各方就达成要"在大学培养教师"的共识。这意味着教师培养要在宪法规定的"学术自由"和"大学自治"下进行，期待职前教师可以进行批判性的学术性学习与研究，成为具有深厚人文素养的专业人员。

但是，战后初期主流教师教育思想过于强调教师的学术性素养和通识性人文素养，又对战前教师培养的"封闭制"极其反感，因此极力避免单独设置教师养成类大学或学部。只是现实当中存在教师供需极不均衡的问题，从统一把握教师质量和数量的角度综合考虑，政策设计者采取了多样化高等教育机构培养教师的路线。

实际上，教育界的大多数教师和学者，并不反对设置专门培养教师的教育大学或教育学部，认为与"在大学培养教师"这一制度形式相比，如何充实"在大学培养教师"的具体内容更为重要。但在战后之初，距离达成"教育素养课程是保障教师专业性的重要课程"这一普遍共识还有相当大的难度。

此后经过多番改革，虽然日本还是在 20 世纪 60 年代开始专设教育目的和性质都更加明确的"教师养成类大学（学部）"，但直到 80 年代第三次教育改革进入实质性阶段之前，在教师培养课程的内容中，重视教师学术性素养大于教育专业性素养的思想始终占主导地位。

第二，在教师培养"开放制"的前提下，基于国家标准进行义务教育阶段的教师计划性培养，国家权力介入大学的教师培养。因为这一思想与"大学培养教师"原则相抵触，大学担忧会被侵犯自主性，且教师培养开放制也有可能名存实亡，所以引发了教育界的反对。

战后初期，教师培养"开放制"确定实施后，随着日本的学制改革推进，短时间内教师供求矛盾突出，再加之日本经济快速复兴，教师职业相对缺乏吸引力，社会上对教师素质的指摘颇多。政府方面将这些问题归因于教师培养开放制存在缺陷，教师应计划性培养的教师教育思想逐渐占据上风。

从 20 世纪 50 年代末开始，"中教审"和"教养审"的一系列报告中，都体现了把教师养成类大学（学部）作为整个大学制度中的特殊教育机构的政策方向。虽然在改革方向中未明确否定在大学培养教师的"开放制"，但始终强调义务教育阶段教师的培养要以教师养成类大学（学部）为主，教师培养的相关标准要由国家制定，国立教师养成类大学（学部）要承担确保师资数量和质量的职责。

"中教审"和"教养审"提出的教师计划性培养改革方案，还蕴含着国家权力介入教师培养的危险性，违背了"大学完全承担教师培养责任"这一原则。因此，这一改革方案，除了因与日本教育大学协会的部分现实诉求相合，获取了该协会的支持外，遭到了教育界很多组织的坚决反对。实际上，教师封闭性培养或计划性培养的核心在于"谁是教师的培养主体"，它们的共同之处是让国家而不是大学成为教师培养的主体。

尽管教师计划性培养改革方案引发了激烈的讨论，"凸显教师养成类大学的特殊性"和"国家权力介入大学培养教师"的教师教育思想不久之后还是进入了政策实施阶段，并在相当长一段时间内左右了日本教师教育的改革方向。

第三，日本战后教师资格制度的基本理念，是在开放性的"大学培养教师"的前提下，以资格证书主义确保教师具有成为专业人员的资质，因此教师资格授予以开放性、合理性、公共性、公平性和专业性为原则。

基于对战前师范类学校在授予教师资格方面"特权"的反思，战后日本制定教师资格制度时，一开始就将其作为国政层次的问题来把握。"教刷委"在构想保障授予教师资格公正的关卡应设置在何处时，最开始考虑的是在教师职前培养阶段和入职阶段之间设置一种国家考试检定，在其可行性遭到否定后，又设想在教师入职后半年到一年的时间内，采取在职研修和考查检定相结合的形式，判定其是否达到教师资格标准。如此一来，虽然无论是否接受过教师职前培养教育的人都有获取教师资格的机会，但同时忽视了教师职前培养教育的地位与功能。这两种构想内在本身就有教师培养制度与教师资格制度之间的冲突，过于追求教师资格的开放性和公平性。

最终文部省以协调各方见解的方式，着手制定了基于大学教师培养课程履修制的教师资格制度。日本通过法律形式颁行的新教师资格制度，体现了"教师资格的开放性与合理性"，"确立教师为专业从业人员"，以及民主立法的基本精神。"教刷委"探讨的国家考试制和教师试补制，尽管都并未被采纳进入实施阶段，但其中蕴含的教师教育思想却产生了深远影响。20 世纪 80 年代日本教师培养质量受到社会诟病时，为"排查不合格教师"，教师试补方案再次被提上日程，并最终演变为"初任教师研修制度"正式实施。在进入 21 世纪后，作为国家层面保障教师培养质量的对策，中央教育审议会也再次提出，要将导入国家层级的教师资格认定考试作为"中长期的课题"。

战后初期日本教育改革的基调，就是要缩小文部省的监督权限，减少国家权力的干扰。所以，文部省制定教师资格标准时偏向自由主义，教育界批评新的教师资格制度过于超前，施行并不顺利。因此，日本在脱离美国方面的占领管制后，在 20 世纪 50 年代中期重新调整了教师资格制度体系。这次改革，一方面令大学设置教师培养课程的自由度有所降低，但另一方面也在全国范围内确立统一的教师资格标准，一定程度上保证了大学培养教师的质量，建构起基于大学教师培养课程认定制的教师资格制度。此后，一直到 20 世纪 80 年代教育改革之前，教师资格制度的法律体系未再有大幅度的框架性变动。60、70 年代前后，日本主要是在这一框架下，通过部分调整获取教师资格的学分标准，影响大学教师培养课程的设置，以改善教师培养教育。

第四，脱离此前教师在职教育是职前培养教育的补充或教师再教育的理念，将教师的职前培养教育与教师的在职教育作为持续的、统一的整体来把握，研修是每个教师应尽的义务和享有的权利，为此应形成和完善教师在职研修体系。

日本在战前和战后初期，一直处于有资格教师不足状态，官方组织的教师在职教育主要是作为职前培养教育的补充，但日本教师自发研习教学的文化基础深厚。战后初期各方已意识到教师在职教育的重要性，明确规定了教师在职"研修"的概念。在战后民主主义教育改革的潮流下，教师一方面被认为作为专业人员，有不断研习提高自身专业水平的权利；另一方面日本教师作为"教育公务员"，还有为了更好履行职责而接受在职教育的义务。因此，最终以法律形式既赋予了教师研修的权利，也规定了教师研修的义务。在这种理念下，能够保持教师研修权利与义务的平衡当然是较为理想的。但是，由于教师群体和行政机构等各方处于不同立场，导致此后围绕着教师的"研修"产生了多种不同的解释。教师研修的"权利"与"义务"之争，也成为日本教师在职教育思想中一个经久不衰的课题。

20 世纪 60 年代开始，日本教师数量不足的问题已大幅缓解，对教师的关注点逐渐从量的补充转向质的提升。提高教师专业地位的国际思潮，对日本的在职教师研修观也产生了重大影响。教师作为专业人员的一个必要条件，就是不仅在职前培养阶段，而且在入职之后仍需要不断提升专业水准。强调教师的专业性，从逻辑上就要求重视教师职业生涯中在职研修的重要作用。但是，承认教师是专业从业人员，就必须同时认可教师专业性当中的自主性和自律性。对于这一点，在当时日本教育行政中央集权已收紧、政府与"日教组"对立的背景下，行政当局并未全盘接受。

因此，日本围绕着确立教师专业性的讨论，最先反映在了充实整备教师研修活动和改善教师的待遇方面。日本行政当局开始正视教师在职研修对于提高教师专业性的重要性，教师研修体系的建设也随之开始起步。但由于教师专业性中的自主性和自律性并未受到充分认可，所以这些由行政当局所计划、主导的教师研修，对于教师来说多属于被强制参加的"研修义务"，教师自主研修的权利并没有受到充分的重视。也就是说，在 20 世纪 70 年代前后，一方面文部省承认教师是专业从业人员，给予了教师作为专业人员在经济方面的待遇；但另一方面，文部省虽然承认教师作为专业从业人员需要在培养、录用、在职阶段不断成长，进行长期、系统的研修，却未给予教师作为专业人员的自主权。此后，在日本政府方面将教师研修作为人事管理手段、行政权力介入教师专业发展的指导思想下，教师自主研修权利的条件保障也未能有明显进展。

第五章

"后"教师教育大学化时期的日本教师教育思想

20 世纪 80 年代中期开始，日本在新自由主义思潮之下，全面开展政治、经济和教育等领域的改革。在政府成立的"临时教育审议会"推动下，日本从 70 年代开始的第三次教育改革进入实质性阶段。在世纪交替之际，日本面对的国际和国内形势愈发复杂，校园问题也依然严峻，教师作为教育实践的一线人员背负着巨大压力。因此，为解决和回应社会对学校教育问题和教师质量的质疑、应对时代的发展变化，以政府为主导，教师教育体制出现了大幅变动。大学的教师培养教育开始呈大规模、分散性状态，一方面真正实现了教师的"开放制"培养，但另一方面对教师培养质量的管控也变得愈发困难。日本政府在加强对大学教师培养课程的认定、审查和评价的同时，为强化培养教师实践性指导能力，也直接着手在大学以外的场域开展教师教育。战后确立的"大学培养教师"原则也因此受到动摇，在某种意义上可以说日本教师教育进入了泛大学化的"'后'教师教育大学化时期"。进入新世纪以来，日本的政治权力对教师教育改革的影响力越来越大。教师的培养、录用和研修各阶段在行政主导下，也开始在横向、纵向上谋求深度整合，向教师教育一体化方向发展。

第一节

"后"教师教育大学化时期的日本社会与教育

一、社会文化情况

伴随着经济全球化，20 世纪 80 年代开始的新自由主义思潮在全世界不断扩张，日本也不例外。20 世纪末，日本政府在新自由主义之下推行了一系列政治、经济和民生政策等。加之日本经济环境、内部人际关系和人们行为方式的变化，传统群体社会趋于崩溃，开始向个体社会转变。

（一）"新自由主义"之下的政治经济改革

20 世纪 70 年代后期日本经济就已进入"低成长时代"，在 90 年代初又经历了"泡沫经济"的破灭，日本所处的国际形势和国内形势发生了深刻变化。冷战结束后，随着经济全球化发展，世界进入了大竞争时代，而且这种竞争越来越表现为以科技和人才为核心的综合国力的竞争。在这个过程中，日本经济长期低迷，人口结构呈现少子高龄化的态势，缺乏活力、缺少新的经济增长点，已成为日本亟待解决的重要课题。

"二战后形成的日本模式的合理内核在于：它通过一种特殊的社会结构，把市场经济纳入政府、企业、劳动者共同协作的创新与竞争模式之中。"① 然而，从 20 世纪 80 年代开始，日本追随英美奉行新自由主义路线，首先在经济领域掀起了所谓私营化的改革浪潮。在 20 世纪 90 年代日本泡沫经济崩溃之后，政府财政状况日益恶化。日本政府为了取得国民预算的平衡，解决日益加深的财政危机，在行政、经济、财政、金融、社会保障和教育六大领域中，以新自由主义为旗帜全面展开了所谓"没有圣域"的改革，很多领域解除或者放宽了政府管制。②

提倡效率、竞争和市场化的新自由主义改革，使日本在二战后建立起来的以平等、民主、福利为特点的社会体制受到极大冲击，并因此而遭到了国民的质疑甚至反对。新自由主义理念导致日本各政党对"大政府"与"小政府"的职能把握不稳，在社会体制改革中还带有一定"新保守主义"的特征，结果导致政府职能错位，造成了诸多矛盾。"反映在政治上，就是党派之间互相争斗，政治局势不稳定；反映在政策上，就是政策制定缺乏及时性、连续性，很多政策之间矛盾重重，使得日本长期以来不能摆脱金融危机后遗症。"③

进入新世纪以后，小泉纯一郎于 2001 年以强硬改革派的形象赢得选票，并在之后长达六年的执政过程中，在财经界的支持和鼓动下，更加强有力地推进新自由主义政策主张。这些政策似乎给日本经济注入了"强心剂"，带来了接近五年的经济增长期，但同时也给日本社会发展带来了诸多悖论。比如：政府规模在缩小，但政府负债在增加；经济活力在恢复，但社会需求在减少；经济总值在增长，但国民福祉在下降。

---

① 刘凤义. 新自由主义与日本模式的危机 [J]. 政治经济学评论，2010（2）：63-76.
② 伊藤诚，丁晓钦. 评日本新自由主义 [J]. 海派经济学，2005（4）：101-106.
③ 刘凤义. 新自由主义与日本模式的危机 [J]. 政治经济学评论，2010（2）：63-76.

在 2007 年美国次贷危机引发的全球金融危机中，日本经济又再次受到打击。为度过经济危机，2008 年以来日本政府连续多次实施财政刺激计划，并对推行的新自由主义改革有所反思。日本政府此次治理危机的思路，更加注重民生福利和新兴产业，加大对弱势群体、个人消费和社会福利方面的投资，使国家在社会平等、教育、医疗和社会福利等方面承担更多的责任，力图让经济绩效和社会绩效实现均衡发展。日本的社会经济改革在削弱新自由主义的基础上，重又开始调整深层制度结构。

（二）"群体社会"的瓦解与向"个体社会"的转变

在新自由主义理念之下政治经济改革不断加深的过程中，日本群体社会赖以存在的经济基础出现了危机，逐渐导致集团群体瓦解。同时，随着互联网的发展、移动新媒体的普及，传统群体关系的物理空间限制逐渐被打破，日本人的行为模式不断改变。在 21 世纪初，日本具有数百年传统的群体社会已在走向个体社会。

原本"在'社会规则'十分不发达的日本，独特的'终身雇佣制'在一定程度上弥补了日本社会劳资关系中'社会规则'的不足。尽管它不是法律制度，只是大企业在本企业内采用的事实上的制度"[1]。但 20 世纪 90 年代以后，由于引进了新自由主义政策体系，日本传统的"企业终身雇佣制"受到沉重打击。原本薄弱的"社会规则"被进一步削弱，而以企业为单位的弥补制度也开始崩塌。"日本的贫富差距扩大，出现了'胜组'和'败组'的两极分化。为了在全球化竞争中取胜而进行的日本企业的'雇佣改革'，使日本的终身雇佣制和论资排辈体制形同虚设，不平等意识蔓延，逐渐给日本社会和日本的企业文化造成恶劣影响。……曾经被叫作日本特色的'一亿人口总中产社会'已经无影无踪。"[2] 在不知不觉中，日本国民将不再把企业等团体当作生活的中心，而更加注重自我保护。

日本 I&S/BBDO 公司从 2002 年开始，以问卷调查方式每年选取 18—69 岁的男女 3 000 人进行价值观调查。根据该公司 2004 年的调查，95% 的日本

---

① 郑萍. 日本新自由主义急先锋的忏悔录 [J]. 红旗文稿, 2009（20）: 29-31.
② 郑萍. 日本新自由主义急先锋的忏悔录 [J]. 红旗文稿, 2009（20）: 29-31.

人向往"精神世界充足的生活",同时也向往富裕的物质生活,认为"有钱可以解决一切"的人比以前有所增加。日本民众为社区做贡献的欲望下降,平时生活中节约倾向更加明显,储蓄要求也更高。所以该公司分析认为,在安心、安全和信用、信赖的社会基础急剧崩溃的同时,很多日本人认识到只有自己可以让自己活得好一些。"自己责任"一词成为日本2004年度流行语大奖的十大流行语之一。"自己责任"的流行,体现了重视规范和社会公有理念的日本传统价值观越来越淡薄。2002年,总理小渊惠三在竭力推行英语教育时指出,"进入21世纪以后,个人已经不能理所当然地埋没在组织集团之中,每个人必须发挥更多的个人力量"。"日本经济团体联合会"会长奥田硕有非常好的概括,"近年来日本社会中,家族、亲戚、地域以及职场中的连带关系日益稀薄、弱化,以前的各种社会机制和制度,如养老金制度、医疗保险制度等都慢慢无法维持下去了。社会的各个方面都开始强调个人的责任和自主努力。社会愈加多样化,个人也好,企业也好,都要朝着各自的目标奋斗"。①

在集团主义和平等主义占支配性的地方,个人主义的能力和竞争很难充分展开;反之,如果是完全开展竞争的地方,共同体则很难形成。并且在个人主义原理之下也很容易产生社会的分化和破坏社会原有连带性的危险。② 在新自由主义之下把市场原理引入社会体系之后,在已经趋向个体社会的日本,原本以凝聚力而自豪的日本社会急剧分化。"人情"和"温暖"变淡,日本社会安心、安全的神话被新自由主义日益摧毁。能够让大家凝聚起来的不再是组织这种形式,而是如何形成共同的敌人,让大家在同仇敌忾中找到生活下去的勇气。从这个角度去看,就能理解现在日本社会为什么会重新歌颂"美丽的日本"这些论调,在变革中还带有新保守主义的色彩。

在泡沫经济刚刚崩溃的时候,日本思想评论家中野孝次就曾说过,像他这种"对日本战争时期国粹主义深恶痛绝的过来人,最后也不得不去宣传日本的国粹,实际上是要让日本国民重新找到身为日本人的自豪感,进而激发

① 黄亚南. 你所不知道的日本:从畅销书看日本社会走向Ⅲ [M]. 北京:东方出版社,2017:133.

② 碓井敏正. 日本的平等主义与能力主义、竞争原理 [M]. 京都:法政出版株式会社,1997:4-5.

他们的活力"。^① 当中小学生入学或毕业举行仪式时，强制教职员工和学生面向"太阳旗"高唱"君之代"国歌等在学校教育中强化道德的做法，以及通过修改《教育基本法》和强调"爱国心"等一系列措施强调国家主义的思想，都与此有关。即便在个体社会中，日本国民对群体社会依然是藕断丝连的。这也是日本在世纪之交的政治经济改革中，多兼具"新保守主义"和"新自由主义"性质的原因所在。

2011 年 3 月 11 日，日本遭受了一场巨大的自然灾难——3·11 日本地震（也称东日本大地震）。地震引发的海啸造成数以万计的人死亡或失踪，并引发福岛第一核电站核泄漏，给日本社会带来了巨大的冲击。2020 年初，一场突如其来的新冠疫情席卷全球，人们的生活方式不断改变，全球形势也在变动。面对着一个"对个人和社会来说都难以预测的时代"，很多日本人感到孤立无助，迫切希望增强社会上人与人之间的"牵绊"。但是他们除了可以重建家庭关系之外，在体制方面已经难有所诉求，所以学校和教师愈发需要承担塑造日本社会"未来"的使命。

二、学校教育情况

1971 年 6 月，日本中央教育审议会向文部大臣递交"四六答申"咨询报告，以此为蓝本展开日本第三次教育改革。但是，从 70 年代初至 80 年代初的十余年间，日本第三次教育改革的进程缓慢且不均衡。1983 年 3 月的内阁会议决定成立"临时教育审议会"（以下简称"临教审"）作为首相直接领导的教育改革咨询机构，此后日本的"第三次教育改革"真正进入实质性阶段。^② 就像第一次教育改革推动了日本的近代化、第二次教育改革促进了战后经济起飞一样，第三次教育改革也必会对日本社会发展产生重大影响。

（一）对学校教育管制放宽与加强评价

日本政府之所以在 20 世纪 80 年代中期又一次把教育改革摆到如此突出

---

① 黄亚南. 你所不知道的日本：从畅销书看日本社会走向Ⅲ［M］. 北京：东方出版社，2017：154-156.

② 梁忠义. 日本教师教育改革与动向［J］. 外国教育研究，1995（5）：1-6.

的地位，是因为一方面希望解决社会急剧变化和教育快速发展后日本教育出现的问题，另一方面想要根据未来社会文化的发展变化趋向，确立与之相应的教育。与日本这一时期启动的政治经济改革同步，"临教审"也在新自由主义理念下，从 80 年代中期开始推动"教育的结构性改革"。

"日本借助'压缩式现代化'实现了工业化、城市化与学校的普及。其特征在于，借助中央集权政策，有效地推进了基础教育的充实；而基础教育的充实使'社会流动（social mobility）'得以激活。……不过这种'压缩式现代化'的'奇迹'走到了现代化的尽头，同时使得'东亚型教育危机'的病理愈加严重了……在全球化背景下，面向信息社会与后工业社会的转型，学校改革成功与否，乃是关系到教育与社会未来的一大问题。"① 20 世纪 80 年代中期，"临教审"开始提倡教育"自由化"（后来改为"个性化"），倡导将"市场"的自由引入教育之中，将"公共"教育移交为"民间"的教育，导入市场的"竞争力"，随后开始逐渐放宽一些关于学校的管制。

但日本的教育改革也绝非仅仅停留在把市场原理引入教育之中，它还带有新保守主义的色彩。在 1985 年"临教审"的报告中就提出"学校教育要'培养学生的德性，加深对我国文化与传统的理解'，培养'作为日本人的自觉意识'，为此明确提出'充实德育'，在初等教育阶段重视培养'热爱乡土和国家之心'。20 世纪 90 年代以后，随着日本经济的衰退及全球化趋势下国际竞争的加剧，日本政府更进一步强化了教育改革中的保守主义、民族主义倾向，试图以此培养青少年一代的'爱国心'和'即战力'，从而巩固并扩大日本在国际竞争中的优势地位"②。2006 年 12 月 22 日，日本颁布施行新的《教育基本法》，这是自 1947 年制定教育基本法以来的首次全面修订。"与旧教育基本法倡导以自由、民主、平等、和平为核心的民主主义教育理念相比较，新教育基本法虽然保留了尊重'个人的尊严''完善人格'等理念，但更明确地提出了'尊重公共精神''热爱培育传统和文化的我国和乡土'的

---

① 佐藤学. 课程与教师 [M]. 钟启泉，译. 北京：教育科学出版社，2003：序 V.
② 李协京. 新自由主义和新保守主义路线指导下的日本教育改革 [J]. 教育研究，2005（8）：78-84.

新理念，这是以'公共'、'传统'、热爱国家为核心的国家主义教育理念。"①
因此，这一时期的教育改革中还包含国家对教育加强控制的一面。日本政府
制定了一系列政策，在扩大学校裁量权的同时，导入多种评价方法以保证学
校教育的质量。

围绕着保证"学校教育质量"课题，政府要求学校层面要有相关变革。
在 1998 年"中教审"咨询报告《关于今后地方教育行政的应有状态》中提
出，学校在确立自律性的同时，还兼有学校所需达成的"成果责任"和对成
果进行的"说明责任"，以及学校的"管理责任"课题。该提议此后通过修
订一系列法令逐步得以实施。在学校变革中，首先放宽了校长的权限，并不
再严格限制校长的任用资格。日本文部省自 2000 年开始提出放宽中小学校长
遴选资格，尝试从教育系统外引进管理人才。录用"民间校长"，是希望学校
教育中引入更多打破常规的新做法，体现了校长不必对教育专业活动事事过
问的观点。在放宽管制后，校长权限扩大的同时，作为责任人也要建构学校
发展的愿景和战略，带领学校发展。过去学校凡事要"事先沟通"获得校内
一致同意、共同决策的方式已逐渐发生改变，教育活动开始"权柄下移"，要
求人人负责。教职员也要提高学校管理方面的能力和意识，积极参与学校管
理并具备相关知识。

从 20 世纪末开始，日本社会期待建设"开放性学校"，学校为此也在致
力于校园参观、学校网络主页宣传、外部评价的实施等工作，其中包含诸多
教师从未经历过的挑战。同时，也伴随着日本在教育领域导入了市场经济原
理，引起公共教育萎缩、教育民营化程度提高的问题。在这些改革动向和压
力之下，关于新学校的理想蓝图却并没有一个可以模仿的范本，教师只能在
不断共同摸索、探究、试误的过程中逐渐建构。在这种"教育的结构性改革"
当中，学校有了更大的自主空间，但同时也意味着教师要面对更多的评价，
承担更多的责任。

---

① 王晓茜，张德伟. 日本教育基本法的修改与教育基本理念的转变［J］. 外国教育研究，2007
(7)：6-13.（有改动）

（二）从"宽松教育"到"去宽松教育"

在 20 世纪末的时候，日本率先或者说与世界各国同时在教育领域内出现了一系列校园问题。1980 年前后校园暴力问题显在化，1985 年前后欺侮问题显在化，1990 年前后儿童拒绝上学等现象层出不穷。校园教育问题引发了家长和社会对学校和教师的不满、不安以及不信任，甚至动摇了战后树立起来的学校教育的威信和正统性。面对这种情况，文部省提出要重视学生的"人性"和"生存能力"，并正式开始推进之后被总称为"宽松教育"政策的教育课程改革。

20 世纪 80 年代中期，"临教审"综合探讨反省了之前教育偏向物质化和经济化的取向，认为在信息化、国际化、城市化、高学历社会当中，应该以终身教育论为主轴，推动人性化教育改革。自此之后，之前以知识为中心的学力观开始扭转，新学力观登场。在此基础上，1989 年的新《学习指导要领》在"新学力观"之下，批判之前的"现代化"论，认为它是"能力主义"的，带有强烈的精英主义、学术至上主义的倾向，"系统探究学习"有过于偏重知识的问题，倡导今后综合使用基于生活体验解决学习问题的各科合并指导的方法。另外值得注意的是，基于"临教审"和教育课程审议会的报告，在这一版的《学习指导要领》中，正式要求中小学入学典礼和毕业典礼上要"升国旗""唱国歌"。这可以看作在回应国际化的同时，又带有希望国民统和、确保日本自我意识的双重含义。

1998 年版的《学习指导要领》，普遍被认为是日本真正"宽松教育"的开始。在此之前日本已在推行宽松教育路线，但 1998 年修订的《学习指导要领》，大幅削减了教学内容和课时，导入绝对评价，创设"综合学习时间"，并开始全面推行一周五天制的教学安排，这些大幅变动前所未有。另外，在《学习指导要领》中对新设的"综合学习时间"的课程具体目标和内容未加限制，由各学校根据本校情况自行设定，也被教育界认为是放宽学校管制的"试金石"。

但是，1998 年版《学习指导要领》全面推行"宽松教育"的修订路线也受到了很多质疑。2001 年《读卖新闻》的全国民意测验结果显示，随着时间的推移，越来越多的人趋向于反对或不赞成本次修订。在接受调查的人群中，持赞成意见的人只有 28%，持反对意见的人已经达到了 67%。反对者认为长此以往必然会加剧"学力低下"问题。在日本后来举行的国内外学力调查中显示，中小学生的成绩呈现下滑的趋势。2000 年经合组织（OECD）第一次开展国际学生评估项目（PISA）测试时，日本的成绩整体上还不错，但 2003 年的成绩就有了下滑迹象。2006 年的 PISA 结果显示，日本学生的数学成绩从 2003 年的第六名下滑到 2006 年的第十名，科学成绩从以前的第二名下滑到第六名，阅读理解成绩由第八名下滑到第十四名。因此，为了培养中小学生的"坚实学力"，2003 年文部科学省紧急对《学习指导要领》进行了部分修订。明确指出"在学生已切实掌握了《学习指导要领》所规定内容的基础之上，学校在认为特别有必要的情况下，可以教授《学习指导要领》当中没有规定的内容"，并提出要进一步充实"综合学习时间"和"个性化指导"。

在全面审视 1998 版《学习指导要领》的基础上，2008 年版的新《学习指导要领》主推既不"宽松"也不"灌输"的培养学生"生存能力"的教育，以"习得、活用、学习意愿"构成的"扎实学力观"为基轴，既强调习得基础知识技能，也重视培养思考力、判断力和表现力。这是从 1978 年版《学习指导要领》修订以来，在约 30 年后首次增加授课时间。因此，2008 版的《学习指导要领》也被称为日本"去宽松教育"的开始。

但在已经施行了多年的"宽松教育"以后，日本已经逐渐造成公立教育萎缩、私立学校和课后补习班肥满的现象，一时也难以扭转，所以舆论认为 2008 年版《学习指导要领》开始的"去宽松教育"仍远远不够。原东京大学教授苅谷刚彦在考察很多地方中小学，进行教育社会学调查后得出结论：宽松教育政策一方面达不到原先设定的目标；另一方面，家庭的文化资本、经济资本更多参与进学生的教育，社会流动变得更加停滞，使得能够改变阶级差距的"开放性竞争"已逐渐演变为进一步拉大阶级差异的"封闭性竞争"。[①] 2016 年 5 月，时任文部大臣的驰浩在谈到 2020 年后要开始实施的新《学习指导要领》时，明确表示日本将和"宽松教育"政策诀别，要提高教学质量、朝"教育强劲化"的方向发展，学校教育课程也将进行新一轮改革。

---

① 苅谷剛彦. 公立学校の役割：改革の十年を経て問われているもの［J］. 学校臨床研究，2003，2（2）：20-22.

三、教师队伍情况

20 世纪末，日本由于教师需求量减少，曾采取控制师资培养的举措。在 21 世纪初又出现了新老教师短期内需要大量交替的情况，由此日本的教师培养"开放制"体系迅速扩充，开始呈现大规模、分散性的特点，教师养成类大学不再是主要的教师供给侧。今后该如何保证教师队伍质量、提高教师专业素养，又成为 21 世纪日本教师教育改革的新课题。

（一）新世纪初期新老教师的大量交替

20 世纪 80 年代以来，日本一直在进行关于教师培养和教师资格制度的改革。由于日本少子化倾向加剧，幼儿和学生的数量不断减少，小班制教学等又迟迟未能实现，使得教师需求数量在这一阶段急剧减少。1980 年日本新录用了约 42 000 名教师，这是此阶段教师录用数量的顶峰，之后新教师的录用人数持续降低。① 在这种背景下，日本从 80 年代开始采取限制大学新设教师培养课程的政策。因此，在相当长的时期内，国立教师养成类大学（学部）都一直是小学师资的主要供给来源。在 90 年代，"20 世纪 70 年代大量入职的教师层"开始逐渐进入 50 岁年龄段，在少子化的背景下新入职的 20 多岁的青年教师却相对较少，所以从 20 世纪 90 年代的后半期到进入 21 世纪的前几年，在教学一线的年轻教师非常少，学校活力整体上不高，学校教师队伍的结构也对教师发展有所影响。

2005 年前后十余年间，全国约占整体 34% 的教师陆续退休，在发达地区都市人口较多的中小学校里，新录用的年轻教师比例急剧升高。② 日本 2005 年废止限制大学新设教师培养课程的政策后，"普通大学"申请设立教师培养课程的风潮重又兴起。在 21 世纪初，日本在短期内大量录用新教师，一时造成了"教师不足"和"教师质量降低"的隐患，给中小学校的教师队伍带来了诸多变化。

---

① 土屋基规. 现代日本的教师教育 ［M］. 张克勤，译. 哈尔滨：黑龙江教育出版社，2012：116.
② 山崎準二，榊原禎宏. 辻野けんま.「考える教师」：省察・創造・実践する教师 ［M］. 東京：学文社，2012：47-49.

新教师录用人数大量增加，特别是大城市地区和小学阶段教师需求激增，导致教师录用倍率快速下降（参见表5-1）。从各地教师的录用情况来看，不仅是北海道、九州和四国等一些相对偏远地区的教师录用倍率较低，在东京、大阪等大都市里由于人口密集、新教师需求量更大，教师录用倍率也在持续下降。以东京都的教师录用情况为例，2021年度中小学教师整体录用倍率为2.7（前一年还是3.0），其中尤其令人担忧的小学教师的录用情况，合格倍率已降到2.0。从2021年度开始，日本所有的小学都要逐年转为每班不多于35人班额的编制，且在未来5年的时间还需新招大量教师。可以想见，这种"教师不足"的现象还不能很快得以消解。

表5-1　日本公立学校教师录用的竞争倍率

	应征教师人数		录用教师人数		录用倍率	
	小学	初中	小学	初中	小学	初中
1995 年	41 542	47 486	6 742	5 414	6.2	8.8
2000 年	46 156	47 846	3 683	2 673	12.5	17.9
2005 年	51 973	59 845	11 522	5 100	4.5	11.7
2010 年	54 418	59 060	12 284	6 807	4.4	8.7
2015 年	55 843	60 320	14 355	8 411	3.9	7.2
2020 年	44 710	45 763	16 693	9 132	2.7	5.0

资料来源：根据文部科学省. 公立学校教员採用選考［EB/OL］. https：//www. mext. go. jp/a_ menu/shotou/senkou/main20_ a2. htm；公立学校教员採用選考試驗の实施状况［EB/OL］. https：//www. mext. go. jp/a_ menu/shotou/senkou/1243159. htm制成。

教师录用倍率不断降低，这意味着各地区在录用教师时能够进行充分筛选的空间不断被挤压，教师录用考试越来越难保证教师的质量。有学者指出，"一旦录用倍率降到3.0以下，优秀教师的比例就会大大降低，如果录用倍率降到2.0以下，教师队伍的整体质量就可能出问题"①。随着新教师录用人数

---

① 田中博之. 小学校教员の不人気深刻 負担增で学生敬遠、倍率最低に［N］. 日本经济新聞，2019-8-26：朝刊.

的大量增加，公立学校新教师的学历出身发生了很大变化。20 世纪 70 年代起，日本公立小学新任教师中约 9 成、初中新任教师中约 6 成都出身于教师养成类大学。21 世纪初，日本新录用教师大量增加。2004 年新录用的小学教师中，毕业于教师养成类大学（学部）的占 47.3%，出身于普通大学的占43.7%。当时在新录用教师的总数上二者尚能平分秋色，教师养成类大学略占优势。但从 2005 年开始，日本废止了之前限制设置小学教师培养课程的政策，开设教师培养课程的普通大学激增，毕业于普通大学的新录用教师人数随之快速增加。2019 年时，无论是公立小学还是初中，新录用教师超过 6 成都毕业于普通大学，而毕业于教师养成类大学的新教师仅占 3 成左右。日本教师的"计划培养"趋于破产，教师供给侧开始真正多元化，实质性地实现了教师的"开放制"培养。教师养成类大学在日本教师培养教育方面能够发挥的功能减弱，这种变化直接关系着教师培养"质"和"量"两个方面的课题。

与其他国家与地区相比，当前日本的教师开放制培养具有"规模较大"和"政府管控较弱"两个特点。关于"规模较大"这一特点，对比中日教师培养情况来看，在 2010 年时，中国 2 358 所高等教育机构中（大学、短期大学）能够进行教师培养的高校有 699 所（约占 30%），而日本 1 100 所高等教育机构中有 855 所（约占 78%）。① 这是因为，日本通过二战后的改革，将多种高等教育机构囊括进大学当中，并在此基础上建立起教师开放制培养体系，其后又相对较早地实现了高等教育的大规模扩充。关于"政府管控较弱"这一特点，则是与其他国家与地区相比，日本相对缺乏统一管控政策。例如：韩国会控制除师范大学、教育学部以外的"普通大学"中履修教师培养课程学生的数量；中国台湾地区和韩国等会由政府机构对提供教师培养项目的大学进行定期评价，并控制财政预算和招生名额；中国大陆地区和台湾地区都会由政府推行教师资格统一考试等。而当前日本政府对于教师养成类大学（学部）以外的"普通大学"（学部）中的教师培养质量和数量的管控都非常

---

① 岩田康之. 教員養成改革の日本的構造：「開放制」原則下の質的向上策を考える [J]. 教育学研究，2013 (4)：14-26.

薄弱。①

日本大批原来在"群体社会"中浸润多年的老教师相继从学校退休后，年轻教师占比越来越大，新自由主义体制之下成长起来的、更注重个人生活的"宽松世代"陆续进入教师队伍。这意味着日本教师文化和教师职业意识都在逐渐发生相应的变化。这些情况也使教师职前培养阶段和教师在职教育的自我检视、评价和改善等相关活动都活跃起来。

（二）教师职业声望的降低与教师的"忙碌感"

从 20 世纪 80 年代中期开始，日本不断推进新自由主义理念之下的政治经济改革，日本社会急剧变动，阶层差距不断加大，社会基础越来越脆弱。学生的社会体验、自然体验不足，社会和家庭教育能力弱化，这些情况都让教育环境不容乐观。原来就有的校园暴力、欺侮现象、拒绝上学等校园病理问题不仅未能得到解决，反而日益复杂。

20 世纪末由于经济不景气，许多并非真心想要成为教师的大学生为了有"一证傍身"、扩大就业渠道，萌生了获取教师从业资格的想法。在大学"开放制"培养教师的体系下，出现了教师资格证持有者"过多"与实际录用者"过少"的状况。大量"证书教师"的存在，愈发淡化了教师职业的崇高感和使命感。加之政府为了任用"民间"校长和副校长等，活用特别资格证书制度的做法，让人愈发觉得获取教师资格证的难度以及教师专业的"含金量"较低。与此同时，日本在世纪之交进入了高等教育普及化阶段，家长学历水平也较高，因此，社会和家长看待教师工作的眼光更为严苛。虽然引起教育病理现象和学生学力降低的原因有很多，但社会舆论和政府有关部门将很多教育问题都归结为教师"指导能力不足"，对教师质量的质疑声不断。教师在人们心目中的地位开始动摇，社会声望不断降低。在职教师被要求具有"实践能力"，职前教师被要求具有"即战力"，都与中小学校不容乐观的现实情况紧密相关。

随着全球化的进展，世界进入了大竞争时代，而且这种竞争越来越表现为以科技和人才为核心的综合国力竞争。随着超智能化"Society5.0 时代"的

---

① 日本教師教育学会. 教師教育研究ハンドブック［M］. 東京：学文社，2017：44-45.

到来，应试"秀才型"的人才已无法满足日本成熟性社会发展需求。学校教育的职能必须由以传授知识为主，转向以培养生存能力和创造能力为主。面对出生于新世纪的"数字原住民（Digital Natives）"的新一代学生，教师也无法延续以往的教育方式。这就要求教师不仅要具备更高的专业性，而且要不断更新专业知识和提高能力，以适应社会急剧变化的需要。

日本在新自由主义和新保守主义之下推行的教育改革，面对时代的发展和现实的问题，不断对学校和教师提出更高的要求。日本政府在赋予学校和教师更大裁量权的同时，也开始引进竞争原理。新老教师的大量交替，意味着新入职的教师失去了可以在入职后逐渐积累工作经验、慢慢成长起来的环境。"20 世纪 60 年代出生那批教师，还有与前辈讨教的空间，即便是有些工作上的'失败'，也有前辈们给弥补过去；但现在教师的工作环境，已经不允许出现这样的'失败'，管理人员会严格地考核评价每位教师的教育教学情况。"① 1992 年全面实施的"初任者研修制度"，以及 2001 年通过修订《关于地方教育行政组织及其运营法》正式导入的教师评价制度，都是政府希望排查"不合格教师"的补充性手段。

由于这些外部动向和内部压力，学校和教师要面对更多的评价，承担更多的责任。在"全人教育"的理念之下，日本教师不只在学科教育方面，还要在生活等方面指导学生，本就十分"忙碌"。进入 21 世纪以后，日本教师的"忙碌感"与日俱增，这与 2002 年推行"综合学习时间"等新教育课程也有相当大的关系。由于各种体验性活动增加、选修科目扩大，以及绝对评价的实施，教师在课前课后的准备与整理资料方面要花更多的功夫。教师感到繁忙疲惫的情况，一直未能得到有效的改善。根据文部科学省公布的关于教师工作状态的调查报告，2016 年中小学教师的每周在学校的工作时间，比 2006 年还增加了 4 小时左右。中小学教师一天的工作时间甚至平均已超过 11 小时，这已经远远超过了会导致"过劳死"的时长。并且，许多事务性的工作耗费了教师大量的精力，无法让教师从繁忙的工作当中获得成就感。教师很多时候用"燃尽（burn-out）"一词来描述工作热情已被耗费殆尽的情况。

① 日本教師教育学会. 教師教育研究ハンドブック [M]. 東京：学文社，2017：351.

在这种甚至会危及生命健康的工作状态中，教师还被要求提高专业素养能力，却日渐失去了在职场中一边工作一边成长的空间。

第二节

"后"教师教育大学化时期的
日本职前教师教育思想

20世纪80年代中期，随着日本"第三次教育改革"真正进入实质性阶段，面对复杂的社会形势和严峻的校园问题，日本教师教育改革基本诉求逐渐转变为"恢复民众对学校和教师的信任"和"提高教师专业性，保证教师教育质量"。由于提高教师的专业性，是恢复民众对教师信赖的基础和前提，所以"提高教师的专业性"可以说是20世纪80年代以来，日本教师培养改革的最根本目标。[①] 日本临时教育审议会在关于教师教育改革建议中就提出，要在教师培养、录用和研修各个阶段形成教师的"专业性"，如此才能保证教师质量，实现教师的专业化发展。

一、第三次教育改革以来职前教师培养课程"重实践、轻理论"的改革倾向

如果说战后相当长一段时间里，日本的教师培养课程重视学科专业甚于教育专业，重视理论甚于实践的话，那么进入20世纪80年代中期之后，在提高"实践性指导能力"的大旗下，则呈现出重视教育专业甚于学科专业，重视实践甚于理论的倾向。[②]

《教育职员资格法》不仅确立了战后日本教师资格制度的基本框架，而且规定了战后日本教师培养的基本架构，体现着日本不同时期对职前教师教育的要求，大学的教师培养课程会直接受到《教育职员资格法》修订的影响。自20世纪80年代以来，日本的《教育职员资格法》大约平均每10年就会有

---

① 饶从满. 转型期的日本教师培养改革 [J]. 教师教育学报，2014（2）：93-100.
② 饶从满. 转型期的日本教师培养改革 [J]. 教师教育学报，2014（2）：93-100.

一次较大修订。根据《教育职员资格法》在 1989 年、1998 年、2007 年和 2019 年的修定内容，大体可以把握自第三次教育改革进入实质性阶段以来日本教师培养教育改革的基本走向。

近三十多年来，《教育职员资格法》的修订和教师培养课程的改革始终重视培养教师应具有的实践指导能力。原因在于日本社会认为，日本的教师培养和研修多是以讲义为中心，缺乏演习和实习，脱离了一线教学的真实状态和教师的实际需求，无法回应和解决层出不穷的校园问题。所以，20 世纪 80 年代以来的大学教师培养课程改革，不断加强"教育类科目"的比重，充实改善教育实习、演习和见习活动，以谋求建构理论与实践有机结合的综合化、系统化的教师培养课程体系。1998 年的改革中新设"学科类或教育类科目"，2007 年的改革中新设"教职实践演习"科目，2019 年的改革中将原来"学科相关科目""教职相关科目""学科或教职相关科目"三个课程模块，细化为"与学科或学科教学法有关的科目""与教职基础有关的科目""与道德、综合学习课时的教学法以及学生管理、教育咨询等有关的科目""与教育实践有关的科目""大学独自设定的科目"五个新的课程模块，以及在历次改革中不断增加实习实践方面的学分等，这些举措均具有整合学科专业与教育专业，强化培养职前教师实践能力的倾向。

在这些改革举措的推动下，日本参与教师培养的大学，也越来越重视在教师培养阶段提高学生的综合实践能力。从 20 世纪末开始，部分教师养成类大学开始将之前按照传统在第四学年一次性集中进行的教育实习，有计划、有目的地在大学四年期间分散、分阶段地进行，在理论教学和实践教学之间建立功能性联系。2004 年 3 月，在中央教育审议会讨论的基础上，日本教育大学协会发表了以"实践与反思"为基轴的"教师培养示范核心课程"，这引发了教师养成类大学（学部）的课程改革，"实践"与"反思"成为教师培养的一对关键词。目前，日本大部分教师养成类大学（学部），都已进行了这种贯穿大学四年的、理论与实践教学交替往复进行的教师培养课程的改革。

进入 21 世纪以后，近年来很多大学积极地导入"教育一线见习活动"，努力给学生创造机会，使其在职前培养阶段就能了解中小学情况。与时间较短的教育实习相比，见习活动的时间跨度更长、安排更灵活。根据 2010 年全国私立大学教师培养课程联络协议会的调查结果，大约 70% 有教师培养课程的大学（在不同的地区约有 10% 的差异），已导入包括中小学校教育见习在内的教育一线体验活动，学生参与态度也比较积极。①

2019 年开始施行的新教师培养课程中较为疏阔的五大模块的设定，以及新设的"大学各自设定的科目"这两大措施，也是为了给予大学等教师培养机构重新建构理论与实践交叉融合课程的空间和契机，以便让大学开发和编制各具特色的教师培养课程，创设符合本地特色的体验性学习项目，设置重视实践反思的临床体验性科目等，努力培养具有实践性指导能力的教师。这也是为了培养具有个人特点和专长的中小学教师，为组建"团队学校"、储备多样化人才做准备。

这些改革实践，都是为了学生能在教师职前培养阶段，持续地接触到真实的教学实践，并据此习得实践性指导能力，以及让学生在培养阶段就能将教育实践与大学的学习有机结合起来，以此提高教师培养的质量。但是，在大学四年的职前教师培养中，增加教育类科目和实践环节的比重，就必然意味着减少学科专业科目和理论教学的比重。而且不断加强实践环节的长度和密度，存在使教师培养沦为"职业训练"的风险，也可能有悖于日本"在大学培养教师"的初衷。

二、20 世纪末"临教审"重视"实践性指导能力"的职前教师教育思想

20 世纪 80 年代中期，日本政府在新自由主义理念下，成立"临时教育审议会"作为行政结构改革的一部分，开始推动"教育的结构性改革"。"临教审"推动的教育改革令日本的"第三次教育改革"进入实质性阶段，其关于教师教育改革的方针内容和主要思想，也奠定了三十多年来日本教师教育重视"实践性指导能力"的基调，影响深远。

临时教育审议会是首相直接领导的教育改革咨询机构，于 1983 年 3 月 27 日的内阁会议上决定成立，本身就带有强烈的政治色彩。"临教审"的成员主

---

① 日本教師教育学会. 教師教育研究ハンドブック［M］. 東京：学文社，2017：347.

要是由反映经济界意见和反映文部省意见的人士构成，没有"日教组"的代表（但有小学教师、校长各一名）和家长代表，也没有教育学学者和教育法学学者。换言之，"临教审"在讨论教育改革课题时，对教育学和教育领域的实践考虑并不充分。"临教审"的成员是在国会上由并不具有教育专业性的议员们选定的，并非由学界和教师集团民主推选而来。这从另一个角度也可以说明，"临教审"是站在政治权力的视角来审视教育改革。① "临教审"关于教师教育改革的思想，明显承袭了当时作为执政党的自民党的观点，这从"临教审"正式成立之前自民党的内部讨论可见一斑。

1983 年 5 月，执政党自民党内部提出了《关于教师培养和资格等的提议》，希望：一是要提高教师资格标准，增加与实践性知识技能相关的学分；二是要在延长教育实习时长以外，在不给中小学增加负担的基础上，考虑改善教育实习的方法；三是在职教师也可以通过研修取得更高层级的资格证。自民党的这些建议，主旨基本与此后 1983 年的"教养审"咨询报告、1984 年的"教师资格法"修订方案、"临教审"咨询报告相一致，其主要教师教育思想对这些咨询报告和提案都有很大影响。② 这也从侧面体现了 20 世纪 80 年代日本新自由主义改革后，政治权力在教师教育改革方面的引导力。

"临教审"重视培育教师"实践性指导能力"和"使命感"的论调，并非首次出现。1978 年"中教审"咨询报告中就已明确强调"教师的实践指导能力"，此前 1971 年的"中教审"审议和 1972 年的"中教审"建议中也已有这一倾向，只是 1980 年前后这一倾向得到进一步强化。之所以在 20 世纪 80 年代，教师的"实践性指导能力"愈发受到高度重视，是因为这一时期校园问题频发、教师不得不面对诸多教育问题的拷问，并且这一阶段排查"不合格教师"也逐渐成为热点议题。

"临教审"1985 年 6 月的第一次咨询报告中并未直接涉及教师教育，但社会上对不合格教师的反响强烈，在此舆论环境下，报告也提到了提高教师素养的问题。"临教审"在第一次咨询报告设定的需要解决的课题中指出：

---

① 坂本秀夫. 教師の研究 [M]. 東京：三一書房，1989：200.
② 山田昇. 戦後日本教員養成史研究 [M]. 東京：風間書房，1994：455-467.

"要克服当前的教育荒废现状，切实提高教育活动的质量水准，教师的功能极其重要。教师必须有对儿童、学生的教育爱，高度的专业性知识、实践性指导技术也不可或缺。另外，为让中小学校的教育活动充满活力，也有必要在提高教师本身觉悟的同时，提高其专业性。因此，关于提高教师素养的对策，要一体化探讨教师培养、录用、研修和评价问题。""临教审"的报告中，之所以将"教师评价"与另外几项并列，正是因为当时"排查不合格教师"是舆论的焦点。所以，教师试补制度、教育陪审制度和教师资格有限期制度等都被提上了讨论日程。① 但是，这种教师教育思想，实际上是出于对教师的不信任，采用监视教师的方式以排查不合格教师，这样是否能真正达到提升教师素养这一最终目的着实令人存疑。与此相对，也有教育学者持另外一种教师教育思想，即为了提升教师素养，从培养教师、帮助教师成长的角度，给予教师充分的信任，让教师在职场中能够不断探索、努力进行创造性的教育实践。但在当时的舆论环境下，这种教师教育思想很难在日本的教师教育改革中占据主流。

"临教审"在 1986 年 4 月从第二次咨询报告就开始强调，"在大学中的教师培养"要将"习得实践性指导力基础"作为任务，再衔接初任教师研修制度以及教师生涯各个阶段的在职教育，养成教师的"实践性指导能力和使命感"。报告中还同时提出，承担教师培养工作的教师教育者，应拥有中小学教学经验。另外，在大学入学选拔阶段，就应该考虑入学者是否具有成为教师的资质。② 日本二战后制定了"大学培养教师"原则，不是为了进行职业培训，而是为了"夯实专业基础"。那么，大学教师培养教育中到底应培养什么"基础"，是十分重要的问题。从"临教审"报告中体现的观点来看，"临教审"所谓的"基础"，应该指的是在大学教师培养教育中确立"实践性指导能力基础"，入职后再通过初任教师研修进一步培养教师的"实践性指导能力和教师职业使命感"。自此之后，"临教审"的这种表述基本被固定下来。"中教审"和"教养审"的咨询报告中，也常常强调教师的"实践性指导能

---

① 山田昇. 戦後日本教員養成史研究 [M]. 東京：風間書房，1994：471.
② 山田昇. 戦後日本教員養成史研究 [M]. 東京：風間書房，1994：473.

力"和"使命感",在各种举措中也开始强调在"大学教师培养教育"中如何加强实践性指导能力培养的问题。

日本战后"在大学培养教师"这一教师教育思想的本意,是在大学自治的基础上,培养学生具有高度专业知性素养,形成关于教育的基本认识和教育观,即通过大学教育的整体来培育教师的基础素养。经由这种职前培养的教师,才能基于个人的较高素质,在各自职业领域中不断提升自我,应对儿童身心的成长发展以及周遭环境不断变化的状况,临机应变地开展创造性教育实践。而且,教师的"实践性指导能力"能否在大学阶段培养,首先就是个问题。"大学培养教师"不应仅培训教师的实务性技能,因为大学教育本应追求的是培养高度的专业能力和正确的思辨能力。因此,战后初期确立"大学培养教师"基本原则时,希望大学培育的是"教师广义实践能力基础"。但与此相对,"临教审"强调"大学培养教师"要培育"教师实践性指导能力基础"这一思想,虽然并未直接否定"大学培养教师"的基本原则,但其实质内容已有改变。培养作为专业从业人员的教师,仅强调"实践性指导能力"并不合适,否则学术基础与应用、理论与实践的关系、大学的学术自由和批判性研究等"古典性原则"都会受到侵犯。因此,过于强调大学培养职前教师的"实践性指导能力",有可能导致日本在战后确立的"在大学培养教师"这一基本原则流于形式。

"临教审"要在大学培育"教师实践性指导能力基础"的教师教育思想,在教师培养课程改革提案中也有所体现。例如,"临教审"的报告中提出,大学要将教师培养课程中的"学生指导"科目必修化,提高教师指导学生、心理辅导等方面的知识和能力,以回应和解决校园中频发的学生问题。① 由此可以看出"临教审"的问题解决思路,不是希望大学通过整体教育素养培育,让未来的教师能够在充分认识学生和学校所面对的问题的基础上,通过自我能动性和问题解决能力,进行创造性的教育实践,而是一种相对直线型、短视化的思路,希望通过大学教师培养课程中一些实践性较强的科目,直接"赋予"学生更多实用的操作性技能。

① 山田昇. 戦後日本教員養成史研究 [M]. 東京: 風間書房,1994: 474.

　　为了让学生能在职前培养阶段有更多机会接触到一线教育实践，"临教审"报告中指出"大学与中小学的合作极其重要"。此外，如果要引入初任教师研修制度，就迫切需要讨论"教育实习"如何与之衔接的问题。因此，"临教审"报告中提出，要重新审视"教育实习"的时间和内容，考虑让学生在中等、高等学校各学段进行观察、参与教学实习，"进一步充实教育实习前后的指导，教育实习的一部分可以用中小学以外的青少年教育机构、儿童福利机构等的教育性体验和社会志愿者活动来代替"。大学也应为中小学教师提供更多在职教育的机会，且大学研究人员与在职教师增加接触，也可以促进教育科学的发展。"临教审"同时建议放宽对教师课程履修的管制，让大学有编制教师培养课程的空间。①

　　"临教审"的重视教师"实践性指导能力"、弱化"大学培养教师"原则，也明显体现于强调"活用社会人员进入教育领域"这一观点上。"临教审"的报告中提出，希望社会各界人才进入教育领域发挥力量，为了让未履修过教师培养课程的社会人员和学生也有获取教师资格的机会，可以考虑设置半年到一年左右的教师培养相关课程。实际上，这一提议在"教养审"1972 年的建议中首次出现以来就曾被反复提起，但因为很多学者对此抱有疑虑，认为设置这种短期课程会破坏四年制教师培养原则，所以未能成行。为了让各界人士能进入教育领域，"临教审"还提议创设具有特别社会经验及各类资质者可以获取的特别教师资格证书，以便作为非常勤教师承担某一学科领域的部分教学工作。②

　　关于教师录用选考方法，"临教审"提议采取面试、论文考察、实践技能考察、适应性考察、学生时代的社团活动和志愿者活动等材料考察等多种考察方式，尽量使评价内容多样化，录用教师的内定时期也尽早提前。在职教师研修方面，"临教审"倡导以校内研修为基础，实现多样化研修的体系化设置，尤其要完备教职生涯每达到一定年限就要适时研修的制度。③

①　山田昇. 戦後日本教員養成史研究［M］. 東京：風間書房，1994：476.
②　山田昇. 戦後日本教員養成史研究［M］. 東京：風間書房，1994：477-478.
③　山田昇. 戦後日本教員養成史研究［M］. 東京：風間書房，1994：479-480.

整体来看，"临教审"的教育改革方针，一方面含有放宽现行教育制度框架的"教育自由化"论调，一方面也主张加强管理。这两方面不但不矛盾，而且是相辅相成的。在"临教审"的教师培养和教师资格改革提案中，也体现了两方互补论调。即在"临教审"的教师教育思想中：一方面要放宽对大学培养教师的管制，让教师资格授予具有一定的灵活度，并且要通过特殊举措吸引社会人员进入教育领域，让竞争原理在教师群体中发挥一定作用，以提高教育界的活性；另一方面同时加强对教师的管理和评价，创设初任教师研修制度来判定教职适应性，排除不合格教师。[①]

基于"临教审"咨询报告关于教师教育改革的基本方针，1987 年 12 月"教养审"提交了最终咨询报告《关于教师素养能力的提高对策等》，主要内容包括实施初任教师研修制度，在教师培养课程中提高以教育素养为核心的教师资格标准，等等。"教养审"咨询报告中的具体议案，很快进入了法制化实施阶段。20 世纪末，日本通过改革形成了现行教师教育制度基本框架。

三、进入新世纪后"教师培养高度化"与"大学之外培养教师"思想的交错

随着时代的发展，进入新世纪后，日本社会和学校教育的环境发生巨大变化，给教师教育提出了诸多新的课题。日本认为在教育改革过程中，单靠深化大学本科及以下层次的教师培养改革，不足以应对这些课题。因此，日本逐渐出现了两种不同的教师教育改革路径。一种路径是探讨如何改善"大学的教师培养教育"，即强化"大学培养教师"的原则，在大学本科培养教师的基础上，提升到在研究生院层次上继续培养教师的"教师培养高度化"，以达到同时代的日本教育改革中对教师的素养要求。另一种路径则是降低"在大学培养教师"这一原则所占的相对比重，将重点转移到大学以外的场所进行教师培养教育，强调由行政主导，在中小学等一线教育实践场所加强教师的"实践能力"。不同的改革路径也反映了不同政党的教师教育理念差异，以及国家权力与大学自主性的冲突等。

---

① 土屋基规. 日本の教師養成・免許・研修 [M]. 東京：新日本出版社，1989：26.

（一）21 世纪初《教育基本法》修订后国家主义教育理念的强化

2006 年 12 月 15 日，日本首次修订了奠定二战后教育理念和教育制度与内容基础的《教育基本法》。2007 年 6 月 20 日，在新《教育基本法》的理念下，《学校教育法》《地方教育行政法》《教育职员资格法》三个法案在参议院通过修订。这三个法案的修订对日本的教育，尤其是教师的教育实践有重大的影响。①

相较旧《教育基本法》，新《教育基本法》中一个巨大变化是第 2 条的规定。旧基本法中，第 2 条作为"教育方针"极其简短，只指出为了达成第 1 条所示的"教育目的"，"要尊重学术自由，培养实际生活中的自主精神，通过与他人的互敬互爱和相互协助，为创造与发展文化努力做出贡献"。在新基本法中，第 2 条的标题被置换为"教育目标"，进行了大幅变动，在众多记述当中将"涵养爱国心""涵养道德心和公共精神"等也记入基本法当中。这从其后《学习指导要领》中强力推出要培养学生的爱国心和公共精神可以看出，《教育基本法》中对于第 2 条的修订，是为了在之后教育中推行相关举措，做好法律依据的准备。② "与旧《教育基本法》倡导以自由、民主、平等、和平为核心的民主主义教育理念相比较，新《教育基本法》虽然保留了尊重'个人的尊严''完善人格'等理念，但更明确地提出了'尊重公共精神''热爱培育传统和文化的我国和乡土'的新理念，这是以'公共''传统'及热爱国家为核心的国家主义教育理念。教育基本理念的这种转变，将会影响今后日本教育的发展方向。"③

另外，新《教育基本法》中关于教师的款项在修订后，也让教师的工作环境更加严苛，教育实践更加受限。例如，新《教育基本法》第 16 条规定，"教育不必服从不当的支配，应遵照此法律及其他法律运行"。但在原《教育基本法》的第 10 条中规定的是，"教育不必服从不当的支配，应直接对全体国民负责"。换言之，这意味着教师要在政府制定的法律规定范围内，进行相

---

① 日本教师教育学会. 日本の教師教育改革 [M]. 東京：学事出版，2008：250.

② 日本教师教育学会. 日本の教師教育改革 [M]. 東京：学事出版，2008：256-257.

③ 王晓茜，张德伟. 日本教育基本法的修改与教育基本理念的转变 [J]. 外国教育研究，2007 (7)：6-13. 有改动.

关教育实践。① 新《教育基本法》第 17 条规定，"政府为了综合有计划地振兴教育，可以制定振兴教育的基本方针以及其他必要事项，并同时上报国会、向外界公示"。这一规定直接扩大了政府对于教育的影响。也就是说，如果执政政府认为有必要，就可以在不经过国会审议（"上报"即可）的情况下，直接制定相关的教育举措并付诸实施。如此，政府就可在教育计划之下引导教师的教育实践，按照政府意图操控学生的培养方向。② 基于新《教育基本法》修订的《学校教育法》中规定，学校可以设置"副校长""主干教师""指导教师"职务。这种校内教师群体职阶序列化发展，很容易形成和强化教师职场内的监督监视体制。③ 在新《教育基本法》体现的国家主义教育理念下，此后政府将会逐渐加强对教育的控制，教师在这种教育环境下也必将接受更多的管理和评价。

新《教育基本法》的修订与颁布，引发了日本国内的论争，令国际舆论哗然。日本的执政联盟自民党和公民党针对《教育基本法》的修订案，进行了长达 3 年的"较劲与磨合"，双方共举行了 70 次会议，争论的焦点主要是"爱国心"的表述方式。由于历史和现实的原因，"爱国心"在日本已成为一个有特定含义的名词，不同于我们所说的一般意义上的爱国。战后六十多年来，日本强调"道德心"和"爱国心"并不单纯意味着要"讲道德""爱自己的国家"，而是唤起日本国民对军国主义时代日本《教育敕语》的印象。不管新《教育基本法》如何表述爱国心的内容，它都和民族主义情绪脱不清干系。它践踏了日本国民内心的自由，打通了国家权力无限制介入教育内容的通道。日本在野党一直反对将"爱国心"写入《教育基本法》，谴责这是日本在缅怀 1945 年之前鼓励学生为天皇和国家做出自我牺牲的教育体系。④

在新《教育基本法》颁布的四年前，即 2002 年的夏天，以日本教育学会为代表的 15 个教育学相关学会以反对修订《教育基本法》为主旨，先后召开

---

① 日本教师教育学会. 日本の教师教育改革 [M]. 东京：学事出版，2008：254-255.
② 日本教师教育学会. 日本の教师教育改革 [M]. 东京：学事出版，2008：255-256.
③ 日本教师教育学会. 日本の教师教育改革 [M]. 东京：学事出版，2008：256-257.
④ 罗朝猛. 日本《教育基本法》修订的历程、动因、内容及其争论 [J]. 比较教育研究，2007 (8)：60-64.

了五次公开研讨会，并将相关研讨成果集结出版。但在九成以上学者都反对的情况下，日本政府仍坚持在 2006 年 12 月达成了《教育基本法》的修订。日本教师教育学会原会长门胁厚司担忧，新修订的《教育基本法》有可能会像战前的"治安维持法"一样，发挥负面的社会功能。① 东京大学教育学教授藤田英典等众多日本知名学者发起了反对新《教育基本法》的签名声援活动，要求撤回或对其重新审议。教育学教授成岛孝志在《日本时报》发表感叹："尽管我们不会立即看到什么迹象，但安倍的改革将会改变日本社会的本质。"②

在国家主义教育理念之下，日本政治权力对教育改革的影响也愈发明显。在日本"1955 年体制（即中央集权制）"之下，长期以来文部省与执政党（即自民党）的认识和对策基本一致，相对能在较为自律的前提下推行文教政策。日本制定教育方针时，一直以来多由文部大臣发出咨询，再由中央教育审议会进行研讨，最后通过法令颁布实施。20 世纪 80 年代，日本行政管理改革走向自由开放路线后，情况逐渐有所变化。在 2009 年到 2012 年两次政权更替之后，实质上日本的教育改革逐渐产生了"政治主导"的倾向。在政府财政状况愈发不乐观的情况下，作为教育主管部门的文部科学省也受到财政方面的制约。在舆论问责的环境下，文部科学省不能像以往一样只从理想主义出发，而是必须与其他部门进行磋商。政府以原来文部省的审议机制已无法应对社会的急速变化为由，设置了"教育改革国民会议""教育再生会议""教育再生恳谈会""教育再生实行会议"等作为首相的个人咨询机构，对日本的教育方针进行实质性的审议。这种行政改革又进一步加强了内阁总理大臣的权力，首相官邸的权限越来越大。

（二）自民党与民主党关于提高职前教师培养质量的不同改革理念与路径

近年来面对着错综复杂的教育问题，日本多认为是现有的教师培养、录用和研修体系有所不足，但具体采用哪种解决路径则有所交替。2009 年与 2012 年日本的政党交替，导致教师培养政策的变动更加错综复杂。2009 年 8

---

① 日本教師教育学会. 日本の教師教育改革 [M]. 東京：学事出版，2008：252.
② 罗朝猛. 日本《教育基本法》修订的历程、动因、内容及其争论 [J]. 比较教育研究，2007（8）：60-64.

月，曾在日本长期执政的第一大党——自民党在众议院选举中遭到惨败，成为在野党，民主党成为执政党。2012 年 12 月，民主党在新一轮众议院选举中失利，自民党获胜并重新执政。自民党与民主党的执政理念不同，在教师教育方面的观点也不同，因此采取了不同的改革路径。

民主党关于教师培养政策改革的诉求理念，主要体现于"中教审"2012年 8 月 28 日的《关于通过教师职业生活的整体综合提高教师素养能力的对策》咨询报告中。民主党希望培养教师具有"通过教职生活整体不断自主学习的能力"以及"作为专业从业人员的高度化知识、技能"。作为提高教师学识专业性的达成方式，民主党方面的教师教育改革举措主要指向设立研究生院、培养硕士层次的教师，即通过"教师培养 6 年制"实现教师培养的"高度化"。

自民党方面具有代表性的教师培养改革理念，主要体现于"教育再生实行会议"从 2013 年 2 月到 2016 年 5 月的 9 次提议当中。自民党方面希望重点在大学以外的场所提升教师的素养能力，通过大量在中小学教学现场的"教育见习"来培养教师的实践能力，明确对教师职业的适应性，并提议在全国开展"教师塾"，建构教育委员会在教师录用前的教师职前培养阶段也发挥一定功能和职责的体制，形成以中小学校和教育委员会为主导的教师培养基轴。

表 5-2　日本教师教育改革论的对立构图

近代性	←模式→	非近代性
偏向民主党	←政党的偏向性→	偏向自民党
强化既有的教师培养体系	←基本构想→	不重视既有教师培养体系，尝试其他可取代路径
基于专业性学识的实践性	←价值取向→	基于高使命感的实践性
高度化的大学、研究生院	←教师培养教育的场所→	学校现场、教育委员会主导
"硕士层次化培养"（2012年 8 月"中教审"审议）	←措施例示→	教育见习、录用社会人员（2013年 5 月教育再生实行会议）

资料来源：岩田康之. 教員養成改革の日本的構造：「開放制」原則下の質的向上策を考える [J]. 教育学研究，2013（4）：14-26.

民主党的解决方案偏向于近代国家治理的类型，即通过政府完备基础设施，健全学校体系，在这层意义上具有近代性取向。与之相对，自由民主党的解决方案则偏离了近代性取向，重视"在中小学的见习活动"，更偏向于由教育委员会和中小学校在教学一线培养教师，这类似于近代之前的"学徒制"。在教师培养教育体系之外对新人进行个别指导的思路，更像是中世纪贵族雇佣家庭教师的做法。在近代教师培养体系运行不畅的情况下，民主党的解决方案看起来像在进一步顽固不化地强化这一体系，但自由民主党偏离近代性的解决方案则缺乏中长期的展望性。①

（三）民主党主张实现研究生院层次"教师培养高度化"的职前教师教育思想

2009 年夏天，民主党在众议院选举宣言中提出了教师培养制度大幅改革的构想，即从原本以大学本科培养教师为主的职前教师培养体制，转换为在硕士研究生层次上再加 1 年教育实习的教师培养体制，并同时废止教师资格更新制度。在民主党当政的状况下，这一构想确有实现的可能，于是在各大学也产生了强烈的反响。② 在全球化发展的进程中，世界各国的教师教育改革潮流都带有"专业化"和"高度化"两个特征。在 2009 年之前，日本就已启动了研究生层次的教师培养，但从规模和内容方面来看，与彻行教师培养"高度化"尚相去甚远。

在 20 世纪 80 年代中期，日本开始在既有的学位与研究生教育制度框架内，推进研究生层次的教师培养。1989 年修订实施的"教师资格法"，创设了以修完硕士课程为基础资格的"教师专修资格证"。但是，传统的研究生院比较专注于研究型人才的培养，培养出的教师虽然具备较强的研究能力，但是综合运用的教育实践能力却未被认可。进入 21 世纪后，日本创设了"教职研究生院"，旨在培养具有高度综合能力的研究生层次的专业实践型教师，为教师培养和进修提供新的机会与途径，属于一种新型的教师教育专门机构。

---

① 岩田康之. 教員養成改革の日本的構造：「開放制」原則下の質的向上策を考える［J］. 教育学研究，2013（4）：14-26.

② 日本教師教育学会. 教師教育研究ハンドブック［M］. 東京：学文社，2017：126.

但与其他国家相比，日本教师培养"高度化"进程十分缓慢。芬兰从 20 世纪 90 年代中期开始，已规定所有教师必须有硕士学位。德国和西班牙等国家，虽然并未限定教师必须有硕士学位，但也如培养医生和律师一样将职前教师培养年限延长至 6 年或 7 年，以实现教师培养的"高度化"。但在日本教师中，小学教师有硕士学位的只有约 5%，初中教师约 7%，高中教师约 15%，这在发达国家中完全处于落后的水平，这一数据甚至比一些发展中国家还要低。① 二战后日本一举实现了在大学开放性培养教师，较早进入了教师教育大学化时期。20 世纪 70 年代入职的那一批日本教师，其受教育水平可以说处于世界领先地位。而在很多发达国家都已实现教师培养"高度化"的阶段，日本却迟迟止步不前。在某种程度上来说，21 世纪以后入职的日本年轻教师，整体受教育水平处于世界较低的层次。

2010 年 6 月 3 日，民主党当政后，文部科学大臣提出了"通过教职生活整体提高教师素养能力的综合对策"咨询，同日中央教育审议会的初等中等教育分科会设置了"教师素养能力提高特别委员会"。这一时期关于教师培养和教师资格制度改革讨论的特质，明显与此前有所不同。此前一直以来主要都是通过修订"教师资格法"，针对教师培养课程进行相关改革。而此次改革试图变动的是教师资格制度本体，是聚焦于教师资格最基础的学历条件的变更，即从原来要求教师具有大学学历，变更为教师必须有硕士研究生学历。这可以说是要将教师培养、研修、录用制度整体改制的一次大变革。若能成行，此次改革甚至可以与第二次世界大战后日本所进行的教师教育制度改革相匹敌。② 但在 2009 年到 2010 年期间，这种前所未有的制度改革讨论未能在短期内形成一个可行性框架，相关人士对此多持审慎的态度，认为改革需要深思熟虑的审议。因此，教师资格更新制仍作为现行制度，在 2011 年春天按计划实施。民主党关于教师教育改革的构想也暂且搁置，但以此为契机对后续的改革产生了一定的影响。

2012 年 8 月 28 日"中教审"提交了《关于通过教师职业生活的整体综

① 佐藤学，等. 教育 変革への展望 4 学びの専門職としての教師 [M]. 東京：岩波書店，2016：24.

② 日本教師教育学会. 教師教育研究ハンドブック [M]. 東京：学文社，2017：126.

合提高教师素养能力的对策》的咨询报告，但报告并未按照民主党的预想提出教师培养"6年制"的具体方案，而是更侧重从"教师教职生活的整体"和"塑造不断学习的教师形象"的角度表述改革的方向，"教师培养高度化"有了微妙的变化。

为实现"教师培养高度化"，2012年"中教审"咨询报告首先提出要对教师资格制度进行相应改革，"在当前阶段，可以暂且创设'基础资格证书'"，但大前提是逐步废止仅具有大学学历的教师资格证，即未来要将日本所有教师的学历标准升级到研究生院层次。此次报告的另一个改革理念是"塑造不断学习的教师形象"，对此也相应引入了教师资格证的"升级制度"。具体来说，从"基础资格证书"要升级到"一般资格证书"，教师有三种途径可选。第一种是教师在入职前修完研究生院的硕士课程，获取"一般资格证书"后再就职。第二种是获取基础资格证书后先就职，之后马上作为初任教师研修硕士层次课程，获取"一般资格证书"。第三种是已获取基础资格证书并被录用的教师，可在一定期间内再通过履修硕士层次的课程，获取"一般资格证书"。并且，报告针对这三种路径指出，它们"各有优长与弊端，各地可以根据当地情况进行各种尝试、积累经验"，这体现了对教师资格上升渠道的一种开放态度。[①] "中教审"报告中提出的教师资格证书升级的三种路径，也从侧面反映了希望实现"教师培养高度化"的目标与保持教师培养机构和学生的多样性，二者同时并存的一种理念。

另外，为解决复杂多样的教育课题、促进各类人才进入教师队伍，报告中还提议面向未取得"基础资格证书"者设置硕士层次的教师培养课程，为没有在大学本科阶段接受教师培养教育者留有获取"一般资格证书"的路径。关于中小学校录用"社会人员"的问题，报告认可继续活用教师特别资格证和特别非常勤讲师制度，但同时希望"利用履修证明制度等，构建活用特别资格证的机制"，即要保障作为教师底限的专业性。[②]

---

① 佐藤学，等. 教育　変革への展望4 学びの専門職としての教師［M］. 東京：岩波書店，2016：199-200.

② 佐藤学，等. 教育　変革への展望4 学びの専門職としての教師［M］. 東京：岩波書店，2016：202-203.

要想大规模实现职前教师培养的"高度化",就必然需要大量能够承担这一工作的研究生院。"中教审"在 2012 年的咨询报告中对教职研究生院寄予厚望,同时承认要快速扩大教职研究生院规模还存在一些问题,其他类别的研究生院也不可或缺,不能忽视参与教师培养机构的多样性。但与此前相比,"中教审"此次咨询报告作为一种政策性提议,可以说"完成度"或"具体性"较低。例如,在"中教审"2006 年《关于今后教师培养、教师资格制度的应有状态》咨询报告中,提出要创设"教职实践演习""教职研究生院制度"和引入"教师资格更新制"时,在"另附资料"中对课程体系框架、内容和管理方式等都有具体的提示阐释,然而此次却几乎没有对"硕士层次"的教育机构和相关课程体系具体设计的说明。

2012 年尾,自民党重新执政,此后日本职前教师培养改革理念又有所变化。日本的教师培养"高度化"改革方向虽未被废止,但进程缓慢,具体原因不一而足,政策和财政支持跟不上可以说是其中主因。2012 年时,民主党在竞选口号中曾提出,要将公共教育经费投入在 GDP 中的占比提升到 OECD 的平均水平,即相当于增加到 1.5 倍。如果以此为前提,将教师培养教育从本科提升到硕士层次的改革,确实存在财政预算空间。但此后自民党的安倍政权并不支持提升教师培养层次,对提高教育经费投入也持否定态度。2015 年 10 月财务省甚至以少子化为理由,向文部省提出随着学生数量的减少应大幅削减公共教育经费的方案。对此,"中教审"立即发表了极其特殊的紧急抗议,指出这是"机械化的暴论"。[①] 因此,如果没有政治性的决断和外部条件的支持,"教师培养高度化"改革构想只能沦为纸上谈兵。

因此,从数量方面来看,日本短期内还无法靠新设的教职研究生院,真正实现教师培养的"高度化"。从质量方面来看,教职研究生院如何把握课程的实践性质,理论与实践应如何交替融合,如何进一步充实课程的具体内容,等等,都是今后仍需探讨的课题。而且有学者认为,这种从社会需求角度出发,以与教育委员会合作为前提进行的制度设计,与培养专业人员的专业学

---

① 佐藤学. 転換期の教師教育改革における危機と解決への展望 [J]. 日本教師教育学会年報,2016 (25): 8-15.

院宗旨相违背，是将教职研究生院变成培养"工作熟手"的教育机构，是"职业学院的研究生院版"。①

（四）自民党寄希望于"大学之外培养教师"的职前教师教育思想

2012 年 12 月，自民党重新执政。翌年 1 月"教育再生实行会议"启动，开始针对一些热点教育改革问题，积极讨论如何重构教育政策，从 2013 年 2 月到 2016 年 5 月共进行了 9 次提议。② 教育再生实行会议和 2012 年"中教审"报告的建议中，都有逐步提升教师资格等级的内容，但在基本理念方面却有重大的不同。二者的相同之处是，都以大学本科的教师培养教育为基础，然后经过"继续培养"，授予作为正式教师的资格；不同之处在于，这种"继续培养"是在研究生院进行，还是在中小学校教育一线进行。"中教审"2012 年报告提议的教师资格升级方式，是在教师职前培养阶段或教师在职阶段进行，处于强化"大学培养教师"原则的延长线上。而教育再生实行会议提议的"教师见习制度"则是一种为了考察教师职业适应性，为是否"正式录用"而设定的制度，与现行的"初任教师研修"是教师被正式录用后进行的"研修"性质不同。因此，教育再生实行会议的提议带有由教育委员会主导施行的"教师试补制"的意味，应归属于教师录用阶段的一部分。③

与此同时，教育再生实行会议在"教师见习制度"中也准备给予教职研究生院毕业生特别优待。但是，这与"教师培养高度化"无关，而是希望教职研究生院能够发挥在职教师研修的功能，与教师研修中心合作，成为各地的教师教育核心性机构。这与教育再生实行会议希望"部分教育委员会开设的'教师塾'能在全国推广，建立让教育委员会在教师录用前的培养阶段也可以发挥一定功能与责任的体制"理念相通，即希望行政方面能够从教师录用前到录用后始终发挥主导作用。

另外，从教育再生实行会议提出的，准备录用大量社会人士进入教师队伍且不会对最低限度的专业性提出要求这一方针中，也可以看出教育再生实行会议对于弱化战后日本确立的"在大学培养教师"这一原则的态度，甚至

---

① 佐藤学. 専門家として教師を育てる［M］. 東京：岩波書店，2015：162-165.

② 日本教師教育学会. 教師教育研究ハンドブック［M］. 東京：学文社，2017：127.

③ 佐藤学，等. 教育 変革への展望 4 学びの専門職としての教師［M］. 東京：岩波書店，2016：201-202.

可以说它持有与"教师是专业从业人员"这一理念完全异质的教师教育观。实际上，教育再生实行会议的提议中所体现的理念，与重视"培育"教师作为专业人员所应具备的高度理论性素养和专业性理念相比，更加偏向通过教育一线的实践经验来提高"实践性指导能力"，判定教师职业适应性。在以上种种背景和理念下，与看重研究生院具有的理论与学术高度相比，教育再生实行会议对教职研究生院的优待，更倾向于期待它能够在确保教师的"实践性指导能力"和"职业适应性"方面发挥功能。[①]

与自民党"教育再生实行会议"并行的是"中教审"的审议。2014 年 7 月 29 日文部科学大臣提出了"关于今后承担学校教育工作的教职员及作为团队的学校应有状态"的咨询。2015 年 12 月 21 日，针对上述咨询，"中教审"同日发布了《关于今后学校教师素养能力的提高——构建能够相互学习、成长的教师养成体系》和《关于作为团队的学校应有状态和今后的改善对策》两个咨询报告作为回应。另外，这一天"中教审"还发表了回应 2015 年 4 月咨询的另一份报告，即《关于面向新时代教育和实现地方创生的学校与本地的合作、互动应有状态及今后的推进策略》。

2015 年末"中教审"发表的一系列咨询报告，虽然继承了 2012 年咨询报告中"持续学习的教师"这一改革理念，但这只是指从培养到录用、再到在职研修的教师教育一体化改革，其中已不再提起获取教师"一般资格证（暂称）"要将学历从大学本科提升到研究生院层次的这一议案。整体来看，2015 年"中教审"提案的改革重心放在了"教师在（中小）学校中成长"上，受"教育再生实行会议"的影响，相对偏重在大学以外场所培养教师的理念取向。此前"中教审"关于"教师培养高度化"的观点已不见踪影，转变为主要强调建设教职研究生院中的在职教师学分履修制度和充实管理岗位的培养课程。换言之，今后行政方面更希望教职研究生院能与教师研修中心合作，成为各地的教师教育核心性机构。在国立大学改革第三期中期计划中，教职研究生院开始大规模扩张，也与这一目的有关。[②]

① 佐藤学，等. 教育 変革への展望 4 学びの専門職としての教師 [M]. 東京：岩波書店，2016：205.

② 油布佐和子. 教員養成の動向と課題：中教審答申第 184 号を中心として [J]. 音楽教育学，2016（1）：25-30.

"中教审" 2015 年的咨询报告中，虽然重申教师教育改革"以在大学培养教师和教师培养开放制原则为前提"，但从具体的改革建议来看，地方行政对大学充分发挥培养教师的功能已期待不高，且并不是很信任在教师培养开放制下的教师培养课程认定制度。报告中认为，仅依赖大学开设教师培养课程时的课程认定以及不定期进行的教师培养课程实地视察等举措，来保障大学的教师培养质量是不够的。此外，从报告中反复强调承担教师培养工作的大学教师应有在中小学教育一线的实际体验，组织大学教师教学发展活动十分重要，等等论调来看，似乎对于这些大学中的教师教育者也隐含着同样的不信任。①

因此，"中教审" 2015 年的咨询报告中提议：一方面，通过整合教师培养课程中的"教育学专业""学科专业"的科目群，让大学能够有更大的空间紧随时代发展，对应新的教育课题适时调整教师培养课程，同时引入"学校见习活动"，让中小学校在教师培养阶段发挥更多的功能；另一方面，以各都道府县、政令指定都市的教育委员会作为基本单位，联合大学等机构形成"教师育成协议会"，共同设定各地的"教师育成指标"，推动教师培养、录用和研修一体化改革。

"中教审" 2015 年的咨询报告中，关于提议设置"教师育成协议会"和制定"教师育成指标"的内容值得注意。报告中提出，"为了让教育委员会和大学等其他相关方面共有教师育成愿景，协议制定教师育成指标"，"国家要创设一个教育委员会和大学等能够进行协商、调整教师培养和研修内容的'教师育成协议会'"。多个国家和地区现已制定了"教师标准（teacher standard）"或"教师专业职业基准"，日本的一些地区和大学也先于"中教审"的提议制定了各自的"教师标准"。② 要塑造在整个教职生涯中不断学习成长的教师专业形象，并支持教师的终身学习，整合考虑教师培养、录用和研修的一体化，制定"教师育成指标"确实十分有必要。但是，日本在提议

---

① 油布佐和子. 教員養成の動向と課題：中教審答申第 184 号を中心として［J］. 音楽教育学，2016（1）：25-30.

② 佐藤学，等. 教育 変革への展望 4 学びの専門職としての教師［M］. 東京：岩波書店，2016：217.

设置"教师育成协议会"和制定"教师育成指标"的制度性改革中，体现了国家和教育行政方面加强了对教师培养方面的影响力，而大学方面的教师教育功能有可能因此进一步退化。"中教审"2015 年的咨询报告，在关于创设"教师育成协议会"的表述中，采用"国家……创设……"这样一种说明。在"教师育成协议会"要讨论策定的"育成指标"的表述中，也同样明确使用了"国家（文部科学大臣）要指示教师育成指标的策定方针"这样一种说法。① "强化教育委员会与大学之间的合作"的举措听起来十分动听，但从制度方面来看，这是将大学置于国家和行政方面的管理之下，存在着违背"大学培养教师"理念和缩小大学相对自律性的危险。

在进入 21 世纪以后，日本的教师培养以及教师队伍显现出一定的危机，在社会上批判教师质量的话题愈演愈烈的情况下，负责教师遴选、录用和研修的教育委员会也难辞其咎。② 教育委员会认为，大学培养的教师偏重学术研究，缺乏实践性指导能力，需要改善现在"培养—录用"分离的模式，于是各地区的教育行政部门开始以开办"教师塾"的形式介入教师培养，主动培养符合社会要求并具有实践性指导能力的人才，以确保和提高教师队伍的质量。"塾"一般被认为与"公立"相对，带有"半公立、非公立"的含义。"教师塾"相对更加重视教师的使命感和应有状态，重点锻造教师精神，带有描绘特定的理想教师形象和理念的象征性特征。③ "教师塾"的广泛出现可以说是政府在"大学之外培养教师"思想的直接体现，而且同时产生了教师"培养"和"录用"之间界限模糊的问题，这也引发了广泛争议，被认为违背了"大学培养教师"的原则。

对于政府行政部门设置"教师塾"的现象，很多专家学者持否定态度，并提出了很多不同的见解。第一，教育行政机构开办"教师塾"，违背了大学培养教师原则，或者说是一种越权行为。有学者指出，问题的本质在于"作

① 油布佐和子. 教員養成の動向と課題：中教審答申第 184 号を中心として［J］. 音楽教育学，2016（1）：25-30.

② 杨梅，尚冉. "进步" 抑或 "倒退"：对日本教师塾模式的现实拷问［J］. 比较教育研究，2017（2）：93-98.

③ 日本教師教育学会. 教師教育研究ハンドブック［M］. 東京：学文社，2017：238.

为一门专业性职业，至少要分为职业基础培养阶段和职业实践培养阶段，这两个不同的专业发展阶段。在此基础上再考虑两个阶段之间的整合关系，以及构建与在职研修之间的关系"，但现在"教师塾"的出发点与此相违背。第二，"教师塾"的特别选考措施存在教师录用的公平性问题。有录用权限者与培养机构之间的合作，应该既泾渭分明又互惠互信，在充分尊重对方又带有一定张力关系的基础上，才能够成立。现在这种为了储备优秀人才而"抢占山头"的做法，已变成一种提前招揽教师储备人员的制度，其妥当性令人存疑。参照公务员法，在人人具有平等条件的考试资格这一点上，也无法排除其争议。第三，"教师塾"追求培养"即战力"和实践性指导能力的目标设定也存在问题。教育行政机构迫于社会压力，"在录用教师时就要考察实践性指导能力"这一点，导致教师培养阶段不得不向实践性学习倾斜。但如前所述，教师作为专业性职业，本来应该有客观的专业成长阶段，而在录用阶段就要求职前教师具有充分的实践性指导能力，有违背客观规律之嫌。第四，是"教师塾"教学指导内容的妥当性和正当性的问题。"教师塾"以长期接触中小学教育为主轴（与此同时会影响学生在大学的上课情况），讲授的内容还会存在着与大学课程相重复或差异不明确的问题。有些大学追随这些"教师塾"的活动，将其认定为毕业学分等动向，更会招致教师培养的"教育内容非学术化"的问题。①

第三节

"后"教师教育大学化时期日本教师资格
制度中的教师教育思想

20世纪80年代日本第三次教育改革进入实质阶段之后，日本教师的培养、任用和研修状况也发生了很大变化。但20世纪末日本教师资格制度的一系列变革，却在一定程度上违背了战后日本通过《教育职员资格法》确立的

---

① 日本教師教育学会. 教師教育研究ハンドブック［M］. 東京：学文社，2017：239-240.

五大基本理念——"确立教师职业的专业性""大学培养教师""教师资格授予开放制""教师资格证的法律主义""重视教师在职教育"。

一、创设教师"特别资格证"等对"大学培养教师"原则的破坏

1988 年修订的《教育职员资格法》：一方面强调要充实"大学的教师培养教育"，大幅提高通过大学教师培养课程获取教师资格的标准；一方面却设置不足四年的"教师培养特殊课程"，让未履修过教师培养课程的社会人员或学生也有获取教师资格的机会，还为未接受过教师培养教育的社会人士提供进入教育事业的例外措施等。这些关于"教师资格"规定的重大变革，不但反映了政府对大学培养教师质量的不信任，也侵蚀着"大学培养教师"的基本原则，是对"教师专业性"的极大轻视。

"活用社会人员"虽然看起来是"临教审"独特的提案，但实际上这与此前在 1964 年创设的"教师资格认定考试制度（教员检定制度）"中所蕴含的教师教育思想一脉相承。创设"教师资格认定考试制度"时，当时在任的奥野文部大臣提出的理由是"为了让更多的人才能够进入教育界，确保师资来源"。这与"临教审"所提出的"活用社会人员"的说辞虽有所不同，但从本质上来说并无太大差异。① 1988 年创设"特别教师资格证"时同样规定，获取该资格证的社会人员要通过"教育职员检定"，必须有任命方或雇佣方（教育委员会和学校法人等）的推荐，具备与教学学科相关的专业知识、经验或技能，以及社会声望和对教师工作必要的热情与见识。

"教师资格认定制度"在二战前的日本曾存在，但在战后教师教育改革时被废止。废止的理由是，教师是需要高度人文素养和深厚专业素养的专业从业人员，"很难通过一次性的考试检定个人是否具有教师素养，且此前的考试检定制度在教育界一直评价不高。学界认为，教师素养需要在长时间的教育环境中，通过生活全方位培养"。② 换言之，日本在战后的教师教育改革，遵从的是教师培育主义，即在确立教师资格制度的基础上尊重教师培养教育，

① 向山浩子. 教職の専門性：教員養成改革論の再検討 [M]. 東京：明治図書出版，1987：222.

② 上野芳太郎. 教育職員免許法と同法行法について [J]. 文部時報，1949（8）：20.

"在大学培养教师"的原则也正是由此而来。

日本之所以在 20 世纪 60 年代会再次恢复战前的"教师资格认定制度"，是出于当时经济界的要求。1963 年经济审议会提出"在经济发展中个人能力开发的课题与对策"，要求高中教育要有多样化发展的政策。与此情况相呼应，次年通过的部分修订"教师资格法"，重新创设了教师资格考试认定制度，但仅限于"柔道、剑道和计算实物"领域的高中教师资格。以此为开端，在招揽多样化人才的名头下，日本在"大学培养教师"以外，多开辟了一条相对更容易获取教师资格的路径。此后，1973 年修订"教师资格法"时，又将小学教师二级资格等要求也纳入了教师资格认定考试制度的范围。但即便如此，由于考试难度较大，适用范围也有限，每年通过教师资格认定考试的合格人数也仅有二百人左右。① 因此，1980 年代的"临教审"认为需要进一步放宽教师资格认定考试制度的条件限制，为实现学校教育的多样化和活性化，强势打出了"活用社会人员"进入教育界的口号。

在进入 21 世纪之际，社会形势越来越复杂、校园问题依然严峻的背景下，政府方面对既有教师培养、录用体系不满，希望加强运用"特别教师资格证制度"，增加授予特别资格证书的数量。教师特别资格证出现多方面的制度变更，授予标准和学科范围不断放宽，有效期限延长，学士学位也不再作为授予的必要条件。另外，日本在 2001 年部分修订了《学校教育法》的实施规则，放宽了校长资格的标准，引入了民间人士也可担任校长的制度。从授予教师特别资格证书的数量来看，撤废"特别资格证"有效期限的翌年，2003 年度共授予了 47 件（前一年只有 6 件），十年后的 2014 年度大约为 92 件（前一年为 59 件）。2014 年文部科学省对各都道府县教育委员会发出《关于制定"授予特别资格证书的教育职员检定的相关方针"的通知》，进一步提出要让特别教师资格证授予标准更具灵活性，改善过去授予特别教师资格证的标准过高或不完善的问题。2015 年，全国授予特别资格证书的总数激增到 215 件。②

---

① 向山浩子. 教職の専門性：教員養成改革論の再検討 [M]. 東京：明治图書出版，1987：223.
② 日本教师教育学会. 教師教育研究ハンドブック [M]. 東京：学文社，2017：255.

日本二战后的教师资格已经在"开放制"的理念下，向所有人敞开了大门。无教师资格证者本应是"教师资格证法律主义"要惩罚的对象，却可以进行教学工作。在有资格教师的供给并不缺乏的情况下，仍然要创设教师"特别资格证书"和"非常勤教师"制度，这从根本上就违背了"教师资格法"的基本理念。原本"教师特别资格证"只是"大学培养教师"之外的一个例外措施，但在近些年的教师资格制度改革趋势下，其适用范围却不断扩大。这与20世纪80年代以来大学教师培养课程改革中，重视"教育类科目"的原理有明显的矛盾。如此，独善某种专业知识技能的社会人员就可以获取教师"特别资格证"并进入学校教学，这令职前教师在大学履修的"教育类科目"失去了意义。这种无视教师职业专业性的教师教育思想，正在使战后日本确定的"大学培养教师"原则本身变得越来越有名无实。

二、"教师资格更新制"对"重视在职教师研修"理念的违背

基于2006年中央教育审议会咨询报告《关于今后教师培养、教师资格制度的应有状态》，2007年日本修订的《教育职员资格法》引入了不论是普通教师资格证，还是特别教师资格证，一律只有10年有效期的"教师资格更新制"，并确定从2009年4月1日开始正式实施。从日本规定教师资格终身有效的1900年开始算起，引入教师资格更新制可以说是日本一百多年来教师资格的一次大变革。从世界范围来看，教师资格更新制度也是较为罕见的，这可以说是日本战后教师资格制度最大的改革。①

日本从20世纪70年代后半期开始，欺凌、逃学、班级崩溃等学校教育病理现象逐渐显现，受到社会的广泛关注。造成学校教育问题的原因多种多样，但作为教育一线"责任人"的学校和教师所受的舆论批评最多，要远甚于文部省或各地的教育委员会。1985年临时教育审议会就提出过如何处理"不合格问题教师"的议题。"教养审"关于教师研修制度的探讨，以及1988年初任教师研修制度的创设等，也是对"提高教师质量"这一议题的回应。在2000年教育改革国民会议的报告《改变教育的17提案》中，也提出要对

---

① 今津孝次郎. 教员免許更新制を問う［M］. 東京：岩波書店，2009：2.

教师资格制度进行整体改革。换言之，政府方面最初是以"排查不合格教师"为主要目的，探讨如何引入"教师资格更新制"。在上述讨论背景下，"中教审"接受了文部科学大臣的相关咨询，在 2002 年提出了《关于今后教师资格制度的应有状态》咨询报告。但此时的"中教审"仍采取比较审慎的态度，认为"与其他类别的资格制度和公务员制度相比，仅要求对教师资格进行更新"并不合适，不应急于确立一个淘汰教师的制度，并作为替代方案提议创设"十年教龄教师研修"以提高在职教师质量。

进入 21 世纪以后，在急剧变动的社会环境中学校教育问题愈发复杂，而且由于网络和媒体的发达，与教师相关的丑闻也被不断放大。人们对身边的"教育问题"和"问题教师"产生的不满形成乘法效应，社会民众对教师的不信任感愈发强烈。除此之外，日本从 20 世纪末在新自由主义和市场原理主义下进行的教育改革，使家长处于教育的"消费者"立场，学校和教师则处于"被评价"的地位。在学校和教师被大众广泛批判的舆论背景下，日本不断推进教师改革，教师资格更新制也从这时开始真正进入政策议程并被广泛熟知。

受外在政治、经济界的施压，仅时隔两年，文部科学大臣于 2004 年 10 月再次向"中教审"提出"引入教师资格更新制"的咨询，且一转此前的形势向积极引入的方向推进。最终，2006 年"中教审"在咨询报告《关于今后教师培养、教师资格制度的应有状态》中，正式建议引入教师资格更新制。"中教审"此次报告以"确保社会对教师的信赖感，提高教师素养能力"为基调，在教师职前培养阶段，提议在本科教师培养课程中新设"教职实践演习"作为"出口管理"，并创设"教职研究生院"培养具有更高专业性的教师；作为提升在职教师质量的对策，以教师必须应对时代变化、不断更新素养能力为理由，推出了教师资格更新制；而对于"指导能力不足的教师"和"问题教师"，则提出通过"指导改善研修"来处理。由此，引入"教师资格更新制"的目的与探讨之初的"排查不合格教师"相切割，急速转向了"教师知识技能的刷新"。

但是，自民党首相安倍晋三主导的"教育再生会议"在 2007 年 1 月的第一次报告中，仍然提到"希望严格管理教师资格更新讲习的履修认定，活用公务员制度，严肃处理不合格教师"。① 可以说，在政治权力主导下的教师教育改革中，引入教师资格更新制度的目的中仍残留着些许"排查不合格教师"的暧昧性。文部科学省特意强调教师资格更新制度是"为了与时俱进地保持教师所需具备的素质能力，而定时更新的一种制度"，并不是以排查"不合格教师为目的，而是为了让作为专业人员的教师，在资格更新后更加具有自信心和自豪感地从事教师职业，获得社会的尊敬和信赖"。文部科学省的这种表述，一方面带有去除教师资格更新目的暧昧性的意图，一方面也显示了判定教师职业适应性的难度。

实际在国际上，更新教师资格的体系也并不多见，这可以说是日本特有的制度。② 美国的几个州虽然有教师资格更新制，但其设定的背景与日本大不相同。在美国，因为教师的社会地位与待遇都不够理想，所以一直以来都存在教师数量严重不足的状态。美国的几个州为应对教师数量不足，设立了可以先获取入职标准较低的教师资格证，在成为教师之后，再通过在大学和研究生院等进修，更新教师资格证的策略，这也是一种提高教师质量的方式。③ 在美国的这种教师资格更新体系中，教师更新资格时所获得的学分和学位等，与自身的待遇提升紧密相关。在美国迫切需要确保足够教师数量的背景下，教师资格更新制也不失为一种促进教师职能成长的有效策略。④ 但是，日本制定教师资格更新制度、规定所有教师都要定期接受教师资格更新讲习的目的与此不同，它既不是保有教师数量的策略，也与提高教师的地位或待遇没有直接关系。

从官方说明来看，日本引入教师资格更新制，是为了与时俱进地不断更新教师的知识能力，以确保教师队伍的质量，提高社会对教师的信任与尊敬。这一观点的根源在于，为确立教师职业是专业行业，随着社会状况的变化和学校教育课题的多样化、复杂化，教师所必需的素质能力，本来就具有应时

---

① 今津孝次郎. 教員免許更新制を問う ［M］. 東京：岩波書店，2009：18.

② 喜多明人，三浦孝啓.「免許更新制」では教師は育たない ［M］. 東京：岩波書店，2010：VI.

③ 牛渡淳. 教師養成の「高度化」の意義と課題—アメリカとの比較から ［A］//三石初雄，川手圭一. 高度実践型の教員養成へ ［C］. 東京：東京学芸大学出版会，2015：9-20.

④ 佐藤学，等. 教育 変革への展望4 学びの専門職としての教師 ［M］. 東京：岩波書店，2016：197-206.

代发展而不断更新的性质，因此重构确保教师素质能力的教师资格制度是十分必要的。① 通过引入教师资格更新制度，期待教师以资格更新为契机不断提高专业性，改善公立教育的质量，保证家长和民众对公立教育的信赖。从这一角度出发，确实所有的教师都有必要接受教师资格更新讲习。

但是，在日本教师资格更新制度的适用对象中，允许"处于指导教师立场的人员"和"受到表彰的优秀教师"这两类人群可以不接受更新讲习，直接申请更新教师资格。此外，如果是"指导能力不足"的教师，则必须接受教学改善研修，研修期间不得参加教师资格更新讲习。这等于一方面强调引入教师资格更新制不是为了处理不合格教师，另一方面却不允许被裁定为教学不力的教师参加更新讲习；一方面强调教师专业性，提出所有教师都要与时俱进地更新知识能力，另一方面却认为校长、教头等学校管理人员以及获得教育委员会等表彰的优秀教师，可以不必参加更新讲习。教师资格更新制这种自相矛盾的适用对象范围设定，遑论让教师"带有自信心和自豪感地立于讲台之上"了，反而会对教师的自信心和发展动力产生负面影响。

况且"资格证书的更新"和"教师素养的提高"是否能够关联在一起，本身尚存疑问。在引入教师资格更新制时提出的"定期掌握最新的知识技能，让教师能够带有自信心和自豪感地立于讲台之上，获得社会的尊敬与信赖"这一目的，是否能够通过每 10 年一次、只有 30 个课时的讲习达成，仍需探讨。此外，在深入思考教师资格更新讲习与其他教师研修之间的关系，教师自我学习钻研与教师资格更新或失效之间的关系等的基础上，也应探讨教师是否可以通过除在大学接受讲习以外的其他学习形式，来完成教师资格更新。②

与排查、严惩仅有微少数量的"问题教师"相比，如何支持和帮助绝大多数奋战在教育一线的教师成长更为重要。而且，如果存在"指导能力不足的教师"，这本来可以通过充实"在职研修"的路径来解决，而将其偷换为"教师资格"的问题，通过教师资格更新制度来解决，显然存在不合理性。在

① 日本教师教育学会. 教师教育研究ハンドブック［M］. 東京：学文社，2017：15.
② 日本教师教育学会. 教师教育研究ハンドブック［M］. 東京：学文社，2017：313.

"教师资格失效"的威胁下，具有 10 年以上工作经验的老教师不得不被动接受强制的教师资格更新讲习，这一做法本身就违背了"教师是专业从业人员"的理念。虽然在官方的说法中，引入"教师资格更新制"与提高教师素养和专业性紧密相关，但其背后所隐含的教师教育思想，却是对教师作为专业从业人员的不信任。对于同样作为专业从业人员的医生、律师和法官等，并没有在从业 10 年、20 年后专业能力会落后于时代的观点下，需要通过接受讲习来更新相关专业资格的制度。一般专业性工作都有极高的独立性，因此需要从业者通过不断自律性的实践和研究，维持和提高自身的专业能力。当然，随着时代的发展，教师作为专业从业人员也需不断吸收和获取必要的新知识、新技能，这也是《教育公务员特例法》第 21 条规定教师需要日常不断"研修"的缘由。因此，提升在职教师的专业性、专业能力，常规逻辑是需要探讨"教师研修制度"，而非在"惩罚主义"之下轻视教师的自主研修权利，去探讨"教师资格有效性"问题。这也是日本在引入"教师资格更新制"时，引发教育界的担忧与反对的主要原因。

教师资格更新制还有与"资格证书主义"原则相冲突之处。日本相当一部分在职教师，持有两种以上的教师资格证书。初、高中的在职教师，大都持有两种科目以上的教师资格证书。还有很多初、高中教师，同时持有小学或特别支援学校的教师资格证。但教师更新制度规定，持有两种类别以上教师资格证书的教师，只需要选择参加其中任何一个资格证书相关的更新讲习完成更新，便默认所持的其他资格证书也一并得到了更新。这种规定隐含着"以一种资格证书可以代表其他种类资格证书"的观点。这虽然是出于减轻教师负担的考虑，却在一定程度上与原有的"教师资格证书主义"相违背。[①]

因此，日本的教师资格更新制，在世界上未有先例可以参考，与既有的教师研修制度性质也并不相合。在教师资格更新制实施后，不仅原本就繁忙不堪的教师在时间、经济和精神等方面倍感压力和负担，教育行政部门和开设教师资格更新讲习的大学也增加了许多工作量。而且从实施结果来看，"更

---

① 喜多明人，三浦孝啓.「免許更新制」では教師は育たない [M]. 東京：岩波書店，2010：17-18.

新教师知识技能"的成效非常有限，实在是得不偿失。更令人担忧的是，在近年来日本"教师不足"的背景下，教师资格更新制有导致教师队伍后备力量不足的潜在风险。① 因此，在各方的强烈呼吁下，日本仅实行了 13 年的教师资格更新制在 2022 年 7 月正式宣告废止，提高教师质量的议题也回归到改革教师研修制度的探讨方面。

第四节

"后"教师教育大学化时期的日本在职教师教育思想

20 世纪 80 年代中期以来的日本教师教育改革，基于教师培养、录用和研修各阶段各司其职的"角色分工"思想，推进教师教育一体化政策措施，体现了终身教育理念所强调的纵向整合（亦可称之为"长度意义上的整合"）；旨在整合各种教师在职教育机会，从而为教师提供多样、充实的研修机会的教师在职教育体系化政策措施，则体现了终身教育理念所倡导的横向整合（亦可称之为"宽度意义上的整合"）。但是，如果说日本在推进教师教育在"长度"和"宽度"意义上的整合成效较为显著的话，那么也可以说日本在推进教师教育"深度意义上的整合"方面则差强人意。②

一、构建纵向"教龄研修"与横向"专业及职务研修"完备的教师在职研修体系

在 20 世纪 70 年代教师供求关系相对稳定、追求教师"质量"条件已基本完备之后，日本就开始尝试综合一体化地把握教师的培养、录用和研修。之所以这一时期要强化教师研修，也与愈加频发的校园问题而引起民众对教

---

① 徐程成，饶从满. 日本教师资格更新制因何废止?：基于引入目的、制度设计和实施成效的探讨［J］. 外国教育研究，2022（11）：3-16.
② 饶从满. 信息社会背景下的教师终身学习体系建设：20 世纪 80 年代中期以来日本教师在职教育改革与发展［J］. 外国教育研究，2014（3）：100-109.

师的不满有关。此后在日本逐渐达成了"教师的素养能力需要通过培养、录用、研修各个阶段逐渐形成"的共识，教师教育的连续性受到重视，并由此进行一系列的改革。

20 世纪 80 年代时，面对社会日新月异的挑战，仅依靠职前阶段已经无法培养教师足以应对"长远课题"的专业性；面对教育病理问题长期居高不下的压力，也无法期望在职前阶段短期内培养足够应对"紧迫课题"的教师。如何加强和改革教师在职研修，迅速提升大批在职教师的专业性，不可避免地成为日本教师教育改革的重要组成部分。① 1981 年，"中教审"发布《关于终身教育》报告，提出希望从事教育等公共性较强的专业从业人员，应国民对其职责的要求和职务的专业性，不断开发、提高自身的素质和能力。因此，日本教师在职研修以建设教师终身学习体系为目标，进入了一个深度改革与快速发展的时期。1984 年到 1987 年，临时教育审议会提出彻底改革现有教师研修体系的建议，指出"教师应该意识到自己肩负的重要职责，不断钻研业务"，"在职研修"一词由此确定下来。为有组织有计划地安排教师在职研修，则必须明确规定国家、都道府县及市町村各自承担的职责，建立健全的教师研修制度和组织体系。

1987 年教师养成审议会在《关于提高教师素养能力的对策》报告中提出，"要按照教师的生涯发展阶段，为教师提供内容、方法都适切的研修机会，需要实现教师研修体系化"。为此建议一方面要促进教师的自主研修、充实教师全员参与的校内研修；另一方面政府方面要健全教师终身研修体系，并且创设"初任教师研修"作为教师研修体系的第一阶段。"教养审"1999年《关于教师培养、录用、研修的顺畅衔接》咨询报告，对教师培养、录用和研修各阶段提出改进建议，并指出要加强大学与都道府县教育委员会的联系与合作。2001 年，日本成立独立行政法人教师研修中心，向校长和教师等提供更多的研修机会，指导和帮助学校教师深入开展在职研修。同年，"研究生院进修休假制度"开始实施，教师在大学、研究生院、企业和教师研修所

---

① 饶从满. 信息社会背景下的教师终身学习体系建设：20 世纪 80 年代中期以来日本教师在职教育改革与发展 [J]. 外国教育研究，2014 (3)：100-109.

等学校以外的机构，进行长期研修的权利也得到了保障。2002 年通过部分修订《教育公务员特例法》，将之前各地区自行开展的教师工作 10 年、12 年的研修，确定为所有教师工作 10 年后都必须参与的法定"10 年教龄教师研修"。再加上此前法定的初任教师研修，以及各地区针对 2—5 年、5—10 年、15—20 年工作经验的教师各自开展的研修，可以说根据教师工作经验年限建构的、纵向上基本能够涵盖教师职业生涯的研修体系逐渐完备。另外，还有横向上根据学校职务分工和教学领域，分别开展的校长、教头、教务主任的管理职务研修，以及特定学科、课题的专业研修项目等。

到 21 世纪初时，日本根据教师工作经验、职务和专业领域建立起来的、在校内外开展的、长期或短期的、自主研修和行政研修相结合的研修体系已基本完备。此时教师的在职研修，又与教师评价和剔除不合格教师联系起来。在 2007 年部分修订的《教育公务员特例法》中，规定被判定为"不合格的教师"必须参加法定的"指导改善研修"。2009 年时，日本又引入了教师资格证更新制。教师资格更新讲习的实施目的，虽然并没有直接与剔除不合格教师相关联，却是在教师职业声望降低、国民对教师批判呼声甚高的背景下酝酿而生的。教师资格更新讲习与 2003 年度开始的法定"10 年教龄教师研修"，二者本身就源于同一个议题，内容和时间也多有重叠。因此，日本在 2016 年修订《教育公务员特例法》时，根据 2015 年"中教审"咨询报告《关于今后学校教师素养能力的提高——构建能够相互学习、成长的教师养成体系》的相关内容，废止了"10 年教龄教师研修"，更改为"中坚教师等人员的素养提升研修"，重新设置了研修内容，还可以灵活调整研修时段。

当前，日本已构建了横向与纵向立体化的教师在职教育体系，确保为教师的终身学习与发展适时、适当地提供多样、充实的学习资源和机会。按照教龄区分的基本研修，充分考虑了教师在不同发展阶段的需求。例如：针对工作 5 年的教师的教龄研修，以学习指导、学生指导等方面为主；针对工作 10 年的教师的教龄研修，重点是班级管理和学生指导、学习指导等；工作 20 年的教师在各方面都有了充足的经验，针对该教龄段教师的教龄研修，重点则是教师领导力的提升。可以说已形成了从初任教师到中坚教师的纵向教龄研修体系。同时，日本职务研修和专业课题研修，基本涵盖了学校内管理者的各职能分工领域以及教师在各专业课题领域需要进行的研修，教师的横向研修体系也基本整备。但同时也逐渐出现了教师行政研修过于密集，教师日常性自主研修却越来越趋于闭塞状态的问题。这些行政机构设置的讲习和研修的目的与意义是否明确，是否只是政府为回应大众对教育和教师不满的一种顺水推舟的手段，是真的可以有效提高在职教师队伍的质量，还是反而增加了教师额外的负担，诸多课题还有待商榷和证明。

二、衔接教师职前培养和在职教育的"初任教师研修"

日本初任教师研修的最初设想，可追溯至战前提出要建立的教师"试补制度"。二战后，日本教育刷新委员会又提出了更为细致的有关教师试补制度的设想。20世纪70年代，"中教审"的报告中也曾提出关于教师试补制度的建议。但是，在教师"试补制度"中，拟被录用并接受培训者的身份未能明确，具有不安定因素。且"试补制度"的存在，是以拟录用为教师者当中必定存在"不合格者"为前提，存在消极否定含义。因此，教师试补制度一直存在争议，未能进入实施阶段。在联合国教科文组织1965年发出《关于教师地位的建议》后，如何按照教师生涯发展阶段建立教师终身研修体系被提上日程。日本原来建立教师试补制度的思路，转变为设立"初任教师研修"，并将其作为教师终身研修体系中重要的一环，在20世纪80年代经过多次提案和讨论最终成行。

20世纪80年代，教师疲于应对校园暴力、学生拒绝上学、欺侮等问题，家长和社会上对学校教育的一些抱怨和意见，最终一般都会落到对教师素养能力的怀疑，由此引发排查"不合格教师"的要求。"临教审"在讨论提高教师素养能力问题时，最初仍是延续了之前排除"问题教师"的思路，提出要设立"教师试补制度"及"教育陪审制度"等。这些提案深处蕴藏的是对教师的"不信任感"，且不说这是否能够提高教师的素养能力，如何认定"问题教师"、认定"问题教师"可能引发的家长与教师之间及教师同僚之间的龃龉更是不可估量，只会让教育教学一线更加混乱。因此，以排查清退"问题教师"为主要目的的"教育陪审制度"最终被搁置，因"试补制度"这一名称容易带来历史倒退的不佳印象，所以"临教审"在制度设计时将其改为

"初任教师研修"。① 可以说"初任教师研修"制度在提案之初，就带有浓重的"排查不合格者"的构想和功能。

针对"临教审"提出的"提高教师素养能力"相关对策，教师团体和一些政党曾提出了尖锐的反对意见。"日教组"断定"创设初任教师研修一年的制度"，实质上就是导入教师的试补制度，设置"教师职业适应性审议会"是敌视教职员的一种构想。"日教组"批判这是一种想"把教师铸成固定模式"的制度。日本社会党批评初任教师研修制度，是"为了国家选任教师"。日本共产党也认为这是"对教师加强管理的新阶段"，"只会带来沉默、失信和对权力的顺从"。但当时推进教育改革的文部省和自民党，对引入初任教师研修制度抱有积极态度。全日教联等团体也表示支持创设这一制度，以培养初任教师的实践性指导能力和使命感。②

1986 年"临教审"发布第二次报告时，在"提高教师素养能力"这一节中，继续提议"创设初任教师研修制度"和实现教师"在职研修的体系化"，且初任教师研修被重点作为教师在职研修体系中的一环来阐释。这一报告虽然弱化了通过初任教师研修审查初任教师职业适应性的要素，但仍保有在一年的试用期间要"证实初任教师的职务履行能力"的教师评价的想法。虽然对于引入初任教师研修制度还存在诸多争议和课题，但政府还是在 1987 年决定开始推动试行，并且在第一年度的试行还未结束时，具体法案就已提交国会并通过了审议。

之所以政府和学校对初任教师的要求日益提高，与日本在"开放制"教师培养制度之下，持有教师资格证的人数要远高于在学校工作的教师的人数也有关系。对于国家来说，教师资格证是专业资格证书中十分重要的一种，但其运用率却远低于持有资格证者几乎都能够从事相关职业的医师等行业。每年获得教师资格证书者能够被录用为教师的，在小学阶段大约有 5 成，初中只有 1 成，高中更是连 5% 都不到。在获得大学毕业证的同时也具有可以获得教师资格证条件的大学占全部四年制大学的 8 成左右，占全部短期大学的 7

---

① 土屋基规. 日本の教師養成・免許・研修 [M]. 東京：新日本出版社，1989：153-159.
② 土屋基规. 日本の教師養成・免許・研修 [M]. 東京：新日本出版社，1989：161-162.

成左右。① 再加上日本开始推行可以任用无教师资格证的"民间"校长的政策，还鼓励活用教师"特别资格证书制度"，让人愈发觉得教师资格证乃至教师专业的"含金量"较低。

因此，在教师录用阶段，考虑应该让哪些人进入教师行业时，"即战力"就成为对初任教师的一项要求。初任教师研修制度的主要目的虽然着眼于"培养初任教师的实践性指导能力"，但同时带有"对于那些在研修中被判定为不适合教师职业者，要采取必要的措施"这样一个功能。但是，如果在初任教师研修制度中，判定教师职业适应性的标准和审查手续不够明了的话，会带来极大的不稳定性。尤其是延长教师"有条件录用时间"这一点，引发了有识之士和教职员团体的担忧和反对。对此，文部省解释说，初任教师研修制度与教师试补制度并不相同。教师试补制度如 1971 年"四六答申"报告中所示，"录用者是以特别身份参加为期一年的实地培训，再根据最终成绩决定是否录用为正式教师的制度"，而初任教师研修制度是教师在录用后，以教师身份参与研修。② 根据《地方公务员法》和《国家公务员法》，公务员除临时录用或兼职情况以外，所有录用者在入职后，都有 6 个月的"有条件录用"时间。这是为了让有任命权限者能够利用这段时间，证实被录用者的职务履行能力。所谓的"有条件录用"，也就是只要被录用者没有反社会行为等显著问题，能够良好地完成工作的情况下，都会被正式录用。③

在初任教师研修制度实施后的几年里，新录用的初任教师在一年的"有条件录用"期间，未能被正式录用或离职的比例并不高。在 2001 年之前，基本上每年未能最终正式录用的初任教师不到 50 人，这一人数比例不超过0.5%，其中还包括部分因疾病等其他原因自动申请退职的初任教师。日本初任教师研修制度在创设过程中虽然带有"排查不适合教师职业者"的色彩和目的，但在实施后并未给初任教师的录用和入职情况带来过激影响，教师的不安感继而有所消减。进入 21 世纪后，大量"团块世代"的老教师陆续退

---

① 山崎準二，榊原禎宏，辻野けんま．「考える教師」：省察・創造・実践する教師［M］．東京：学文社，2012：35.

② 土屋基規．日本の教師養成・免許・研修［M］．東京：新日本出版社，1989：186.

③ 土屋基規．日本の教師養成・免許・研修［M］．東京：新日本出版社，1989：172-173.

休，新录用的年轻教师数量大量增加。这一现象不仅让一些年轻教师少了向老教师"取经"的机会，还在未能积累丰富经验的时候，就不得不承担起重要职责。因此，随着教师录用人数的增加，也产生了新教师适应不良和精神状态欠佳等相关问题。从 2005 年左右开始，新教师未被正式录用的比例也快速攀升超过 1%，之后这一比例基本也都保持在 1% 以上。在未能最终被正式录用的初任教师当中，约三分之一是因为有精神疾患等原因自动离职的。为了让青年初任教师克服早期教职生活难题，保有自我成就感地顺利启动职业生涯，需要一个学校管理人员和老教师能给予初任教师关心、帮助和建议的体制。

2018 年 6 月文部科学省发布了"关于初任教师研修的弹性化实施"通知，允许各地区的教育委员会灵活设定初任教师研修的实施时期和实施时长，初任教师研修的对象也可根据具体情况灵活调整，初任教师研修的指导体制也向团队学习指导转变。各地区的教育委员会开始积极着手改善初任教师研修，越来越重视对初任教师施以援手，期待初任教师能通过研修，在入职后迅速具备实践能力。

三、"行政研修"与"自主研修"中的"教师研修权"之争

日本从 20 世纪 80 年代构建立体化教师在职教育体系后，覆盖教师整个职业生涯的行政研修安排愈来愈密集，在 2009 年要引入"教师资格更新讲习"时，甚至已难有插入的空间。再加之教师过于繁忙的日常工作，教师能够自主研修的空间被进一步挤压。在日本教师在职研修中，始终就存在的研修是"权利"还是"义务"的争议问题日益凸显。

日本教师在职研修根据推进主体，可以分为：在职教师为提升自身能力和职业发展，而自发进行的"自主研修"；学校为解决本校教育课题和完成教育使命，而开展的"校内研修"；教育行政机构从官方教育立场，推进的"行政研修"。日本的"行政研修"虽然并不都是法定研修，但由于多是政府机构计划实施的研修，内容与对象明确，受行政管理和社会文化的影响，因此对于教师来说"行政研修"一般具有一定的强制性。与教师的"行政研修"相对的则是教师的"自主研修"，指教师自主计划、实施、参加的研修，包括教

师在家的自我研修和参加民间研究团体的研修等。①

关于教师在职研修应以"行政研修"为主还是以"自主研修"为主，日本存在两种观点。一种观点认为，对于教师来说研修是权利，不认可行政方面强制让教师参加义务性研修；另一种观点认为，对于教师来说研修是义务，教师有义务参加行政机构策划、实施的研修。在这两种对立的观点背后，隐含的是对教师研修重要性和必要性缘于何处的理念差异。一般来说，从教育本质和强调教师是专业从业人员的角度来看教师研修，就偏向重视教师自主研修；而从教师职前培养教育还不够完善、在职教师还有继续接受研修的必要性来看，就会强烈倾向行政方面推行强制性、义务性的教师研修。

20 世纪 80 年代，"临教审"对教师在职研修改革有重大影响的各种建议中，蕴含的教师研修观是"鉴于教师职业的专业性属性，教师必须不断加强研究与修养"，但是对教师研修的自主性却几乎没有提及。"临教审"关于在职教师研修的提案，延续了此前 1978 年 6 月"中教审"《关于教师素养能力提高》咨询报告中的主要观点，主要聚焦于"首先要以校内研修为基础开展各种教师研修，其次要让教育行政机构主导的各种计划性研修形成体系，同时要完备教师长期研修体制，灵活运用教师到新教育大学的研究生院的派遣研修制度，另外还要有给优秀教师的研修休假等措施"。② 根据战后日本教育改革中所提出的教师研修基本主旨来看，本来应该是鼓励教师自主研修并为此完善相关条件，行政当局安排的教师研修应该作为教师自主研修的补充。但"临教审"提出的"研修休假"等措施，甚至带有利益诱导的意味，并不符合日本战后教育法制中的研修观。"临教审"立足于这种以行政为本位的研修观所提出的"研修体系化"，所指的也仅仅是由行政机构策划、实施的各种研修的体系化，教师研修的自主性或者说研修权是否能够得到保障令人存疑。

1988 年 4 月 19 日，在众议院总会上提呈初任教师研修制度法案时，时任文部大臣的中岛源太郎在回应对"教师研修权利是否得到保障"质疑时，曾就教师研修的权利与义务进行了相关阐释。中岛认为《教育职员资格法》第

---

① 伊藤和衛. 現職教育の再檢討 [M]. 東京：教育開発研究所，1986：89.
② 土屋基規. 日本の教師養成・免許・研修 [M]. 東京：新日本出版社，1989：147.

19 条在"规定教师有自主研修权利的同时，也规定了教师有接受行政研修的责任和义务。这是因为教师的自主研修，无法完全覆盖履行教师职责所需素养能力的各个方面。这时自然无须倚赖教师的主观判断，而是必须通过能够推动公共教育发展的行政研修来进行"。① 由此可见，当时教育行政方面的观点，虽然在法理方面承认教师研修的自主性，但同时对教师自主研修有容易陷入"主观性研修"的批判，极其强调自主研修和行政研修的互补性。在政府对于《教育职员资格法》第 19 条、20 条所规定的教师研修基本理念的阐释中，始终以教育公务员有努力研修的"道义上、理念上的责任义务"为基调，虽未否定教师研修的自主性，但将行政研修摆在了更重要的地位。② 也正是在这一教师教育思想下，作为行政研修的一个重要环节，创设了带有"排查不合格教师"色彩的初任教师研修制度。这种将教师研修与教师评价结合为一体的教师教育思想，与战后提出的"重视教师在职教育"的初衷也并不相符。

从 20 世纪 80 年代中期教师教育改革以来，在日本的各种政策中常常提到"持续学习的教师""教师在学校中成长"等口号。"持续学习的教师"可以说是教师应有的一种研修态度。教师从被录用开始直到退休，都被动地被要求作为教师"为了履行职责，不断地努力研究和修养"。但在调整教师研修环境时，必须始终考虑如何协调教师研修性质中的权利与义务的关系。积极谋求教师专业发展（professional development）与个人发展（personal development）的有机整合，使教师的专业发展建立在更加坚实的个人发展基础上，才能更具有可持续性。③ 但是，日本在 20 世纪末以行政为本位的教师在职研修体系建设，强调了教师研修的义务，却没有充分地考虑教师研修的权利。教师作为专业从业人员，虽然有为保持公众教育水平而进行研修的必要，但如果行政研修反而妨碍了教师自主进行的研修，那么其难免会流于形式，难以达成真正的目的。

---

① 土屋基规. 日本の教师养成・免许・研修 [M]. 东京：新日本出版社，1989：182.
② 土屋基规. 日本の教师养成・免许・研修 [M]. 东京：新日本出版社，1989：185.
③ 饶从满. 信息社会背景下的教师终身学习体系建设：20 世纪 80 年代以来日本教师在职教育改革与发展 [J]. 外国教育研究，2014（3）：100-109.

日本教师行政研修体系在进入 21 世纪后已基本完备，教师研修在"量"的方面有了一定的保障之后，研修的"质"和研修的形式与内容成为人们新的关注点。日本教师在职研修的改革中，如何提高教师的研修意愿，让教师可以更加积极、充分、有效地利用现有的研修资源和机会，保障教师研修的时间和条件、研修假期、研修待遇等相关问题成为新的议题。

日本的各种政策提案中，开始探讨教师研修作为一种自主性、主动性活动的应有状态，意识到研修是教师义务的同时也应是教师的权利，保持二者平衡是比较理想的。在关于教师研修的法律条文规定中也体现了这一点。2006 年 12 月修订的《教育基本法》第 9 条规定，"根据法律规定，学校教师要深刻意识到自身崇高的使命，不断致力于研究和修养，努力履行自身的职责。鉴于教师使命与职责的重要性，要尊重其身份，并给予合理的待遇，完善教师的培养与研修"。在《教育公务员特例法》中，专门设置了对于教师"研修"的特殊规定，而对于其他一般公务员并非都有"研修"的要求。《教育公务员特例法》第 20 条（现 22 条）的条文，从制定时就有"接受研修"（1、3 款）和"进行研修"（2 款）两种不同的表述，这与对研修主体的认识密切相关。第 20 条第 1 款的英语译文为"education public service personnel shall be given opportunities for study and self-improvement"，即对应的意思不是"接受研修"，而应该是"给予/接受（进行）研修的机会"。换言之，研修的主体应该是教育公务员。[1]《教育公务员特例法》中第 21 条第 1 款规定"教育公务员，为履行其职责，必须不断地致力于研究和提高自身的修养"，将研修规定为教师为了更好地完成工作而必须履行的义务。而在《地方公务员法》第 39 条第 1 款中，规定"为了提高和充分发挥职员的工作效率，必须给予其研修的机会"。也就是说，对于一般公务员研修目的的描述，与对教育公务员研修的规定完全不同。与此相关，《教育公务员特例法》中第 21 条第 2 款规定，"具有教育公务员任命权者，要为教育公务员的研修提供必要的设施，除了鼓励研修之外，还要制定相关研修计划，并努力付诸实施"，即具有教师任命权者（教育委员会）有完善教师研修条件的义务。另外，《教育公务员特例

---

① 日本教師教育学会. 教師教育研究ハンドブック［M］. 東京: 学文社，2017: 354.

法》的第 22 条第 1 款还明确规定"必须给予教育公务员接受研修的机会",同条第 2 款进一步规定"教师只要不影响正常的教学,在所属单位允许的情况下,可以离开工作场所进行研修",第 3 款规定"教育公务员可以在任命权者规定的场所,在保持在职的情况下,接受长期研修"。在关于其他公务员的法律中并没有这两款规定,这也是通过法律规定尽量保障教育公务员研修的机会。

这种关于教师研修的基本观点,也反映在 2006 年"中教审"《关于今后教师培养、教师资格制度的应有状态》的报告中,其中指出"今后,要在各教育委员会实施的研修和校内研修的基础上,更加重视教师自主、主动进行的自我研修。各学校和各教育委员会,要在奖励、支持在大学、民间教育研究团体中进行的教师研修的同时,给予教师自主研修活动恰切的评价,并在待遇上有所反映"。教师也要根据自己的生涯发展规划,自主灵活地利用多种研修活动,来促进自身的职能成长。

在建设"教师在职研修体系"时,日本根据教师的生涯发展节点,设定了初任教师研修、五年教龄研修、十年教龄研修等。这些研修被称为教师的"基本研修",即行政研修体系的基干。但也有很多批评指出,这些研修内容远离教师工作的一线,多是单向度的授课和讲座等研修形式,流于形式,过于僵化,并未能与教师的个人实际研修需求很好地结合。[1] 近年来,各都道府县的教育研修中心开始针对不同学校和教师的个性化需求和希望,提供不同种类的专业研修。作为行政研修体系基干的教龄研修等,也开始考虑处于不同阶段教师有个别研修需求的特征。另外,在追求教师培养"高度化"的同时也考虑教师研修的"高度化",推动建立健全在职教师在研究生院的修学休业制等,以保障和扩大教师自发研修的机会。[2] 在日本教师研修体制内,有力图实现"行政研修和自主研修统合"的动向。

日本在不断完善教师研修制度的过程中,对于教师研修需要自主、自发进行才能获取良好效果这一点基本达成了共识,但在如何将行政方面提供的

---

① 日本教师教育学会. 日本の教师教育改革 [M]. 東京:学事出版,2008:187.
② 日本教师教育学会. 日本の教师教育改革 [M]. 東京:学事出版,2008:186.

研修机会和教师的自主性相结合方面，还存在诸多课题。例如，各种行政研修活动从计划到实施常常是行政本位，由行政当局先定好研修内容，然后让教师"自发"参加这种研修，这样一来很难保障研修的自主性。转换研修观，需要从支持教师解决日常教育课题的角度出发，以教育一线的教师和学校的课题为轴，重新建构行政研修体系，在时间、财政方面给予教师研修实质性的支持与保障。

四、"教师在学校中成长"理念下对"校内研修"的强调与重视

"教师在学校中成长""要建构一个可以支持教师持续学习的生涯体系"是 2015 年"中教审"《关于今后学校教师素养能力的提高——构建能够相互学习、成长的教师养成体系》咨询报告中，提出要通盘考虑教师培养、录用、研修时的一个基本观点。"教师在学校中成长"原本是在强化整备行政研修阶段，中小学校作为教育行政机构的对峙方而提出的口号，现在可以结合日本越来越重视"校内研修"的趋势来重新认识。[①]

"校内研修"是指以教师所在学校为研修的场所，根据本校的教育实践，与同事共同进行的集体研修。日本校内研修的历史基础深厚。"校内研修"这一用词本身虽然在 20 世纪 60 年代初才在日本正式确立，但在此之前以课例作为题材的教师集体研修已在学校当中普及，其历史甚至可以追溯至明治时期。日本教育学会的前会长佐藤学也曾指出，"在日本，实质上处于教育一线的学校，比大学更加多地承担了促进教师专业发展的职能。日本自从现代学校起步以来，在校内通过观察课堂教学协同研究的教师专业文化就已生根"[②]。

在 20 世纪末期，随着日本第三次教育改革的推进，日本的学校及教育情况在发生着巨大的变化。1999 年美国学者斯迪格勒（James W. Stigler）和黑巴特（James Hiebert）在《教学差距：来自世界各地关于课堂教学改进的最佳观点》一书中专门针对日本的"课例研究（lesson study）"进行了介绍，这引起了教育界的浓厚兴趣，被认为是"改变 21 世纪教师专业发展的强有力途

---

① 日本教師教育学会. 教師教育研究ハンドブック［M］. 東京：学文社，2017：52.
② 佐藤学. 専門家としての教師を育てる［M］. 東京：岩波書店，2015：1.

径"。日本以课例研究为主的校内研修，作为教师研修的一种重要且有效的方式，在世界上得到了广泛的认可。这些外界的动向，也对日本国内产生了重要的影响。进入 21 世纪后，在"学习共同体"等理念的推动下，日本校内研修在目的、组织、内容和方法方面，不只停留于学校组织运行层面的教师群体学习，还被"扩充"赋予了变革学校、带动区域教育的期望。

日本教师研修体系建构之初，更多从研修是教师义务的角度出发，设计开展了诸多类型的行政研修。以 2010 年前后为界，同僚性、协作团队、工作条件等学校的组织环境和职场环境，逐渐开始被认为是提高在职教师素养能力以及行政研修效果的必不可少的条件。"中教审"在 2012 年《关于通过教师职业生活的整体综合提高教师素养能力的对策》的咨询报告和 2015 年《关于今后学校教师素养能力的提高——构建能够相互学习、成长的教师养成体系》的咨询报告中，先后明确表示为了让学校成为有魅力的职场，学校的氛围和教师的援助体制，必须有助于形成能够解决教育一线现实问题、教师同事逐渐能够相互学习的环境。由此也可看出行政研修新形态的萌芽。① 近些年日本关于教师教育的政策建议中，开始倡导"教师在学校中成长"，强调转换研修观，从支持教师为解决日常教育课题进行校内研修的角度出发，以教育一线教师和学校的课题为轴，重新建构行政研修体系，探讨行政研修应如何为日常教育活动和学校教育现场提供应有的支援。

校内研修的一种方法类型是，侧重采取教师在校内进行接受性的学习，并通过演习运用于教育实践的"观摩培训"，为教师群体提供校内外可供相互学习的经验和理论来源，有利于新的知识与技巧的快速引进，弥补校内教师间的资源差异；另一方法类型是，侧重采取以问题为中心、通过教师的合作探究进行基于经验的反思性学习。日本校内研修主要采取的是以第二种方法类型为主的"课例研究"。2010 年国立教育政策研究所的调查显示，98.7% 的小学，97.9% 的初中每年至少进行一次以上的课例研究。② 几乎可以说日本所有中小学都在做课例研究，而且教师的参与度非常高。

---

① 日本教師教育学会. 教師教育研究ハンドブック［M］. 東京：学文社，2017：293.
② 千々布敏弥. 校内研究としての授業研究の現状と課題［A］// 日本教育方法学会. 授業研究と校内研修：教師の成長と学校づくりのために［C］. 東京：図書文化社，2014：10-20.

日本政府虽然把校内研修作为学校改进和教师专业发展的有效途径，在财力和政策上给予支持，但校内研修并非一种制度性的法定研修，学校在开展校内研修时始终坚持教师自愿参与的做法。虽然是出于个人选择，但学校在开展校内研修时很少有教师不参与的。日本校内研修的情况已不能用正式控制的"组织得力"来解释了，而是已经形成了学校和教师的一种学习文化，更多是在学校组织非正式管控和文化规范影响下进行的。但是，在教师繁忙的工作状态中，如何保证教师日常的研修时间又成为重要课题。根据 2017 年文部科学省的《教师工作实态调查（速报）》结果，2016 年小学校内研修的时间（日平均 13 分钟）比 2006 年（日平均 15 分钟）还减少了一些。在激变的社会环境中，学校教育情境愈发复杂，日本的教师队伍结构和教师文化也在逐渐改变，一线教师日渐失去了在职场中一边工作一边成长的空间。这些都对日本的校内研修提出了新的挑战。

第五节

"后" 教师教育大学化时期的日本教师与教师观

从 20 世纪 70 年代起，日本的一线教师和教育学者一直努力塑造教师的"专业者"形象。但教师作为一种特殊的专业职业群体，其专业性经常受到质疑，而被认为是"半专业"或"准专业"从业人员。在 20 世纪末时，日本的社会环境激变，再加之在新自由主义理念下第三次教育改革的推动，教师职业独特的专业性愈发被日常繁杂的工作所吞没。在日本谋求为教师减负的改革中，对新时代教师专业性本质的认识有所变化，教师是"教育协调组织者"的教师观开始显现。

一、在"繁忙"日常工作中"去专业化"的教师

日本通过二战后的教育改革，一举实现了"在大学培养教师"，日本的教师教育水准在世界上也处于较高水平。在"建设和平文明国家"的民主主义理念下，教师肩负着崇高的公共使命，职业生活也富有意义。教师的待遇比

地方公务员还要高出两成，社会地位虽不及医生和律师，但也丝毫不逊色于
建筑师和大学教师等其他专业从业人员。① 从职业文化的角度来看，教师职业
领域有多种多样的专业刊物和研究团体，形成了自主性专业人员文化。

20 世纪 80 年代中期，日本开始了"公共教育瘦身化"运动。原来日本
的公共教育支出占比在世界上处于领先地位，但自此之后不断减少，逐渐降
至 OECD 加盟国中的最低水平。与此同时，在世界上很多国家开始推进教师
教育"高度化（升级至硕士培养或研究生院培养）"的情况下，日本止步不
前的教师教育转而落至较低层级。教师的待遇和社会地位也不再领先，日本
教师的工资仅为 OECD 加盟国的平均水平。②

与经济报偿和社会地位降低相对，教师的工作量却在持续增加。教师的
"繁忙感"成为日常工作的常态，而且这种繁忙感并不完全源于教育实践本
身。日本教师的工作，除了狭义的学科教学以外，还要对学生的学校生活整
体负责，对每个学生的人格成长进行"指导"。这种"全人教育"已成为日
本学校和教师的历史传统，也是一种教师文化。在这种教师文化中，日本教
师就需要进行"奉献性"的教育实践。但是，在日益复杂的学校教育环境中，
这种限定宽泛的教师职务领域，以及对教师所能发挥的职务功能的高度期待，
只能让越来越多的教师感到本职工作带有"无边界性"或"无限定性"。而
且教育工作通常包含多种复合性课题，短时间内很难看到成果，教师难以获
得及时的正面评价和成就感。

教师被淹没在日常繁忙的工作中，反而教育中的本质部分容易被忽
视——忽略掉教师本应注重的教育课题和失去教师职业的专业性。在每天过
于繁忙的状况下，很多教师也会失去对学校管理和教育实践的兴趣和动力，
陷入例行操作状态和惯性主义，处于"停止思考"的状态，甚至会产生病态
的"燃尽（burn-out）现象"。根据 OECD 的教师教学国际调查（TALIS）数
据，日本教师平均每周的工作时间为 53.9 小时，要远远超出调查国家平均的

① 佐藤学，等. 教育　変革への展望 4 学びの専門職としての教師 [M]. 東京：岩波書店，
2016：16.

② 佐藤学，等. 教育　変革への展望 4 学びの専門職としての教師 [M]. 東京：岩波書店，
2016：16—17.

38.3 小时。但其中日本教师用于授课的时间只有 17.7 小时，要低于调查国家平均的 19.3 小时，日本教师大部分的工作时间被教学以外的杂务、会议和课外活动时间所填满。从文部科学省的调查结果也可以看到，从 1986 年到 2006 年的二十年时间里，教师的授课时长并没有发生太大的变化，但总工作时间增加到 1.2 倍，"教学准备"时间缩减到 0.7 倍，"研修"的时间则剧减到 0.3 倍。① 换言之，教师职业的去专业化或者说作为专业人员的空心化问题，正是源于繁忙的日常工作。

教师对职业意义感知的缺乏，在国际比较中也很显著。日本在新自由主义的政策和理念之下的第三次教育改革，更是令教师工作变身为教育市场中的"服务"，教师越来越远离专业化领域。随着公共使命的丧失，教师也难以感受到本职工作的意义和自豪感，教师和家长的关系变成教育服务的提供者和消费者。从 TALIS 的调查结果来看，与其他国家的教师相比，日本教师对于职业"缺乏回报感"的感受更加强烈。这并不是说日本教师认为教师工作没有意义，反而是因为日本教师具有较高的职业责任感和献身性。日本教师所谓的"缺乏回报感"，主要源于经济性报酬和精神性报偿不足。国际经济劳动研究所的调查结果也佐证了上述观点，入职阶段教师的"对工作意义的认可度"要远远高于其他普通企业员工，但其他企业员工"对工作意义的认可度"随着年龄增长而上升，相反教师的却随着年龄增长在下降，50 岁以上年龄段的双方数据就已逆转。② 这也表明了教师因为缺乏"精神报偿"而累积徒劳感的问题。

日本教师的自我效能感，即对自身工作的认识和评价，也明显低于其他国家和地区的教师。根据 TALIS 的调查结果，对于"在班级管理、学科教学和促进学生主动学习方面你做得如何？"这一问题，回答"很好""比较好"这种自我效能感较高的教师，在参加国中平均占比 70%—92%，但日本的教师占比只有 16%—54%。特别是在"促进学生主动学习"方面，日本教师普遍自我评价较低，认为自己做得较好的教师只有 16%—26%。但在日本为提

① 佐藤学，等. 教育　変革への展望 4 学びの専門職としての教師 [M]. 東京：岩波書店，2016：20.
② 佐藤学，等. 教育　変革への展望 4 学びの専門職としての教師 [M]. 東京：岩波書店，2016：16-17.

高改善自我而做出努力的教师却极多。例如，在"其他教师的课堂上听课"这一项目中，给予肯定回答的参加国的教师平均只有 55%，日本教师却有 94%。① 日本教师通过课例研究等校内研修不断学习的意愿较高。因此，日本很多教师在每天各种繁杂的事务性工作中，仍保有强烈的上进心并进行研修，但没有相应的自我效能感，所以感到身心疲惫不堪的现象并不少见。

在这种工作繁杂严酷的状态中，开始出现了持有"新型职业观"的教师。其特征：一是将工作与私生活切分开，二是将教师应做的工作限定在一定范围内，三是基于管理人员的指示工作，四是只努力实现学校要提高学生学力的组织目标（工作领域窄化）等，同事之间也尽量保持"步调一致的取向"。在这种情况下，有些日本教师不再自认是自律的专业人员，而是更倾向认为自己是安于有稳定身份和经济保障的教育公务员，并因此产生自我满足感。② 如果朝这一方向发展，意味着教师基本放弃了将学生当成生活中的人、社会中的人去培养，而是只关注学生作为人的"学力"，认为提高学生的学力水平既是组织目标也是上司的命令、家长最大的希望，教师只要为此做出贡献，就能从其中获得教师的职业价值感。随着在新自由主义体制之下成长起来的、更注重个人生活的年轻教师在教师队伍中的占比越来越大，持有这种"新型职业观"的教师也在不断增加。日本的教师文化和教师职业意识都在发生改变。

二、"教育协调组织者"教师观的显现

教师与医生、护士等传统专业人员相比，职务工作不具有独占性特征，不仅不能独占教育工作，还更希望全社会都能辅助教育工作的开展。因此，教师所需具有的素养或专业性，也与传统的专业从业人员有所不同，常常被认为是"准专业人员"。但随着信息化、人工智能化的发展，医生、护士等传统专业人员凭借专业性知识保障专业地位的观点也开始受到质疑。关于教师

---

① 佐藤学，等. 教育 変革への展望 4 学びの専門職としての教師［M］. 東京：岩波書店，2016：115.

② 船寄俊雄. 戦前・戦後の連続と断絶の視点から見た「大学における教員養成」原則［J］. 教育学研究，2013（4）：402-413.

作为专业人员的争议和批判，也促进了教育学者对教师专业性本质的再思考。

以舍恩的"反思的实践家（reflective practitioner）"理论为代表的、对传统专业人员的理解已有所不同。以往认为传统专业人员只要习得已"成型"的系统知识和技术，就能确保专业性；而现今的"专业人员观"认为，专业人员需要将知识、技术等在同（接受服务的）对象建立联系的过程中进行适切的变化，具有创造性能力。教师是需要调和学生、家长和社会的需求，在与各方沟通的基础上创生出新领域、推进教育工作的专业人员，所以教师更应该是组织协调的专家。教师这种向国民展示的"协同的专业性""民主的专业性"，才应该是教师专业性中最显著的一部分。教师的学习观也在从知识习得（蓄积）型学习观向社会参与协同探究型学习观转换。置换成以提高教师素养能力为目的的教师教育改革的话，就需要从促动以教师个人为主的努力钻研，向帮助教师团体形成协同性组织学习转变。①

表 5 - 3 与传统专业人员相比教师作为专业从业人员的特征

传统专业职业的特征	新专业性的特征
（理论与实践融合） 真理与普遍知识的合理性、技术性实践 法则既定性科学 （对象是）知识恩惠的接受者	（理论与实践融合） 反思性实践 范例性科学 （对象是）自主性知识再创生者
自律性与自我变革 保证顾客利益的责任	自律性与自我变革 保证利用者利益的责任
职务工作的独占性 严格的资格要求	职务工作的协作性 比较宽松的资格要求
追究原因的特定性（非黑即白） 指正、修改	追究原因的相互性与限定性 教学相长
立场的中立性、客观性	利用者中心性（利用者视角）

① 松木健一. 教育職員免許状改革に関する2010 年前後の動きと今後の展開中教審教員の資質向上特別部会審議経過報告を中心に［J］. 教師教育研究，2011（6）：105-113.

续　表

传统专业职业的特征	新专业性的特征
公共利益和社会性正义的实践 公示性和守密义务的严格区分	公共利益和社会性正义的实践 公示性和守密义务的争执
（作为职能集团的伦理纲领和组织论） 以个人钻研为核心的研修组织的充实	（作为职能集团的伦理纲领和组织论） 通过讲述和倾听相互协作的研修组织的充实 （创建实践团队）

资料来源：松木健一. 教育職員免許状改革に関する2010 年前後の動きと今後の展開中教審教員の資質向上特別部会審議経過報告を中心に［J］. 教師教育研究，2011（6）：105-113.

1995 年 10 月 5 日第 45 届联合国国际教育会议上发表的《关于教师功能与地位的劝告》中也阐述说，"教师不仅要帮助学生的学习，也要培育市民性和促进社会团结，让学生的好奇心、批判性思考和创造性、自主性和决断力都不断发展。教师的功能越来越偏向于在集体当中发挥学习援助者的功能"，另外，"面向共同的教育目标，教师要通过统整各方协助者提供的教育活动，在集合体内部成为发起变革的旗手"。也就是说，教师要发挥"协调组织者"的功能。日本学校的教师，日常要与心理辅导机构、青少年中心、医疗机构、儿童福利机构、家庭法院、警察、附近的交通部门和便利店等各种各样的机构打交道，在各方的协助下完成教育活动。但通常情况都是当教师遇到某种特殊事件，才不得不寻求相关机构的协助。[①] 联合国教科文组织发出的"劝告"则是希望教师作为"协调组织者"，日常化地有组织、有计划地将社会各界的教育功能整合起来。

2015 年 12 月 21 日，"中教审"同日发布了《关于提高承担学校教育的教师的资质能力——建设相互学习、相互提高的教师育成共同体》《关于作为团队的学校应有状态和今后的改善对策》《关于面向新时代教育和实现地方创生的学校与本地的合作、互动应有状态及今后的推进策略》三份咨询报告。这几份咨询报告的内容，体现了日本对教师作为专业从业人员的定位和形象

① 岩田康之，高野和子. 教職論［M］. 東京：学文社，2012：124-125.

有了新的变化。要想让教师工作脱离"无边界性"状态有两种主要路径：一种是将教师的职务性工作进行专业功能上的细分，将学校作为一个校务工作由多方分管的集合体；另一种就是尊重教师的自律性和专业性，保障每个教师在教育实践领域中，充分发挥自我主导性和统整性。① 从"中教审"在2015 年末发布的几份咨询报告来看，当前日本主要采取的是前一种解决路径，即组建"团队（team）式"的学校，将教师原来"无限定性"的工作进行专业分工。

建设"团队学校"需要在教学人员以外，引入具有多样化背景的专业人才共同参与学校运营，发挥各自的专业性。在日本，教学人员以外的职员在学校员工中约占 18%，而这一数字在美国约是 44%，在英国约是 49%。② 日本建设"团队学校"非常重要的一个特征，就是为了让教师能专心做促进学生主动学习和进行课程管理等"只有教师才能完成的工作"，要建设一个相应的学校运营体制，并且教师也要从"知识的传授者"变为"学习的设计组织者"。2019 年 1 月，"中教审"发布了《为面向新时代教育建构可持续发展的学校管理指导体制而进行学校工作体制改革的综合对策》咨询报告，其中不仅提到要将教师职务范围"明确化、正当化"，还提出要探讨在小学高年级阶段引入学科专任教师制，有将教学等"基本"工作也限定在某个领域内的导向。"中教审"2019 年提出的这种改革方向，与此前建设"团队学校"政策中要在维持学校多功能性的基础上限定教师职务范围的改革内容一致，是对此前改革方案的进一步细化讨论。

三、"专业分化"对教师专业性和教师观的潜在影响

对于日本近些年尝试通过限定教师职务范围减轻教师负担的改革，有些学者担心最终结果未必指向的是教师的专业化（professionalize），而是专业分化（specialize）。在教师工作范围被限定为教学的英美等国，从 20 世纪 80 年代起"课堂教学"就被视为不需要高度知识的工作（deskilling），教师工作被

---

① 岩田康之，高野和子. 教職論［M］. 東京：学文社，2012：85.
② 佐藤学，等. 教育 変革への展望 4 学びの専門職としての教師［M］. 東京：岩波書店，2016：124.

当作一种单纯的劳动（proletarianization）。日本当前的这种改革方向是否会避免走上英美国家的老路？① 也有专家指出，日本这种改革方向有可能会"加速规则主义和惯性主义的发展，导致远离专业性的各领域会议不断增加"，最终还是无益于问题的本质性解决。②

通过职务范围"正当化"，是否真的能够减轻教师的负担本身也存在问题。韩国从 2005 年就开始试图将教师的固有工作和附加工作明确区分开来，但是至今迟迟未能确定"教师职务履行基准"，限定教师职务范围的难度可见一斑。而且，职务范围的限定和分工，很有可能会改变日本原来基于对学生全人格的了解、情感联系的学习指导和生活指导方式，以及让建立在这种教育方法上的日本教师专业性发生很大变化。教师工作范围仅限于课堂教学的认识，会弱化对学生的全人教育，招致教师专业性的降低。③

工作细分，常常会同时带来职业工种间的阶层化。英美国家由于校内的分工体制，教师工作被分割化、局部化的结果，就是官僚管理不断强化，从而成为民主学校运行的最大障碍。④ 20 世纪 60 年代日本曾围绕着"学校单层结构论"和"学校多层结构论"有过论争，从 70 年代起陆续通过修订"学校教育法"和"学校教育法实施规则"等，先后设定"教头"和"副校长""主干教师""指导教师"等职位，还通过"文部省令"将学校中的"主任"法制化。2000 年修订的"学校教育法实施规则"中规定"职员会议由校长裁定"，职员会议由此失去了原来的决议功能，成为"指挥层（校长+副校长、教头）—管理层（主任、指导教师、主干教师）—操作层（其他一般教师）"纵向序列中，校长作为责任人在做最终裁定时的一个咨询、辅助性机构。这种学校架构在建设特色学校时，确实更容易做出快速敏捷的反应和制定决策，但另一方面也可能会变成校长一意孤行、忽视其他人意见的由上至

① 佐久間亜紀. 教職の専門性からみる「教員の働き方改革」: 2019 年中教審答申の検討 [J]. 日本教育学会大會研究発表要項，2019（78）：172–173.

② 岩田康之，高野和子. 教職論 [M]. 東京：学文社，2012：85.

③ 佐久間亜紀. 教職の専門性からみる「教員の働き方改革」: 2019 年中教審答申の検討 [J]. 日本教育学会大會研究発表要項，2019（78）：172–173.

④ 佐久間亜紀. 教職の専門性からみる「教員の働き方改革」: 2019 年中教審答申の検討 [J]. 日本教育学会大會研究発表要項，2019（78）：172–173.

下的管理方式。另外，在这种学校体系中，试图自行展开个性化教育活动的教师也可能受到排挤，或者教师的创意性想法会遭到扼杀。[①] 总之，日本的学校决策方式在近几十年来已发生了质性变化，今后也仍有继续变化的可能。在日本，未来是否能够建构起平等、民主的教师职务分工体制还是一个未知数。

如果由于专业分化，而导致教师职业的专业性降低，那么还可能进一步引发学校和教师自主性的衰退。对于全球化发展带来的"分权改革"，多数国家都是将教育部的权限转移到学校和教师的手中。但日本的"分权改革"却是将文部科学省的权限转移到都道府县的首长手中，反而在不断弱化学校和教师的自主性。根据 TALIS 在 2013 年的调查结果，在"校长和教师的人事权""教师待遇的决定权""教育内容的决定权""学校预算的决定权"等关于中小学和教师自主性方面，日本所有项目在被调查的 34 个国家中均处于最低的水平段。[②] 从国际比较调查的结果来看，日本校长无论是在担负促进学生学习的责任方面，还是在帮助教师作为专业人员成长方面，或是在课程开发方面，所能够发挥的领导组织能力也远远不及欧美国家的校长。举个极端的例子，欧美国家的校长工作时间约八成以上都花费在教室巡查和指导方面，但日本校长约八成以上的工作时间都耗在校长室或在校外忙业务。[③] 形成这一问题的根本原因在于，日本校长职务的性质本身就与校长工作的职务原理不符。日本校长处于教育行政官僚机构的末端，带有强烈的学校管理者的性质，在这种框架体系中，校长本身就难以发挥作为专家共同体领导者的领导力。

如果教师由于职务范围被限定，成为学校中只承担课堂教学工作的"操作层"，则教育实践的自主性有可能会愈发稀薄。而且日本当前的教师组织运动已与此前大不相同。1958 年日本教师群体发起"考评斗争"时，"日教组"的入组率达到巅峰的 90%，此后开始不断降低。1989 年，由于日本的工会组

---

① 岩田康之，高野和子. 教職論 [M]. 東京：学文社，2012：198.
② 佐藤学，等. 教育 変革への展望 4 学びの専門職としての教師 [M]. 東京：岩波書店，2016：20.
③ 佐藤学，等. 教育 変革への展望 4 学びの専門職としての教師 [M]. 東京：岩波書店，2016：23.

织分裂重整，教师组织也随之分裂为"日本教职员组合"和"全日本教职员组合"，合计入组率也仅占全体教师的30%。到2014年时，入组率进一步降至全体教师的25%。① 日本的教师工会组织在当前无论是代表教师群体发声，还是在社会政治影响方面，都已经失去了集合众意的条件。所以，如果对教师工作时间的管理最后只不过是止步于教师工作方式中裁量权的缩小，那么日本的改革反而有可能导致教师的专业性降低，这也是相关专家学者所担忧之处。

第六节
"后"教师教育大学化时期日本教师教育思想的总体特征

从20世纪80年代中期开始，日本在新自由主义理念之下不断推进政治经济改革，教育作为社会改革中重要的一环也随之发生变动，第三次教育改革进入实质性阶段。从20世纪末到21世纪初的世纪之交阶段，全球一体化进程加快，日本泡沫经济崩坍，信息化、智能化发展迅猛，社会进入急剧变动的时代，教育环境不容乐观。日本从1970年代就存在的种种校园病理问题，长期以来不仅未能得到解决，反而日益复杂化。

20世纪末，自民党长期一党专政的"55年体制"瓦解。此后，执政党的更迭给教育政策的制定也带来了一定的影响，教师教育改革构想也成为政党执政理念和竞选宣言的重要组成部分。20世纪末开始的日本教师教育改革中，政治权力的影响力不断扩大，与此相对，教育学界与教师群体的话语权却越来越微弱，教师组织运动大幅衰退。因此，虽然引起校园教育病理现象和学生学力下降的原因有很多，但日本有关行政部门和社会舆论将很多教育问题归因为教师质量。教师的社会声望不断降低，大学的教师培养功能也因此受到质疑，是否应在大学以外的场所加强教师"实践能力"的培养成为重要议

---

① 佐藤学，等. 教育 変革への展望4 学びの専門職としての教師 [M]. 東京：岩波書店，2016：21.

题。日本战后确立的"大学培养教师"原则受到挑战，并出现了与之相关的种种改革动向。因而，这一教师教育泛大学化的阶段，也可以称为"'后'教师教育大学化时期"。整体来看，这一时期日本教师教育思想有以下几个特征。

第一，强调培养教师实践能力，与学科素养相比更重视教师的教育素养。从 20 世纪末开始，"实践性指导能力"成为日本教师教育改革提案中的关键词。在职教师被要求具有"实践能力"，初任教师被要求入职后就要具有"即战力"，这些都与校园问题频发、教师在日常教学中常常要面对诸多教育问题的拷问紧密相关。

20 世纪 80 年代中期"临教审"就开始强调"大学的教师培养"要将"习得实践性指导力的基础"作为任务之一，再去衔接初任教师研修制度以及教师生涯各个阶段的在职教育，育成教师"实践性指导能力和使命感"。此后"教养审"和"中教审"的咨询报告，也承续了"临教审"加强教师"实践性指导能力"的教师教育思想，对大学应培养职前教师的"实践性指导力的基础"进行了具体的论述。进入 21 世纪后，执政党的更迭虽然导致日本教师教育改革方向有些许变动，但各方对于加强教师"实践性指导能力"这一点并无异议，其差别仅在于对教师实践能力培养路径的认识有所不同。即如果在大学四年的教师培养教育中难以实现理论与实践的高度融合、不足以培养高度专业实践型教师的情况下，教师的"实践性指导能力"到底应重点"在大学以外的场所培养"，还是应偏重"延长教师的培养年限，提高教师的培养层次"。

因此，在强化教师"实践性指导能力"教师教育思想的指导下，《教育职员资格法》在近三十年的修订中，与此前教师培养教育中重视学科专业甚于教育专业相反，关于教育类科目和实践环节的学分比重一直在不断调整增加。大学也在尽量充实改善教育实习、演习和见习活动等，让学生有长期、深入接触真实教育一线实践的机会。但是，在大学四年的教师职前培养中不断加强实践环节的长度和密度，就意味着学科专业科目和理论教学的比重会相对减少。本来大学教育应该让学生夯实各领域的基础性、理论性知识，但是现在职前教师培养过于重视要培养一走出校门就能"独当一面"的教师，反而像要继承以"终结教育"为目标的战前师范学校的传统。① 日本在大学的教师培养教育中过于强调"实践性指导能力"的意识，容易导向教师职前培养的唯技术论，有违背日本战后确立"大学培养教师"原则初衷的可能。

第二，日本战后确立的"大学培养教师"原则有所弱化，出现在大学之外提高教师培养质量的新思路。在日益注重培养教师"实践性指导能力"的情况下，大学偏重学术素养的教师培养课程和缺乏一线教育经验的教师教育者，被认为缺乏现实实践性，难以培养出符合中小学教育一线要求的高质量教师。因此，日本政府一方面大力推进大学的教师培养教育改革，另一方面也在积极探讨在大学之外强化教师培养的可能性。

20 世纪 80 年代中期，"临教审"在强调培养教师"实践性指导能力"的同时，也积极倡导"活用社会人进入教育领域"。随后教师"特别资格证书"创设，其适用范围也不断扩大。越来越多未接受过职前教师培养教育的社会人有了参与学校教育的机会。大学教师培养课程中的实践环节比重加大，且多在大学以外的中小学校或其他教育机构进行。这些源于日本政府对大学培养教师质量的不信任，对教师专业性的无视，使"大学培养教师"的原则不断弱化。进入 21 世纪后，地方教育行政机构更是以开办"教师塾"的形式，直接介入职前教师培养。这直接冲击了"大学培养教师"的基本原则，打破了教师"培养"与"录用"相分离的模式，也带来了教师录用公平性的问题。

与此同时，世界各国在 20 世纪末掀起了"教师培养高度化"的改革热潮。日本也相应出现了在大学四年本科基础上继续延长教师培养年限的教师教育思想，即"教师 6 年制（硕士层次化）培养"的构想。教师资格制度通过改革也做好了充分的准备，为具有硕士学历的教师创设了"专修资格证"。21 世纪初，专为培养高质量实践型教师的"教职研究生院"也在日本应运而生。但随着执政党的更迭，由于缺乏政策和财政支持以及一些现实问题，处于"改善大学的教师培养教育"延长线上的"教师培养高度化"改革方向推

---

① 船寄俊雄. 戦前・戦後の連続と断絶の視点から見た「大学における教員養成」原則 [J]. 教育学研究，2013（4）：402-413.

行不畅，从而转为强调"通过教师整体职业生涯持续不断的学习"来提高教师质量。"教职研究生院"此后虽仍有大规模扩张，但已从创设时偏重教师培养功能，转为偏重支持在职教师研修功能。

第三，强调培育教师的"使命感"，更重视教师职业适应性，让教师研修也发挥部分"排查不合格教师"的补充性功能。日本的教育行政部门认为，这一时期教师队伍质量之所以存在问题，其中部分原因在于有些教师的教育热情不够，或本身资质不适合成为教师。在有资格教师大量"过剩"的情况下，应该避免让这类"不合格教师"从事教育工作。因此，"排查不合格教师"的议题也是这一阶段教师教育改革的热点。

在教师质量受到社会严厉质疑时，负责录用教师的教育委员会等教育行政机构也难辞其咎，不得不对教师加强评价。20世纪80年代中期开始，教师试补制度、教育陪审制度和教师资格有限期制度等就被提上了讨论日程。"临教审"的咨询报告中明确提出要重视培育教师的"使命感"。此后，"中教审"和"教养审"在各种报告中也多次提及教师要有"对教师职业强烈的热爱"和"作为教师的使命感、责任感以及教育热情"等。但在日本大规模、分散性的教师开放制培养体系下，培养职前教师的"使命感"存在一定现实难度。20世纪实施的初任教师研修制度，其最初的设想就是脱胎于战前的教师"试补制度"，即在教师入职阶段设置一个可以考察教师"职业适应性"的"卡口"，带有浓重的"排查不合格者"的构想和功能，所以也被认为违背了战后"重视教师在职教育"的基本理念。只是进入21世纪后，新老教师的大量交替带来了诸多问题，再加之教育界对"排查不合格教师"的担忧与反对，所以初任教师研修实际上主要发挥了帮助初任教师成长的功能，与最初的构想有所不同。但面对种种复杂严峻的教育问题，政府方面所持的"排查不合格"教师的思想并未消失。2007年正式引入的教师资格更新制度，虽然特意强调是为了让教师"定期刷新知识技能"，但最初源于政府希望建构一个"能够严格判断是否适合从事教师职业的机制"。"教师资格更新制"这种前后矛盾的目的设置，在实施后给教师队伍建设带来诸多得不偿失的"副作用"，最终在2022年被废止。

"排查不合格教师"的教师教育思想，实际上是出于对教师的不信任，而采用监视教师的方式，无视教师作为专业从业人员的地位。提升在职教师的专业性、专业能力，常规的逻辑应是探讨如何通过"教师研修"，从培养教师、帮助教师成长的角度，给予教师充分的信任，让教师在职场中能够不断探索、努力进行创造性的教育实践，而非在"惩罚主义"之下，轻视教师的自主研修权利，去探讨"教师资格有效性"的问题。虽然日本当前的教师教育改革目前为止还未给教师队伍带来过激的影响，但如果日本政府方面将社会急剧变动过程中出现的复杂教育问题的责任，都推卸给教师承担的话，那么这种"排查不合格教师"的教师教育思想就仍会存在，甚至会愈演愈烈。

第四，越来越强调教师的终身学习及发展能力，按照教师职业生涯发展阶段建设立体化在职研修体系，进而一体化把握教师职前培养、入职录用与在职研修，希望各方在保证教师队伍质量、提高教师素养方面能完成"角色分工"和"顺畅衔接"。

日本在 20 世纪 70 年代教师供求关系相对稳定后，就已开始重视教师培养、录用和研修的连续性，并形成了"教师的素养能力需要通过培养、录用、研修各个阶段逐渐形成"的认识。到 80 年代中期，面对教育病理问题长期居高不下的压力，日本更是迫切需要通过加强和改革教师在职研修体系，以快速提升大批在职教师的专业性。"教养审"应时提出"按照教师的生涯发展阶段，为教师提供内容、方法都适切的研修机会，实现教师研修体系化"。20世纪末，由行政方面主导的各类教师研修快速扩充，到 21 世纪初时，日本立体化的教师研修体系已基本完备。但这同时意味着教师在繁忙的日常工作中，不得不被动接受的强制性、义务性行政研修越来越多，自主研修的时间和空间受到挤压。换言之，行政本位的教师在职研修体系强调了教师研修的义务，却没有充分考虑教师研修的权利，并不符合教师是专业从业人员的理念。"教师研修是权利还是义务？"这一在日本始终存在的经典课题又成为争议的热点。在日本政治权力对教育改革的影响举足轻重的情况下，虽然在法理上政府承认教师研修的自主性，强调行政研修和自主研修的互补性，但教师开展自主研修所需的实质性的时间保障、财政支持等还不够充分。

进入 21 世纪后，"中教审"进一步提出要建构"可以支持教师持续学习的生涯体系"，并为此提议各地的教育委员会与大学等机构联合成立"教师育成协议会",协商制定各地的"教师育成指标",明确教师在各生涯发展阶段应具备的专业性框架标准,以便参与教师培养、录用和研修的各相关机构都能共有教师育成愿景。这一理念也较为先进,相当于日本教师育成体系在"长度"和"宽度"都已有一定意义整合的基础上,进一步考虑各方面的"深度整合"。但是,这一制度性改革也体现了国家和教育行政方面将加强对教师培养的影响力。在日本当前与公立中小学校教师相关的各种权限(录用、分配、升职、研修和分管等)都集中在都道府县教育委员会手中的情况下,再由行政方面牵头来组织"教师育成协议会",大学方面的教师教育功能很有可能会因此进一步退化。

在未来日本国家层面的教师教育改革中,如"高度化培养取向"与"职业适应性主义","专业化取向"与"管制放宽","研究生院取向"与"教育现场取向","多样性取向"与"单一化取向","自律性取向"与"行政主导取向",等等,还将有多种改革理念与取向的对立与纠葛。①

---

① 佐藤学,等.教育 変革への展望4 学びの専門職としての教師 [M].東京:岩波書店,2016:206.

第六章

结　　语

日本在 19 世纪 60 年代的明治维新时期，开启了"第一次教育改革"，建立起近代教师教育体制，开始在师范学校"封闭制"培养教师。二战战败后，日本在美国主持的民主化政治改革中进行了"第二次教育改革"，教师教育体制重建，开始由大学"开放制"培养教师。20 世纪 80 年代前后，日本所面对的国际和国内形势急剧变化，在新自由主义理念的影响下，"第三次教育改革"进入实质性阶段，教师教育体制也出现了诸多重大变革，"大学培养教师"的原则开始动摇。在日本当前的"'后'教师教育大学化时期"，教师教育改革该何去何从，仍在政治权力的博弈中飘摇不定。

第一节

日本教师教育思想的历史脉络

纵向梳理日本教师教育思想的历史发展脉络，我们可以回归到本书"绪论"中提出的"教师由谁来培养？""教师该如何培养？""教师资格如何认定？""教师在入职后如何发展？"等这些教师教育的共性问题。日本在不同历史时期的教师教育中，给出了自己的回答，体现了当时的主流教师教育思想；同时，在不同阶段的教师教育改革中，基于对之前教师教育情况的批判和反思，又孕育形成了新的教师教育思想。

一、关于"教师由谁来培养"的思想脉络

日本受儒家文化影响，十分重视教育和人才的培养。无论是在战前还是战后，日本在"教育立国"的战略下，国家权力始终对教师教育或是直接干预，或是间接影响。但在不同时代，国家对教师的期望和要求不同，国家权力对教师教育介入的程度不同，日本的主要师资培养机构也从"师范学校"变为"教师养成类大学（学部）"，再到"普通大学"等广泛参与，相应有所变化。

战前日本的师范教育是典型的"为国家培养教师"，而不是"为民众培养

教师"。政府在复线型教育体制下，为集中培养锻炼职前教师的"教育者精神"，让教师成为国家任务的忠实执行者，设立了专门培养教师的"师范学校"，施行封闭制、计划性教师培养。这一思想最终导致教师教育成为日本军国主义政策的一部分，完全受制于国家权力。

日本战败后，在美国主持的民主化政治体制改革中，基于对战前国家权力过度介入教师教育的反思，重建教师教育体制时确立了"在开放制下由大学培养教师"的原则，力图避免国家权力的介入。但在 20 世纪 50 年代末，日本脱离美国占领管制后再次回归了中央集权式文教政策，国家权力对教育的管束再次加强。关于教师是否应该由国家有计划地培养的问题，政府与大学方面互有不同见解。实际上在教师教育实践中，国立大学中的教师养成类大学（学部）中的小学教师培养课程，带有根据小学教师的需求数量设定招生人数，进行计划性培养的实质性特征。民间开放推进会议批判国立大学培养出来的教师"缺乏社会经验"，可以说与自 19 世纪以来日本国内对"师范型"教师的批判一脉相承①。换言之，为了保证教师供给的数量和质量，日本在战后相当长一段时期内，实际上仍是一种"半开放、半封闭"的教师混合培养体制。即小学教师以教师养成类大学（学部）培养为主；中学教师的培养则继承了战前的传统，以普通大学培养为主。因此，在日本的教师培养体制当中，始终多少存在着教师养成类大学与普通大学相拮抗的状态。

在即将进入 21 世纪时，日本由于新老教师在短期内需要大量交替等原因，政府不得不放宽对大学培养教师的管控，教师培养体系得以迅速扩充。因此，日本在进入 21 世纪后，才实质性地实现了中小学教师在各类大学的"开放制"培养。但日本教师培养机构的数量也随之开始呈现大规模、分散性的特点，大学的教师培养质量问题开始受到社会关注。此外，在 21 世纪初，在"内忧外患"的社会情势下，日本倡导"爱国"的国家主义教育理念又有所抬头。政治权力一边不断批评指摘当下教师的教育实践和大学的教师培养教育，一边持续对教师教育的改革方向施压，尝试由政府主导在"大学以外"

---

① 日本教師教育学会. 日本の教師教育改革［M］. 東京：学事出版，2008：226.

的场域强化培养教师的"实践能力",甚至出现了由政府直接参与教师培养教育的"教师塾"。近些年日本在教师培养方面的改革变化,可以用一种相对极端简略化的图式来表现(参见图6-1)。即在教师教育政策的意图中,试图将教师培养的着力点从"以大学为中心"转为政府导向的"以中小学校为中心"。日本政治权力再次对教师教育强有力的介入,既体现了政府对大学培养教师的不信任,也是对战后确立的"大学培养教师"这一原则的严重挑战。

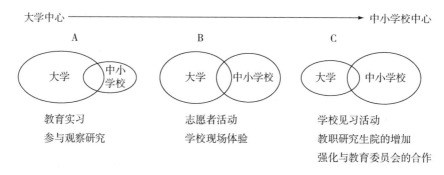

图6-1 日本的教师培养场域变化

资料来源:今津孝次郎. 教員養成における「大学中心」と「学校現場中心」:「サービス・ラーニング」と「学校インターンシップ」[J]. 東邦学誌,2016(6):17-27.

二、关于"教师该如何培养"的思想脉络

日本有"学高为师"的文化传统,始终十分重视教师的学科素养。战前日本对教师"教育素养"的认识与战后有着明显差异。战前强调的"教育素养"主要是教学技术的掌握与"教育者精神"的磨炼;在战后的民主化改革中,则开始重视培养教师的人文素养和学术素养,并希望教师能够在教育研究的基础上具备科学性的教育素养。但在20世纪末期,随着日本校园问题的日益严峻,教师的"实践性指导能力"成为关键词,此前的教师培养被认为过于偏重学术研究,开始转向重视中小学教育一线的实践经验。

在战前强调培养教师的"教育者精神"的背景下,日本建立了大学负责"学术"、师范学校承担"教育"的二元体制。战前日本培养小学教师的师范

学校被置于中等教育层次，且在升学体系上与高等教育层次的学校并不相通，师范学校的学生处于学历的"死胡同"。与小学教师相对，中学教师的出身则更加多样化。这与日本传统的教师教育思想中，认为中学教师的学科专业素养要比教育教学方面的素养更为重要有关。师范学校要求师范生习得的是将国定的教育内容正确传授下去的技术，不容许师范生对教育内容的真实性发出质疑，更不用说自主的教育实践探索。换言之，在学术研究与教师教育相割裂的思想下，教师在教育活动中本应发挥的创造性功能要由大学方面来决定。对教师尤其是小学教师具备"教育素养"的要求，并不是进行科学性的教育学习与研究，而是强调"忠君爱国"的个人修养和既定教学技术的掌握。

在战后的民主化教育改革中，日本一举将教师教育整体提升到了"大学培养教师"的高等教育层次，期待能够在具有"学术自由"的大学这一开放性的场所，培养教师深厚的人文素养和批判性的学术精神。但在战后日本的主流教师教育思想中，出于对战前师范学校集中培养教师"教育者精神"的反感，对教师应具备的教育素养存在一定的误解，因此不仅反对专设"教师养成类大学"，在教师培养课程中教育类科目的学分设置也较低。可以说，直到 20 世纪 70 年代日本的教育病理问题显现化之前，在教师教育中重视教师学术性素养大于教育专业性素养的思想一直占主导性地位。

到 20 世纪七八十年代时，日本的教师供给数量稳定充足，但校园问题开始频发且愈发严重化，教师的质量与实践能力受到关注。再加之世界范围内兴起教师专业化思潮，在很大程度上促进了教师培养的实践转向，日本也开始强调教师的"实践性指导能力"。大学的教师培养课程被批评过于学术化、不贴合中小学校教育的实际情况，所以逐渐转换为要在实践中培养教师。对教师质量的认识，逐渐从原来注重个人具有的知识和技术，变为强调教师是否具有解决学校教育问题的综合实践技能以及核心素养（参见表 6 - 1）。日本的教师培养课程中，关于教育素养类的科目与学分不断增加，且教师培养也不再限于大学内部，基于在中小学实习和体验的职前教师培养项目愈发受到重视。

表 6 - 1 教师职业功能的时代变化

【时代】	1960 年代	→	1980 年代	→	2000 年代
【教师供求】	多子/教师不足		教师充足		少子/教师削减
【对教师职业的认识】	专业从业人员		专业性（professionality）		
	（教师的职业地位、学位）		教师的教育行为（实践性问题解决能力）		
【教师能力】	"知识、思考能力"（ability）		"技能"（skills）		"核心素养"（competency）
	"技术"（technique）		关联教师与学校环境、综合知识与		
			实践的广泛的能力		

资料来源：今津孝次郎. 教員養成における「大学中心」と「学校現場中心」：「サービス・ラーニング」と「学校インターンシップ」［J］. 東邦学誌，2016（6）：17-27.

同样是关注"实践"，希望提高教师的"教育素养"，既有掌握立即能起作用的操作性技巧的取向，也有通过整体接触学校实践、融入学校文化和教师文化的取向。① 关于教师的"实践性指导能力"，到底从"技巧"的角度把握，还是从"核心素养"的角度把握有着重要的差异（参见表 6 - 2）。在教师教育中，"技巧"的传授多是师徒传承路径，未必一定是以专业学识为前提的，具体来说就是"重视在大学以外的中小学教育一线进行的实践能力培养"。与此相对，教师"核心素养"的涵养不只是专业知识与技能的掌握，而是在培养教师时要将二者统合的学识作为今后发展的基础，具体来说就是"重视在大学内进行基础性、结构性素养的培养"。

表 6 - 2 教师教育中"技巧"与"核心素养"的区别

技巧（skills）		核心素养（competency）
将教师的资质、能力作为具体项目进行分化、整合	表现方式	将教师的资质、能力概括为几大领域，并明示其内在的基础关联

---

① 小柳和喜雄. 要請と研修の内容・方法の連続性と非連続性に関する関係考察［J］. 奈良教育大学教職大学院研究紀要，2017（9）：1-10.

续　表

技巧（skills）		核心素养（competency）
作为班主任的工作管理学生的出勤等能够与家长进行沟通	具体示例	遇到新课题时，能够把握其结构性根源。能够探索并践行个性化解决方案
东京都教育委员会发布的"关于小学教师培养课程"		荷兰的教师核心素养一览表
易于公式化、可视化	特性	有多种方向性，很难公式化
有具体的操作说明（更倾向于在大学外培养）	培养教育	无具体的操作说明（更倾向于在大学内培养）

资料来源：岩田康之. 日本の教員養成教育における「質保証」の現状と課題［J］.教員養成カリキュラム開発研究センター研究年報，2014（13）：45-54.

进入 21 世纪后，日本在历经多重教育改革、校园问题仍层出不穷的压力下，政治权力方面更偏向一种相对直线型、短视化的思路，希望通过增加和强化教师培养课程中的一些实践性较强的科目，直接"赋予"学生更多实用的操作性技能。"教学见习活动的引入"就是最具代表性的事件，除此以外还有大学大力倡导的志愿者活动，以及"教师塾"作为政府教师教育机构的扩充，等等。当前来看，日本在教师培养过程中越来越倾向于"教学一线主义"，与此同时大学方面整体培育教师核心素养的功能则有可能被蚕食。

三、关于"教师资格如何认定"的思想脉络

日本在明治维新时期建立现代学制之初，就已有具一定资质者才能承担教师工作的思想，即教师应持有教师资格证，且获取教师资格证须达到一定的标准。但在战前"封闭制"教师培养体系下，教师数量长期不足，这一思想未能贯彻执行。战后日本基于"大学教师培养课程履修制"，确立了兼具开放性与合理性的教师资格法律体系。可以说，"大学开放制培养教师"与"教师资格法律主义"具有一体两面性，是教师专业性的重要保障。但在日本 20世纪末的教师教育改革中，大学培养教师的原则逐渐被弱化，未接受过教师

培养教育的"社会人"也可以通过"特别资格证"获取在中小学的执教资格，意味着"教师资格法律主义"也在被打破。

虽然在日本教师教育起步的明治初期，就规定教师必须持有教师资格证书，但在战前"封闭制"教师培养体系下，只有师范学校的毕业生才有直接获取教师资格的特权。从教师数量的角度来看，当时师范学校培养出来的教师尚不足以满足基础教育的需求。政府不得不额外通过"教师检定制度"提高有资格教师的数量，且在"教师检定"过程中与教师专业素养相比更重视教师品格，这造成教师资格的授予标准并不一致。可以说，战前日本教师资格制度的根本机制在于通过师范学校教师培养制度来确保教师的质量，再通过教师检定制度保证教师的数量。

日本在战后深刻反思了师范类学校在授予教师资格方面的"特权"及带来的问题，希望将教师资格制度放在国政层次讨论，以保证教师资格的公共性和公平性。在确定由大学"开放制"培养教师时，日本力图排除师资培养机构的差异与特权，让每个想成为教师的人，只要达到统一规定的资格标准和条件，都有获取教师资格证书的机会，从而保障教师资格的"开放性"。同时，通过相关法律规定了获取教师资格所要满足的既定条件，且必须是持有教师资格证者才能进入学校成为教师，即以"资格证书法律主义"保证教师作为专业从业人员的资质，从而保障教师资格的"合理性"。日本战后之初在这一思想下，在经历了教师资格的"国家考试制"、教师入职阶段的"试补制"等讨论后，最终基于"大学教师培养课程履修制"建立起一个长期稳定运行的教师资格制度。

日本的教师资格标准法制化体现了民主立法的精神，法律仅规定了大学设置教师培养课程时需要满足的最低要求，大学为保证和提高教师培养质量还有一定的自主空间。换言之，"教师资格法"只是保证教师专业性的必要条件而非充分条件，"教师资格证"也仅能保证作为有资格教师所应具备素养能力的底限，而不是最高水平。因此，在日本的教师资格制度中，提高教师培养课程质量是应交由大学自主负责还是应通过修订法律提高和调整教师资格标准，在两方选择中始终存在一种张力关系。

从20世纪80年代开始，在教师培养质量受到社会舆论质疑的情势下，日本一方面通过修订法律不断提高教师资格标准，加强对大学教师培养课程的认定审查和评价，同时也给予大学更多自主编制教师培养课程的空间。这是日本政府在新自由主义理念下，要求大学在教师培养方面"权责自负"的典型表现。另一方面，日本政府以"活用社会人"的名义，创设了教师"特别资格证"和"非常勤教师"等制度，并不断扩大其适用范围。这意味着未接受过教师培养教育的"社会人"也可以有执教资格，无视教师的专业性，违背了教师职业的"资格证书法律主义"。日本政府在教师资格制度改革中这两方面看似矛盾的举措，实际上都反映了政府对大学培养教师的不信任，有着内在的逻辑自洽。在政治权力所持的这种教师教育思想下，进入 21 世纪后日本更是在"惩罚主义"之下，引入了罕见的限定教师资格有效期的"教师资格更新制"。这不仅与"重视在职教师研修"的理念相违，也可能影响教师作为专业从业人员的自信和发展动力。

四、关于"教师入职后如何发展"的思想脉络

日本从明治时期近代教师教育体制建立之初开始，到战后新教师教育体制重建之后的相当长一段时期内，都存在教师数量慢性不足的情况，所以日本的教师在职教育曾客观承担着补充职前培养教育的功能，同时奠定了在职教师在实践中持续学习的文化基础。另外，在日本崇尚集团主义的社会中，受日本企业文化的影响，中小学校对 OJT（On the Job Training），即"职场内培训"本身也十分重视。在 20 世纪 70 年代前后，教师数量有了一定保证之后，日本的教师在职教育终于被提升到与职前培养同样重要的地位，在终身学习和教师专业化的国际思潮下，日本逐渐达成了"教师的素养能力需要通过培养、录用、研修各个阶段逐渐形成"的共识，教师教育的连续性受到重视，开始按照教师生涯发展阶段和专业领域建构立体化教师在职研修体系。但在愈发密集的研修体系中，教师自主研修与行政研修之间的矛盾张力加大，关于"教师研修是权利还是义务"的争议始终存在。

战前日本为将教师培养为国家任务的忠实执行者，不允许普通教师自主进行创造性的教育实践活动。师范学校是严格训练教学技巧的机构，所谓的教师"素养"在相对封闭的师范学校中应已基本培养完毕。只是在教师不足

的情况下，需要临时应急性地通过对部分在职教师的"再教育"，对师范教育进行补充。因此，日本战前还没有关于"教师成长"的观念，所以也并未出现严格意义上的现代教师研修观。但是，战前对在职教师的"再教育"，孕育了日本教师有着在教育实践中学习的优良传统，奠定了战后日本推进教师在职教育的思想基础。

战后初期日本重建教师教育体制时，虽还受到一些现实条件的限制，但各方已意识到教师在职教育的重要性，明确了"教师研修"的概念，以法律形式既赋予了教师研修的权利，也规定了教师研修的义务。经过战后一段时间的恢复期，教师数量不足的问题缓解后，日本行政当局在考虑教师质量问题时，认识到教师在职教育要与职前培养教育一样发挥提高教师专业性的重要功能，教师研修体系的建设随之开始起步。此时，国际上兴起的教师专业化思潮，也要求教师作为专业人员在入职之后仍不断提升专业水准。承认教师是专业从业人员，就必须同时认可教师行业的自主性和自律性。但是，在当时日本中央教育行政集权已收紧、政府与"日教组"对立的背景下，行政方面主导建设的教师研修体系过于强调教师的研修"义务"，没有充分重视教师自主研修的权利。

受终身教育理念和教师专业化思潮的影响，日本在20世纪80年代中期开始的教师教育改革中，提出要让教师在整个教职生涯中成为"不断学习成长的专业人员"。"教师素养"也被认为有些可以职前培养、有些职后才能逐渐形成。因此，教师研修要与教师培养、录用一体化把握，各阶段要合理分工、顺畅衔接。而且，要想真正实现教师终身的学习成长，则需要让教师成为教师教育的主体。在21世纪初，日本立体化的教师研修体系已基本完备之后，为获取教师研修权利与义务的平衡，教育行政方面也一直在强调行政研修和自主研修的互补性。但在政治对教师教育改革走向影响越来越大的情势下，日本在提出要建构"支持教师持续学习的生涯体系"时，仍然希望以各地的教育委员会作为基本单位，再联合大学等机构形成"教师育成协议会"，共同协商制定能够共有愿景的"教师育成指标"。换言之，在政府方面将教师研修作为人事管理手段、行政权力介入教师专业发展的思想，在日本仍有存在的空间。

综上，近年来日本在深入推进第三次教育改革的过程中，受国际教师专业化思潮和国内教育情势的影响，新的教师教育思想不断孕育，教师教育范式也正在逐渐转换（参见表6-3）。

表6-3　教师教育相关范式的转换

	此前的范式	今后的范式
1	可以提供入职机会的教师资格证	能够支撑教师职业生涯发展的教师资格证
2	教师专业性要在大学中积累形成	在优秀的教育实践中逐渐明晰教师专业性，由此逻辑推导出在大学阶段什么是必须具备的
3	在中小学校以外场所进行学习	在面向学校改革的组织重建实践中学习
4	知识习得（蓄积）型学习观	社会参与协同探究型学习观
5	促动以教师个人为主的努力钻研	帮助教师团体形成协同性组织学习

资料来源：松木健一. 教育職員免許状改革に関する2010年前後の動きと今後の展開 中教審教員の資質向上特別部会審議経過報告を中心に［J］. 教師教育研究，2011（6）：105-113.

第二节

日本教师教育思想的重要特质

日本在明治维新时期，借鉴西方国家的教育体制，创立起近代的教师培养机构，日本的教师教育思想由此开始丰富发展起来。可以说日本的教师教育思想从发端时，就受到了西方国家教育思想的影响。但日本在明治维新时期的"文明开化"中，"自上而下"的文明启蒙取向和对"和魂洋才"的追求，也令日本教师教育思想承袭了江户时代以来具有儒家特色的教育传统和文化基础。在二战战败后，日本在美国为首的西方国家的引导下开始重建教师教育制度，西方教育思想理念对日本的影响自不必说。但日本脱离美国的占领管制后，在新教师教育体制"不符合国情"的批判下，很快又重启了教师教育改革。从 20 世纪 80 年代开始，日本又追随英美奉行新自由主义路线，开展了全方位的社会改革，教师教育体制也在这一社会改革大潮中备受冲击。但随着日本具有数百年传统的"群体社会"走向瓦解，日本社会安心、安全的神话逐渐被摧毁，教育中重又开始出现了强调"爱国心"等一系列偏向国家主义思想的论调，教师教育改革的方向也在日本政治权力更迭中飘摇不定。

从历史发展的脉络来看，西方的近代教育思想和东方的教育文化传统，从日本的教师教育起步之初开始就深植其中，并且随着全球化的发展竞合相承。在东西方思想的冲突矛盾中，日本发挥擅长向其他民族学习的特性，融汇东西形成了自身教师教育思想的特质。

第一，日本受中国儒家文化影响，十分尊师重教，教师社会声望较高的同时，社会对教师的人格要求也很高，即"行为世范"。在东亚重视表意文字学习的历史传统中，形成了东亚特有的学力观，日本教师被认为必须在所教授的领域具有高水平的专业学问素养，即"学高为师"。

西方是主要以基督教为背景的地区，认为教师是神赋（profess）权威性的、具有专业知识技能的人员，衍生的是"专业从业人员（profession）"的教师形象。与此相对，东亚主要是以儒教为背景的地区，教师的权威源于自身积累的学术德行，衍生的是敬重有丰富经验的"老师""先生"等教师形象。因此，不仅是日本，东亚各地区对教师素养的要求，都不只限于知识技能方面，还包含着人格方面的诸多要素。还有一个文化背景是，东亚地区由于较早普及使用纸制品，所以主要使用表意文字，故而文字学习以及笔试形式的比重较高，这也产生了东亚特有的学力观。

表 6 - 4 "学力观"与"教师像"的东西方对照

	东亚	西方
学力观	古代开始纸制品流通 表意文字（汉字） 作为"德行积累"的学问 ↓ document 的知识	纸制品流通的延迟 表音文字（字母） 作为"神赋"的专业知识 ↓ Performance 的知识

续　表

	东亚	西方
教师像	将先人获得的知识技能+"学者的应有状态"传授给后世 （知识的传递+人生的示范） ↓ 作为"师"的教师像	传达专业（有限范围）知识的任务 （教学的专家） ↓ 作为"teacher"的教师像

资料来源：岩田康之. 日本の教員養成教育における「質保証」の現状と課題［J］. 教員養成カリキュラム開発研究センター研究年報，2014（13）：45-54.

因此，无论日本战前在"封闭制"的师范学校中，对教师"教育者精神"的锤炼，还是战后在"开放制"的大学中，对教师人文素养的重视与培养，以及近些年日本教师教育改革中，对教师"使命感"的强调，都与日本传统教师观中对教师人格的高度要求密不可分。

战前日本的小学教师主要在中等教育层次的师范学校培养，中学教师则多数出身于更高教育层次的高等师范学校或大学。战后日本虽然都在高等教育层次的大学培养教师，但小学教师在相当长一段时期内仍主要是在教师养成类大学或学部计划性培养，而中学教师方面则继承了战前的教师培养传统，很多出身于普通大学，在早期就实现了真正意义上的"开放制"培养。在教师培养逐渐升级到研究生院层次后，中学教师中具有研究生学历者的比例也要高于小学教师。在日本的大学教师培养课程中，学科专业素养类科目的学分设置，整体来看在相当长一段时期都高于教育素养类科目的学分。在20世纪末日本教师教育改革中，采取教师资格制度"例外措施"等引入"社会人"进入学校从教，也是出于"精于此道者即可为师"的观点，这种做法几乎可以回溯到江户时代的"师傅"来源。上述种种日本教师培养的特质，都与东亚传统学力观中认为"学高为师"有深厚的关联。

第二，日本模仿西方建立起的大学体系，与对教师人格的高度要求之间存在矛盾冲突性，导致日本教师职前培养带有"未完成"的性质，再加上日本社会在集团主义文化之下对"职场"的重视，所以日本的教师在职教育在教师教育中发挥的功能占比很大。

日本在近代完备高等教育体系时，主要是以欧美为模板进行的。在东亚地区，除了日本以外的其他国家并非如此。特别是在中国，古代的"书院"可以看作大学的源流，兼有高等教育与人格形成的高度融合性。中国的"师范大学"等教师教育机构，是在大学层次进行的一种包含着人格形成内涵要素的教师培养教育。与此相对，日本在"大学"开放制进行的教师培养教育，本身就具有部分冲突性和不完整性。即一方面日本高等教育体系的源起，决定了大学倾向于培养作为"专业人员"的教师；但另一方面日本传统的学力观和教师像，却要求大学不能在教师职前培养阶段只局限于专业知识技能的培养。

此外，与中国小学教师基本是负责单一学科教学相比，日本的小学教师是全科教学，即一名教师需要承担一个班级绝大部分学科的教学工作。由此一来，日本在大学本科阶段培养小学教师时，很难根据各学科相关的教学内容去划定职前教师的学习领域。因此，这就客观导致在日本职前教师被认为不可能在大学培养阶段就完全具备所有的教师素养，即大学阶段的教师培养教育并不完整。

日本从明治时期开始，就已有在职教师在校内共同学习的文化传统。战后日本中小学非制度化的校内研修，更是在促进教师专业发展方面，客观上发挥了巨大的功能。在职教师通过合作探究进行基于经验的反思性学习，已经成了日本学校和教师的一种学习文化。从某种意义上来说，日本的教师正是通过种种在职研修活动，在提高自身素养的同时，融入学校文化当中，完成进入"集团内部"的身份转换。日本在职教师研修体系的立体化建设，逐渐成熟的一体化把握教师培养、录用与研修的思想，等等，也充分反映了日本重视教师在职教育功能的特质。

第三，日本在"教育立国"的理念下，学校、教师与国家、国民应有状态之间的关系密切，教师教育在国家统治体制中占有重要地位，主流教师教育思想极易受政治权力的影响，且常基于集团主义文化在组织内部磋商协议形成。

与西方崇尚个人主义文化不同，日本社会的集团主义文化突出，为了维持集团的秩序，并不过分凸显个体个性化的思想。因此，与西方众多著名的教育思想家、教育家提出有影响力的教师教育思想相比，在日本有影响力的教师教育思想，则多是由各种组织机构团体磋商后形成，或由个别如森有礼一样在教师教育方面具有政治话语权者所提出。

战前日本在国家主义教育观下，教师成为教化国民的政治性工具，教师教育曾被纳入富国强兵的政策当中，主流教师教育思想基本都源于国家政治权力中心的组织和人物。战后日本在民主化政治改革中，教育刷新委员会、文部省和以美国为首的西方力量，以及这些组织内部的各方学者和官员们，在重建教师教育体制时各抒己见，是各种教师教育思想迸发碰撞十分活跃的时期。文部省以协调各方见解的方式，定下了战后教师教育民主化改革的基调。虽然在20世纪50年代日本脱离美国占领管制后，又逐渐在自民党长期专政的情况下部分复归中央集权制，但在"55年体制"之下，文部省与执政党的认识和对策基本一致。文部省相对来说能够在较为自律的前提下，根据"中教审"等机构的咨询审议结果推行文教政策。与此同时，代表教师集团的日本教职员组合、代表大学和学者集团的日本教育大学协会、国立大学协会、教育学会等组织，也能基于不同的立场与教师教育思想，在教师教育问题的解决中发挥一定的影响。

20世纪末期，日本在新自由主义改革之下，放宽对大学培养教师的管制后，情况逐渐有所变化。尤其日本在2009年到2012年有过两次政权交替之后，实质上产生了教师教育改革"政治主导"的倾向。在日本不同政治权力主导下的教师教育改革，大体可以分为两种方向：一种是从批判当前教师教育制度和政策角度进行的改革，即针对现有教师教育体制"功能不全"的一种改革方向；另一种是希望通过提高教师的素养能力回应在社会极速发展变化中的学习"质"的改变，即现有教师教育体制"功能强化"的一种改革方向。但无论是哪种教师教育改革方向，作为学术领域代表的大学方面的话语权都越来越小。"日教组"规模日渐萎缩，也逐渐失去了与政治权力抗衡、替教师团体发声的力量。在日本政治权力主导下的教师教育改革中，教师常常会成为校园教育问题首当其冲的替罪羊，成为被评价、被排查、被改进的对象。初任教师研修的引入、教师资格更新制的创设以及日益被强调的教师实践能力的培养等，都与此不无关系。日本进入 21 世纪后，希望确立教师"培养、录用、研修、（评价）"一体化体系时，仍是要以各地教育委员会为基本单位组建教师育成协议会，这种教师教育的行政主导取向暂未看到有变动的迹象。

当前社会发生着巨大变动的根底，在于科学技术的急速发展以及与此相呼应的全球化。人类正迎来虚拟空间与现实空间高度融合的第五次划时代的革命，在"society5.0"的新时代要面临前所未有的未知的社会变动。学校和教师以及学生要面对这些巨大而未知的变化，会出现种种措手不及的情况，或有消极抵触的情绪也不足为奇，但不能将这些问题的出现都归咎于教师的怠惰或素养不足。在日本政治权力主导的教师教育思想中，却常常将这些社会变动导致的教育病理现象归因于教师质量问题，进而推进充满"危机感"的教育改革。从经合组织（OECD）2020 年发布的《全球教学透视：教学视频研究》报告来看，日本教师在"课堂管理""社会性、情绪性援助""学科指导"各领域当中的平均指标，均处于 8 个调查对象国（地区）中的首位。① 由此可见，日本的教师质量现在仍处于较高水平，有发现和解决教育实践课题的基础。这也再次证明了"主流教师教育思想并不是正确的同义语"②。在日本承担教师培养工作的大学和一线教师群体的话语权都在不断弱化的情况下，未来主流的教师教育思想将呈现什么样的特质我们还需拭目以待。

① 渡辺秀貴，宮崎猛，大野滋生，等. 日本の教員の資質能力の向上と教育政策及び教育施策 [J]. 創価大学教育学論集，2021（73）：87-109.

② 王长纯. 教师教育思想史研究 [M]. 长春：东北师范大学出版社，2016：9.

参考文献

日文著作

［1］水原克敏. 近代日本教員養成史研究［M］. 東京：風間書房，1990.

［2］今津孝次郎. 変動社会の教師教育［M］. 名古屋：名古屋大学出版会，1996.

［3］佐藤幹男. 近代日本教員現職研修史研究［M］. 東京：風間書房，1999.

［4］新堀通也. 教員養成の再検討［M］. 東京：教育開発研究所，1986.

［5］山田昇. 戦後日本教員養成史研究［M］. 東京：風間書房，1994.

［6］唐澤富太郎. 教師の歴史［M］. 東京：創文社，1955.

［7］堀尾輝久. 当代日本教育思想［M］. 太原：山西教育出版社，1994.

［8］三好信浩. 日本教育史［M］. 東京：福村出版，1993.

［9］佐山喜作，深山正光，等. 日本の教育7　日本の教師［M］. 東京：新日本出版社，1975.

［10］臼井嘉一. 現代教職論とアカデミックフリーダム［M］. 東京：学文社，2014.

［11］姉崎洋一. 教職への道しるべ［M］. 東京：八千代出版株式会社，2010.

［12］安達久. 日本教育思想史［M］. 東京：大空社，1991.

［13］牧昌見. 日本教員資格制度史研究［M］. 東京：風間書房，1971.

［14］碓井敏正. 日本的平等主義と能力主義、競争原理［M］. 京都：法政出版株式会社，1997.

［15］土屋基規. 日本の教師養成・免許・研修［M］. 東京：新日本出版

社，1989.

　　［16］今津孝次郎. 教員免許更新制を問う［M］. 東京：岩波書店，2009.

　　［17］油布佐和子. 転換期の教師［M］. 東京：放送大学教育振興会，2007.

　　［18］向山浩子. 教職の専門性：教員養成改革論の再検討［M］. 東京：明治図書出版，1987.

　　［19］右島洋介，鈴木慎一. 教師教育課題と展望［M］. 東京：劲草書房，1984.

　　［20］日本教師教育学会. 教師教育研究ハンドブック［M］. 東京：学文社，2017.

　　［21］坂本秀夫. 教師の研究［M］. 東京：三一書房，1989.

　　［22］市川昭午. 教職研修の理論と構造［M］. 東京：教育開発研究所，2015.

　　［23］伊藤和衛. 現職教育の再検討［M］. 東京：教育開発研究所，1986.

　　［24］田原迫竜磨. 現代教育の法制と課題［M］. 東京：第一法規出版，1994.

　　［25］市川昭午. 教師＝専門職の再検討［M］. 東京：教育開発研究所，1986.

　　［26］土屋基規. 现代日本的教师教育［M］. 张克勤，译. 哈尔滨：黑龙江教育出版社，2012.

　　［27］佐藤学. 専門家としての教師を育てる：教師教育改革のグランドデザイン［M］. 東京：岩波書店，2015.

　　［28］岩田康之，高野和子. 教職論［M］. 東京：学文社，2012.

　　［29］佐藤学，等. 教育　変革への展望4 学びの専門職としての教師［M］. 東京：岩波書店，2016.

　　［30］中内敏夫，川井章. 日本の教師6　教員養成の歴史と構造［M］. 東京：明治図書，1974.

　　［31］日本教育方法学会. 授業研究と校内研修：教師の成長と学校づく

りのために［C］. 東京：図書文化社，2014.

［32］山崎準二，榊原禎宏，辻野けんま.「考える教師」：省察・創造・実践する教師［M］. 東京：学文社，2012.

［33］三石初雄，川手圭一. 高度実践型の教員養成へ［M］. 東京：東京学芸大学出版会，2015.

［34］苅谷剛彦. 学力と階層：教育の綻びをどう修正するか［M］. 東京：朝日新聞出版，2008.

［35］佐藤学. 课程与教师［M］. 钟启泉，译. 北京：教育科学出版社，2003.

［36］喜多明人，三浦孝啓.「免許更新制」では教師は育たない［M］. 東京：岩波書店，2010.

［37］日本教師教育学会. 日本の教師教育改革［M］. 東京：学事出版，2008.

中文著作

［1］王长纯. 教师教育思想史研究［M］. 长春：东北师范大学出版社，2016.

［2］陈永明. 中日两国教师教育之比较［M］. 上海：华东师范大学出版社，1994.

［3］梁忠义，罗正华. 教师教育［M］. 长春：吉林教育出版社，2000.

［4］陈君. 日本教师职前培养模式转型研究［M］. 石家庄：河北教育出版社，2016.

［5］谢赛. 日本教师教育［M］. 上海：华东师范大学出版社，2018.

［6］黄亚南. 你所不知道的日本：从畅销书看日本社会走向Ⅲ［M］. 北京：东方出版社，2017.

日文期刊等

［1］慶應義塾大学文学部教育学専攻山本研究会. 日本近代教員養成史研究：制度・資格・階層・人物・思想の視点から［R］. 山本ゼミ共同研究報告書，2014.

［2］船寄俊雄. 戦前・戦後の連続と断絶の視点から見た「大学における教員養成」原則［J］. 教育学研究，2013，80（4）：402-413.

［3］岩本俊郎. 森有礼文政における教員養成政策の位置［J］. 立正大学教職教育センター年報, 2019（1）：13-24.

［4］岩田康之. 教員養成改革の日本的構造：「開放制」原則下の質的向上策を考える［J］. 教育学研究, 2013（4）：14-26.

［5］岩田康之. 日本の教員養成教育における「質保証」の現状と課題［J］. 教員養成カリキュラム開発研究センター研究年報, 2014（13）：45-54.

［6］上野芳太郎. 教育職員免許法と同法行法について［J］. 文部時報, 1949（8）：20.

［7］佐藤学. 転換期の教師教育改革における危機と解決への展望［J］. 日本教師教育学会年報, 2016（25）：8-15.

［8］佐久間亜紀. 教職の専門性からみる「教員の働き方改革」：2019年中教審答申の検討［J］. 日本教育学会大會研究発表要項, 2019（78）：172-173.

［9］今津孝次郎. 教員養成における「大学中心」と「学校現場中心」：「サービス・ラーニング」と「学校インターンシップ」：［J］. 東邦学誌, 2016（6）：17-27.

［10］小柳和喜雄. 要請と研修の内容・方法の連続性と非連続性に関する関係考察［J］. 奈良教育大学教職大学院研究紀要, 2017（9）：1-10.

［11］松木健一. 教育職員免許状改革に関する2010年前後の動きと今後の展開中教審教員の資質向上特別部会審議経過報告を中心に［J］. 教師教育研究, 2011（6）：105-113.

［12］渡辺秀貴, 宮崎猛, 大野滋生, 等. 日本の教員の資質能力の向上と教育政策及び教育施策［J］. 創価大学教育学論集, 2021（73）：87-109.

［13］油布佐和子. 教員養成の動向と課題：中教審答申第184号を中心として［J］. 音楽教育学, 2016（1）：25-30.

［14］田中博之. 小学校教員の不人気深刻 負担増で学生敬遠、倍率最低に［N］. 日本経済新聞, 2019-8-26.

中文期刊等

［1］王新生. 战后"日教组"演变过程简论［J］. 日本学刊, 2006（4）：49-61.

[2] 许建美. 教育政策的制衡力量：论"日本教职员组合"对战后日本教育政策的影响 [J]. 全球教育展望, 2011, 40（4）：70-74.

[3] 梁忠义. 论战后日本教育与经济发展的关系 [J]. 日本教育情况, 1979（8）：1-11.

[4] 梁忠义. 日本民间教育运动的过去与现在 [J]. 比较教育研究, 2001（3）：17-20.

[5] 徐程成, 饶从满. 日本教师资格更新制因何废止?：基于引入目的、制度设计和实施成效的探讨 [J]. 外国教育研究, 2022（11）：3-16.

[6] 饶从满. 信息社会背景下的教师终身学习体系建设：20世纪80年代中期以来日本教师在职教育改革与发展 [J]. 外国教育研究, 2014（3）：100-109.

[7] 饶从满. 转型期的日本教师培养改革 [J]. 教师教育学报, 2014（2）：93-100.

[8] 王晓茜, 张德伟. 日本教育基本法的修改与教育基本理念的转变 [J]. 外国教育研究, 2007（7）：6-13.

[9] 罗朝猛. 日本《教育基本法》修订的历程、动因、内容及其争论 [J]. 比较教育研究, 2007（8）：60-64.

[10] 杨梅, 尚冉. "进步"抑或"倒退"：对日本教师塾模式的现实拷问 [J]. 比较教育研究, 2017（2）：93-98.

[11] 梁忠义. 日本教师教育改革与动向 [J]. 外国教育研究, 1995（5）：1-6.

[12] 李协京. 新自由主义和新保守主义路线指导下的日本教育改革 [J]. 教育研究, 2005（8）：78-84.

[13] 刘凤义. 新自由主义与日本模式的危机 [J]. 政治经济学评论, 2010（2）：63-76.

[14] 伊藤诚, 丁晓钦. 评日本新自由主义 [J]. 海派经济学, 2005（4）：101-106.

[15] 郑萍. 日本新自由主义急先锋的忏悔录 [J]. 红旗文稿, 2009（20）：29-31.

后 记

作为一名已经不太年轻的"年轻"学者，能够承担国际教师教育思想史研究丛书分册《日本教师教育思想史研究》的撰写工作，实属有幸。三年前恩师饶从满教授邀请我参与丛书研究时，我当时既兴奋期待又紧张惶恐的心情至今仍记忆犹新。

对于步入日本教师教育研究领域较晚的我来说，研究"思想史"可想而知是不小的挑战。日本具有向其他民族学习的特性，在封建社会曾大规模地借鉴过中华文明，在"明治维新"以后又模仿欧美模式建立起近代学校教育。因此，日本的教师教育从起步之初就兼有西方的近代教育思想和东方的教育文化传统，在发展过程中形成了融汇东西的复杂特质。我对日本教师教育的"实践"虽略知一二，但对于如何解析日本教师教育的"思想"却一度十分茫然，迟迟未能动笔。王长纯教授和诸位师长此前出版的《教师教育思想史研究（上、下）》总论部分的"全球化视野下教师教育思想史论纲"中，"思想并不是凭空存在的，它是依实践而存在的"，"教师教育思想史研究关注的是'是什么''为什么'，而不是'应该如何'"，"用发展和变化的眼光看待主流与非主流教师教育思想"等观点启发了我，在各位师长的引领下我开始了在这一研究领域的艰难跋涉。但"思想"所及牵涉众多，着笔时常觉力有不逮，难以尽善尽美。虽终勉强成稿，但书中定有不足与谬误之处，敬请各位读者不吝赐教，鞭策我继续前行。

本书的撰写始于 2019 年末，恰逢"新冠"暴发，其时困于斗室之中，写作过程中愈发颓唐沮丧。因缺乏运动、饮食不加节制，2020 年春天我胆结石急痛发作，不得不做了切胆手术，从此只能做一名"无胆英雄"。之后为同自己的惰性作斗争、扩大活动范围，也为提高研究效率，我开始辗转于高校和市区图书馆。但繁忙的教学工作和琐碎的家庭事务导致学术时间有限，为保证我能有整段时间深入读书与思考，同在高校工作的爱人成为我坚强的后盾，上小学的儿子也陪我加入了"吃食堂、泡图书馆"的队伍。小小的他这几年养成了安静读书、自我管理的好习惯，这是完成此书过程中收获的一个"副产品"。

研究是艰苦、辛劳和焦灼的。查找文献史料往往需要花去大量的时间精力，但结果却未必尽如人意。早晨在图书馆坐定时，我像一个时间的富翁，准备尽情挥洒大干一场，可匆匆就日落西山，转眼仿佛失去所有财富、两手空空。周而复始，倍感煎熬，情绪也不甚稳定。在此深深感谢几年来身边所有人对我的包容和扶助。

经此一段时间的研究学习，我深知于此远途我方才启程，虽前路漫漫，但幸有前辈师友，或为我指点，或与我同行。恩师饶从满教授是我学术的引路人，也是日本教师教育研究领域的大家。在本书的撰写过程中，从研究资料的收集到研究架构的确立，饶老师都给予了我最大的支持和帮助。在研究瓶颈之处饶老师高屋建瓴的启发、研究偏颇之处饶老师严谨精准的点拨，始终保证了我前行的动力和方向。尊敬的王长纯教授关于教师教育思想的论述，是我撰写本书时最直接的学术滋养之泉，王老师在论述中那种厚积薄发、游刃有余的"松弛感"令我十分钦佩。王老师每次叫我"小徐"耐心询问我的研究进度、关心我的身体时，常常让我觉得既暖心又惭愧。在此，我再次郑重地向"国际教师教育思想史研究丛书"的总主编王长纯教授和饶从满教授致以深深的谢意。最后，也衷心感谢出版社各位老师专业细心的工作和付出，感谢所有关心和支持本书出版的学者同人！

徐程成

2022 年 12 月